U0583070

2006年江苏省哲学社会科学基金重点项目研究课题

博士生导师学术文库

A Library of Academics by
Ph.D.Supervisors

民生新闻与舆论导向研究

毕一鸣　编著

光明日报出版社

图书在版编目（CIP）数据

民生新闻与舆论导向研究 / 毕一鸣编著 . -- 北京：

光明日报出版社，2024.9. -- ISBN 978 - 7 - 5194 - 8282 - 4

Ⅰ. G219. 2

中国国家版本馆 CIP 数据核字第 2024ND6292 号

民生新闻与舆论导向研究

MINSHENG XINWEN YU YULUN DAOXIANG YANJIU

编　　著：毕一鸣

责任编辑：陈永娟　　　　　　　责任校对：许　怡　李学敏

封面设计：一站出版网　　　　　责任印制：曹　净

出版发行：光明日报出版社

地　　址：北京市西城区永安路 106 号，100050

电　　话：010-63169890（咨询），010-63131930（邮购）

传　　真：010-63131930

网　　址：http://book.gmw.cn

E - mail：gmrbcbs@gmw.cn

法律顾问：北京市兰台律师事务所龚柳方律师

印　　刷：三河市华东印刷有限公司

装　　订：三河市华东印刷有限公司

本书如有破损、缺页、装订错误，请与本社联系调换，电话：010-63131930

开　　本：170mm×240mm

字　　数：274 千字　　　　　　　印　　张：16

版　　次：2025 年 1 月第 1 版　　印　　次：2025 年 1 月第 1 次印刷

书　　号：ISBN 978 - 7 - 5194 - 8282 - 4

定　　价：95.00 元

版权所有　　翻印必究

目　录
CONTENTS

绪　论 ……………………………………………………………………… 1

第一章　马克思主义新闻观与民生新闻价值观 ………………… 8

　第一节　马克思主义新闻观 …………………………………………… 9

　第二节　民生新闻价值观 ……………………………………………… 24

　第三节　马克思主义新闻观对民生新闻的指导意义 ……………… 33

第二章　社会环境和舆论环境 ……………………………………… 47

　引言　现实世界与人类想象 …………………………………………… 47

　第一节　社会与舆论：结构化视野 …………………………………… 49

　第二节　新闻引导舆论及对社会的改造 …………………………… 57

　第三节　民生新闻与舆论引导 ………………………………………… 68

第三章　新闻引导舆论的基本原理 ………………………………… 73

　第一节　民生问题的新闻报道 ………………………………………… 74

　第二节　新闻引导舆论的原理 ………………………………………… 81

　第三节　民生新闻对社会舆论的引导 ……………………………… 88

第四章　民生新闻在民主政治建设中的舆论导向 ……………… 99

　第一节　民生新闻、舆论导向和民主政治建设三者之间的关系 ……… 100

　第二节　在民主政治建设舆论导向中存在的问题 ………………… 114

　第三节　在民主政治建设中提高舆论引导能力的思考 …………… 119

第五章　民生新闻在社会转型期中的舆论导向 ················ **132**

　　第一节　社会转型期的民生新闻 ················· 132

　　第二节　舆论导向调查——以南京地区电视民生新闻为例 ······· 136

　　第三节　民生新闻在社会转型期的舆论引导 ············ 151

第六章　民生新闻在和谐社会建设中的舆论导向 ·············· **160**

　　第一节　"和谐社会"的文化意蕴和基本构想 ·········· 160

　　第二节　和谐社会氛围中的民生新闻 ··············· 172

　　第三节　民生新闻引导舆论创造社会和谐 ············ 179

第七章　民生新闻中的舆论监督作用 ····················· **189**

　　第一节　民生新闻中的舆论监督 ················ 189

　　第二节　民生新闻中如何实施舆论监督 ············· 192

　　第三节　民生新闻实施舆论监督的必要保障 ··········· 198

第八章　民生新闻中的主持人引导作用 ··················· **213**

　　第一节　广播电视民生新闻中的主持人 ············· 213

　　第二节　民生新闻主持人现存的问题及其原因 ·········· 219

　　第三节　民生新闻的"舆论场"和主持人的引导作用 ······· 223

第九章　民生新闻对社会弱势群体的报道 ················ **232**

　　第一节　民生新闻与弱势群体 ················· 232

　　第二节　民生新闻对社会弱势群体报道的现状 ·········· 236

　　第三节　改进对社会弱势群体的新闻报道 ············ 238

后　记 ·· **244**

序

　　党中央曾把"三贴近"作为推进和深化新闻改革的突破口，认为只有符合"三贴近"原则，才会为新闻改革走出新的路子。而以江苏电视台《南京零距离》为代表的电视民生新闻，正体现了中央对新闻改革的要求。如今，民生新闻不仅风靡全国广播电视界，而且对其他新闻媒体也产生了示范效应。但随着实践和理论探索的不断深入，民生新闻自身存在的局限性也越来越明显，主要是我们对民生新闻如何发挥舆论引导的积极作用还认识不足。因而理论界曾不约而同地提出了从民生新闻向公共新闻发展，是当前民生新闻各种流弊的解决之道。在业务操作层面，需要解决三方面的问题：首先要认清媒介角色定位，不要越俎代庖；其次要维护法律的严肃性和新闻的真实性原则；最后要充分运用现代传播技术手段，提高报道质量。在理论层面，提出民生新闻能否建构为市民的公共领域，能否成为民主的助推器等问题。诸如民生新闻如何更好地实现舆论监督功能，促进公众和政府之间的沟通，协调个人和社会之间的矛盾；又如何进一步提高市民的主体意识、政治参与意识，促进当地民主化进程，推动民主政治建设，等等。

　　尽管新闻学还没有给出"民生新闻"的严格定义，但是这种报道形式已经得到了群众的充分肯定和积极评价，发挥了"三贴近"的社会效果。应该说舆情民意在这类新闻报道中得到了比较充分的反映。所以"民生新闻"现象已经引起了理论学术界的关注，需要对这几年积累的实践经验做出理论上的总结和提高。如何评价民生新闻与社会舆论的关系？怎样保障民生新闻对社会舆论的正确导向作用，使它在推进社会主义民主政治与和谐社会建设中发挥积极作用？这些是本课题研究的主要内容。

本课题组从以下几方面进行深入研究：

研究报告之一：马克思主义新闻观与民生新闻价值观

研究报告之二：社会环境和舆论环境

研究报告之三：新闻引导舆论的基本原理

研究报告之四：民生新闻在民主政治建设中的舆论导向

研究报告之五：民生新闻在社会转型期中的舆论导向

研究报告之六：民生新闻在和谐社会建设中的舆论导向

研究报告之七：民生新闻中的舆论监督作用

研究报告之八：民生新闻中的主持人引导作用

研究报告之九：民生新闻对社会弱势群体的报道

该项研究主要通过对民生状况的分析，阐述社会舆论的形成机制，从而揭示民生新闻引发舆论的基本原理。主要通过材料分析的方法，总结出一般性的规律，在把握规律中阐述三个主要的观点：一是民生新闻最直接反映社情民意，最易引发舆论；二是从社会舆论场的角度来认识和调控舆论是保持社会稳定、和谐的有效方法；三是媒介人物（主持人、评论员等）的言论对引导舆论至关重要。

在民生新闻的热潮中，媒体对百姓日常生活高度关注，它只出现在家长里短的市井生活中，很少涉及影响老百姓长远利益的公共事务。还有一些媒体滥用"民生新闻"的轰动效应来掩盖追逐市场利润的功利性目的，这就背离了大众传媒的社会责任，从而产生负面效应。媒体、政府和公众三方权利的失衡，最终导致了媒体环境监测功能的丧失，产生舆论导向上的歧误。这些都不利于促进社会和谐与经济发展，也无益于推动社会主义民主政治建设。本课题就这些问题深入研究，提出对策，既保障民生新闻的健康发展，也有利于社会的和谐稳定，为创造健康、文明、积极向上的社会舆论环境提供有力的理论支撑。

本课题的创新之处在于不是孤立地从新闻学的角度来研究"民生新闻"现象，而是从社会学、舆论学、传播学和新闻学的多维角度对民生新闻做出全面的分析，对如何正确把握民生新闻的价值、导向和影响做出客观的评价，并主要根据江苏的社会实践，提出有针对性的发展措施和改革建议。特别是对"民生新闻"中主持人（评论员）的作用和影响有较为全面的评价和详尽的论述。与以往同类研究中只对主持人做正面评价不同，它对主持人提出了全面的素质要求，并指明了努力方向。

该项课题的研究组成员：

课题负责人：毕一鸣

课题组成员：毕一鸣、卞冬磊、周冬梅、蔡雨玲、郭栋、朱继双、宗思言、王丽青。

《民生新闻与舆论导向研究》编写组成员：

卞冬磊　王丽青　毕一鸣　朱继双

周冬梅　宗思言　郭　栋　蔡雨玲

绪　论

I. 课题研究的目的和意义

党中央把"三贴近"作为推进和深化新闻改革的突破口，认为只有符合"三贴近"原则，才会为新闻改革走出新的路子。以江苏电视台《南京零距离》为代表的电视民生新闻，正体现了中央对新闻改革的要求。如今，民生新闻不仅风靡全国广播电视界，而且对其他新闻媒体也产生了示范效应。随着实践和理论探索的不断深入，民生新闻自身存在的局限性也越来越明显，主要是我们对民生新闻如何发挥舆论引导的积极作用还认识不足。理论界曾不约而同地提出了从民生新闻向公共新闻发展的观点，这是当前民生新闻各种流弊的解决之道。在业务操作层面，人们需要解决三方面的问题：首先要认清媒介角色定位，不要越俎代庖；其次要维护法律的严肃性和新闻的真实性原则；最后要充分运用现代传播技术手段，提高报道质量。在理论层面，人们提出民生新闻能否建构市民的公共领域，能否成为民主的助推器等问题。诸如民生新闻如何更好地运用舆论监督功能，促进公众和政府之间的沟通，协调个人和社会之间的矛盾；又如何进一步提高市民的主体意识、政治参与意识，促进当地民主化进程，推动民主政治建设，等等。

尽管新闻学没有给出"民生新闻"的严格定义，但是这种报道形式已经得到了群众的充分肯定和积极评价，有"三贴近"的社会效果。我们应该说舆情民意在这类新闻报道中有比较充分的反映。"民生新闻"现象已经引起了理论学术界的关注，我们需要对这几年积累的实践经验做出理论上的总结和提高。如何评价民生新闻与社会舆论的关系？怎样保障民生新闻对社会舆论的正确导向作用，使它在推进社会主义民主政治与和谐社会建设中发挥积极作用？这些是本课题研究的主要内容。

本课题组从以下几方面进行了深入研究：

研究内容之一：马克思主义新闻观与民生新闻价值观

研究内容之二：社会环境和舆论环境

研究内容之三：新闻引导舆论的基本原理

研究内容之四：民生新闻在民主政治建设中的舆论导向

研究内容之五：民生新闻在社会转型期中的舆论导向

研究内容之六：民生新闻在和谐社会建设中的舆论导向

研究内容之七：民生新闻中的舆论监督作用

研究内容之八：民生新闻中的主持人引导作用

研究内容之九：民生新闻对社会弱势群体的报道

该项研究主要通过对民生状况的分析，阐述社会舆论的形成机制，从而揭示民生新闻引发舆论的基本原理。其主要采用实证调查和样本分析的方法，总结出一般性的规律，在把握规律中阐述五个主要的观点：一是民生新闻仍然是党的新闻事业的组成部分，是在马克思主义新闻观指导下的新闻实践活动；二是民生新闻最直接反映社情民意，最易引发社会舆论；三是民生新闻有责任把社会舆论导向既定的社会目标，促进社会发展、繁荣和稳定；四是媒介人物（主持人、评论员等）的言论对引导舆论至关重要；五是在推动江苏实现"两个率先"目标方面，民生新闻可以有所作为。

媒体民生新闻对百姓日常生活的高度关注，但它只出现在家长里短的市井生活中，很少涉及影响老百姓长远利益的公共事务。还有一些媒体滥用"民生新闻"的轰动效应来掩盖追逐市场利润的功利性目的，这就背离了大众传媒的社会责任，从而产生负面效应。媒体、政府和公众三方权利的失衡，最终导致媒体环境监测功能的丧失，产生舆论导向上的歧误。这些都不利于促进社会和谐与经济发展，也无益于推动社会主义民主政治建设。本课题对这些问题深入研究，提出对策，既保障民生新闻的健康发展，又有利于社会的和谐稳定，为创造健康、文明、积极向上的社会舆论环境提供有力的理论支撑。

本课题的创新之处在于不是孤立地从新闻学的角度来研究"民生新闻"现象，而是从社会学、舆论学、传播学和新闻学的多维角度对民生新闻进行全面的分析，并分别从三种社会形态，即民主政治、经济转型与和谐文化，论述了民生新闻对社会的影响和舆论导向。本课题对如何正确把握民生新闻的价值、导向和影响进行客观的评价，并结合江苏的改革实践，提出有针对性的发展措施和改革建议，特别是对"民生新闻"中主持人（评论员）的作用和影响提出了新的研究角度。与以往同类研究只对主持人做技能性评价不同，它对主持人提出了更高的素质要求，并指明了努力方向。

II. 课题研究的主要内容和重要观点

自从 2006 年申报该课题，获得通过，我们就迅速组织人员对这项课题进行论证、调研和搜集资料。课题组的成员深入开办"民生新闻"栏目的各媒体中，咨询了政府宣传主管部门，并到受众中进行了必要的走访、调查，获得了许多可贵的第一手资料。在搜集、整理材料的基础上，我们组织了多次专题研讨，对民生新闻的现状和发展进行了认真、深入的分析研究，划分出十项研究课题，进行研究攻关。2007 年下半年，大家按照分工，着手撰写研究报告，经过几次整合、修改，现在已经基本完成。我们现将其中的主要内容和重要观点介绍如下：

该项研究课题主要就当前的"民生新闻"现象做了较为全面的分析，并围绕"民生新闻"对社会舆论的引导作用，从十方面进行了调查论证。

一、关于如何用马克思主义新闻观来指导民生新闻实践

我们主要分析了马克思主义新闻观的基本原则和民生新闻所倡导的新闻价值观。马克思主义新闻观对民生新闻仍然具有现实的指导意义，并指出了民生新闻报道中应该重点处理好的关系：一是民生新闻应处理好时效与实效的关系；二是民生新闻应处理好党性与人民性的关系；三是民生新闻应处理好眼前利益与长远利益的关系；四是民生新闻应处理好局部利益与全局利益的关系；五是民生新闻应处理好"媒介监督"与"民主监督"的关系。

二、关于社会环境与舆论环境的关系问题

该研究课题主要从理论层面，多角度地论述了社会环境中舆论的形成、发展的机理，以及社会环境和舆论环境的关系。用"公众环境""意识环境"和"舆论场"的概念清楚地描述社会环境对舆论产生的影响和作用。我们认为舆论的产生离不开人的意识活动。人们形成一定的社会关系从事改造社会、改造自身的实践活动，产生各种思想，以至于演变成共同意见。舆论的主体是公众，舆论的出现是社会生活所需，是公众社会关系的衍生物，公众总体

的状况是现代舆论环境的质量和特征的决定性因素。

三、关于新闻引导舆论的原理

该研究课题首先分析了民生问题的新闻报道与民生新闻、社会新闻、公共新闻和公民新闻之间的关系，然后从新闻与舆论的密切关系入手（社会舆论的形成总要依赖新闻的传播），从理论上阐述了新闻如何引导舆论，以及新闻舆论引导既要平民视角又要顾全大局，既要关注民生又要维护民生，既要民本取向又要民主意识的实践原则，并针对教育、就业、分配、社保、医疗、稳定等民生问题的舆论引导进行提纲挈领式的综述。

四、民生新闻在民主政治建设中的舆论导向作用

该研究课题主要探讨民生新闻、舆论引导和社会主义民主政治建设三者之间的互动关系。我们透过对民主政治建设中民生新闻舆论导向存在的民意表达渠道不够畅通、媒体角色认知不够准确等问题进行探讨，进而提出加以完善的措施。我们分析认为，民生新闻在民主政治建设中应采取积极营造民主政治建设的舆论环境、提高民生新闻舆论引导能力两个基本对策。

五、民生新闻在市场经济建设中的舆论导向作用

该研究课题主要探讨在建立具有中国特色的社会主义市场体制的社会转型期过程中，民生新闻在引导社会观念和社会心理中发挥的有效作用。在社会转型期，人们的心理往往处于不稳定状态，容易受到各类思潮影响而发生波动，因此民生新闻的舆论引导需起到稳定人心、明示方向的作用。本研究先从转型期社会特征入手，进而以南京地区民生新闻舆论引导现状为研究范本，探讨民生新闻在社会转型期舆论引导的问题、偏差及其原因与改进的必要和可能。

六、民生新闻在先进文化建设中的舆论导向作用

本研究主要论述民生新闻在和谐社会文化建设中的舆论导向作用。本研究先从马克思、恩格斯关于和谐社会的构想出发，挖掘中国传统文化中"天人合一、以和为贵、刚健有为、厚德载物"的传统文化的精髓，并在两者的结合上提出社会主义和谐社会的基本蓝图，进而指出民生新闻在秉承马克思主义的"和谐观"与传承民族和谐文化方面所发挥的作用。其揭示出：在理

论层面，民生新闻可维护和谐社会的价值观念；在操作层面，民生新闻可创造和谐的舆论环境。

七、关于民生新闻中舆论监督作用的研究

本研究主要论述民生新闻的舆论监督功能。本研究从舆论监督现状入手，论述舆论监督的特点、过程、方法，进而指出民生新闻中舆论监督所面临的"行政干预、媒体错位、监督异化"等诸多弊端，并提出解决这些问题、有效发挥民生新闻舆论监督作用的必要措施。民生新闻从"法制完善、道德约束、机制规范、社会配合"等层面逐步完善，方可有效发挥舆论监督的积极作用。

八、关于民生新闻中的"主持人"作用研究

本研究主要探讨在民生新闻中作为"舆论领袖"的节目主持人对社会舆论的重要引导作用。本研究认为民生新闻主持人对节目效果可产生积极和消极的影响，这主要取决于主持人的基本素质，并指出目前一些民生新闻主持人存在的"养尊处优、不谙民生""越俎代庖、好大喜功""哗众取宠、浮夸成风"等问题。我们认为民生新闻主持人首先应该明确自己的社会角色定位：主持人应该成为努力贯彻"三个代表"思想的"舆论领袖"。他绝不是先知先觉者，而是群众意见的集大成者，他能够充分反映群众的根本利益。他们十分注重深入社会、深入群众、深入生活，了解百姓的喜乐甘苦，熟悉百姓的语言，把握百姓的思想脉络，这是新闻主持人具有影响力的根本原因。我们在研究中提出新闻主持人在主持活动中要营造引发社会共振的舆论场、努力成为"意见领袖"、引领公众意见导向既定的社会目标。[①]

九、关于民生新闻对社会弱势群体的报道

本研究主要探讨民生新闻对社会弱势群体的报道，社会弱势群体状况是在建构社会主义和谐社会中值得重视的社会问题，民生新闻理应更多地关注弱势群体，但目前客观存在着忽视弱势群体民生问题、造成社会心态失衡、无助扶倾济弱的舆论环境。本研究提出民生新闻要从全面深入地关注弱势群体的民生状况、促成扶危济困的社会风尚和舆论氛围、沟通党和政府联系群众的桥梁和纽带这三方面改进对弱势群体的关注，发挥民生新闻的积极作用。

---

① 陈力丹. 舆论学：舆论导向研究［M］. 北京：中国广播电视出版社，1999：212.

十、在实现江苏"两个率先"目标中民生新闻的舆论导向

本研究主要结合江苏实际，思考在实现"两个率先"目标中，民生新闻如何发挥积极有效的作用。本研究认为在实现江苏"两个率先"目标进程中，传媒成为社会发展的助推器，为实现目标创造良好的舆论环境来凝聚人心。同时，江苏"两个率先"目标建设也可以为江苏传媒业带来不可多得的发展机遇，它们之间是相得益彰的关系。本研究还具体针对江苏地区民生新闻和地域条件，分析了舆论引导的具体措施。

III. 课题研究的学术价值、实践意义和社会影响

俗话说："行百里者半九十。"民生新闻是新生事物，从诞生至今不过才短短的几年时间，它为媒体带来了可观的社会效益和经济效益，但是在发展过程中难免出现了一些缺陷和失误。我们希望它经受住历史和实践的检验，健康发展，并不断完善，迅速成为一种成熟的新闻报道形式。

本课题侧重研究民生新闻与舆论导向的关系，第一次从马克思主义新闻理论的角度系统地分析和探讨了民生新闻的实践价值，特别是研究它在舆论引导中所发挥的作用和影响。其学术价值在于将民生新闻上升到理论高度，并从政治、经济、文化等社会各个层面分析它的社会价值和舆论引导作用。就实践意义而言，本课题探讨了在民主政治建设、社会改革发展的转型期、建设和谐社会以及舆论监督、节目主持人、社会弱势群体等方面，民生新闻如何更好地发挥社会影响力，推动各项社会事业的发展。这具有启示作用，同时对政府部门决策、新闻媒体深化改革等都具有借鉴意义。

IV. 课题研究的理论创新、成果特色与建树

本研究成果既注重了理论建构，也注意到了实践效果。在理论创新上，其首先分析了马克思主义新闻观和民生新闻价值观之间的关系。将民生新闻这一新生事物与历史悠久的马克思主义新闻观念的内在脉络梳理清楚，是本研究的一大特色。此外，本研究还审视了社会环境和舆论环境之间的关系、新闻引导舆论的基本原理这两个具备理论色彩的议题，运用传播学、心理学、

社会学等理论，解释舆论生成和舆论引导的机制，这也是本研究的创新之处。

　　本研究成果的最大特色在于研究具备系统性。本研究成果前三方面为理论建构，后七方面皆为对具体领域的探讨，涉及面较为广泛，社会主义民主政治、转型期的经济价值观念、和谐社会文化建设、舆论监督机制、弱势群体关怀等皆有所涉及。这使本研究成果能够成为保障民生新闻正确舆论导向的系统理论，既有理论上的高屋建瓴，使研究不局限成社会现象的描述，又能关注到实际问题，为政府部门、新闻媒体等单位提供切实有效的建设性意见。

第一章

马克思主义新闻观与民生新闻价值观

马克思主义新闻观是指马克思主义对新闻现象和新闻传播活动的基本认识和总体看法。它涉及对新闻本源、新闻本质及新闻传播规律等许多根本性问题的论述和分析。它所依据的是马克思主义关于无产阶级及其政党新闻事业的工作性质、工作原则和工作规律的一系列基本观点，也是马克思主义的世界观、人生观和价值观在新闻传播领域的反映和体现。它告诉人们怎样运用辩证唯物主义和历史唯物主义的观点和方法去看待新闻现象，去回答新闻传播活动中所出现的各种问题。

马克思主义新闻观的形成是一个与时俱进，不断充实、完善和创新、发展的过程。在资本主义萌芽时期，马克思和恩格斯所提出并深刻阐述的一系列基本理论和观点，经受住一百多年无产阶级革命实践的反复检验，说明它是"放之四海而皆准"的真理。其经历了以列宁为代表的俄国布尔什维克党人和以毛泽东为代表的中国共产党人不断继承、创新和发展，逐步形成了科学、系统的理论体系。

马克思主义新闻观的形成过程，始终根据时代与形势的发展，以及党的新闻工作的实际需要，进而不断充实新的内容，形成新的观点，丰富和发展自己的理论内涵。因此，与时俱进、不断创新是马克思主义新闻观形成和发展过程的一个显著的特点。可以说，没有创新不能与时俱进，马克思主义新闻观就会失去发展的动力，同时也会失去存在的价值。

马克思主义新闻观是一个开放的、科学的理论体系，其内容博大精深，具有真理性、科学性，它是我们从事新闻工作的行动指南。我们应当认真地领会其深刻的思想内涵，掌握其精神实质，把握其基本观点，切忌采用形而上学和教条主义的方法。我们要注意联系中国特色社会主义这项改革创新事业的实际情况，使其符合全面建设小康社会的实际需要，用它们来解决社会发展的实际问题。同时，我们还要坚持不断用自身的新实践、新理论去充实、丰富和发展它，从而完善中国特色社会主义新闻学理论体系。

民生新闻是在建设中国特色社会主义事业中出现的新事物，也应该是马克思主义新闻实践的组成部分，或者说它是马克思主义新闻事业在改革开放新时期新的社会实践。它贯彻了党的"民生为本"的执政理念，加快推进以改善民生为重点的社会建设。在本质上，我们仍然要贯彻马克思主义新闻观，来推进社会主义民主政治建设服务。任何割裂马克思主义新闻观和民生新闻价值观的做法都不利于新闻事业的发展，无助于社会进步。

第一节　马克思主义新闻观

在共产主义运动史中，无产阶级革命家都非常强调新闻宣传对革命事业的作用和影响，也十分关注新闻报道对社会舆论的引导和启发作用。无论是马克思、恩格斯，列宁、斯大林，还是以毛泽东、邓小平、江泽民、胡锦涛为核心的几代党中央领导集体，他们都十分重视用马克思主义的基本观点来指导我国的新闻实践。

在长期革命实践中形成的马克思主义新闻观，是马克思主义理论的重要组成部分。马克思、恩格斯对新闻工作高度重视，不仅亲手创办《新莱茵报》，而且根据当时革命实践阐述了无产阶级新闻理论。列宁继承和发展了这一理论，提出了坚持党性原则等一系列新闻工作主张。在我国的革命实践中，我国共产党人不断总结新闻工作经验，形成了中国特色社会主义新闻理论，丰富和发展了马克思主义新闻观。可以说，马克思主义新闻观是社会主义新闻事业发展的指路明灯，是我们抵御资产阶级新闻观侵蚀，保证我国新闻事业不断开拓创新的动力源泉。

从马克思主义新闻观的思想体系上，我们可以归结为以下几方面的内容。

一、报道事实真相——马克思主义新闻观的宗旨

真实、客观是新闻的本质要求，准确、及时则是新闻的价值所在。马克思主义新闻观认为，新闻是现实生活的反映，依据事实来揭示真相，正确反映客观世界是新闻媒体的生命。这一众所周知的原理，却常常容易被忽略。马克思说："人民知道，报刊尽管受到敌意和轻率的毒素的毒害，但报刊的本质总是真实的和纯洁的，这种毒素会在报刊的永不停息的滚滚激流中变成真

理和强身健体的饮料。"① 马克思还提出是"根据事实来描写事实"还是"根据希望来描写事实",是衡量"好报刊"还是"坏报刊"的标准。新闻必须真实,失去真实就不是新闻,媒体就会蜕变成谣言传播的社会渠道,甚至成为愚弄民意的宣传机器。正如无产阶级革命家陆定一同志一针见血指出的:"专制主义者不要人民聪明懂事,只要人民蠢如鹿豕,所以他们是很不喜欢现代报纸的。新专制主义者,即法西斯主义者,他们比其先辈就更高明些了。戈培尔的原则,就是把所有报纸、杂志、广播、电影等完全统制起来,一致造谣,使人民目中所见,耳中所闻,全是法西斯的谣言,毫无例外。到了戈培尔辈手里,报纸发生了与其原意相反的变化,谣言代替了真实的消息,人民看了这种报纸,不但不会聪明起来,而且反会越来越糊涂。"②

媒体对任何真实事件的报道,都不能抱自然主义、被动的态度,不只是为了让人们知道事实而报道事实,还应站在辩证唯物论的立场上解释事实,让人们正确地认识事实,揭穿事物的假象,指出它的实质所在,并要告诉人民是非利弊,以及由此可能产生的危害。马克思主义历来主张不仅要达到对事物的感性认识,而且更重要的是进入理性认识,把握事实的真相。只是强调事实而忽视对事实的正确解释,这不仅毫无意义,而且对受众和社会都是有害的。恩格斯指出:"使读者确立无可争辩的信念,只有明显的、无可争辩的事实才能做到这一点,特别是在一个被无穷的'祖先智慧'迫使人们持怀疑论的世纪里,仅凭空洞的说教,哪怕是很高明的权威的说教,都不能使人产生这种信念。"③ 马克思说:"少发些不着边际的空论,少唱些高调,少来些自我欣赏,多说些明确的意见,多注意一些具体的现实,多提供一些实际的知识。"④ 这一马克思主义新闻观,是新闻规律的重要支点,撤掉了这个支点,新闻就失去了存在形式。

新闻报道探求事实的真相,必须透过现象看本质,这符合马克思主义认识论的基本原理。马克思认为即使是新近发生的事实,从社会发展的角度来审视,它也可能就是历史现象的再现。今天的新闻就是明天的历史,新闻所

---

① 中共中央马克思恩格斯列宁斯大林著作编译局. 马克思恩格斯全集:第1卷 [M]. 北京:人民出版社,1956:188.

② 陆定一. 陆定一文集 [M]. 北京:人民出版社,1992:340-341.

③ 中共中央马克思恩格斯列宁斯大林著作编译局. 马克思恩格斯全集:第42卷 [M]. 北京:人民出版社,1979:277.

④ 中共中央马克思恩格斯列宁斯大林著作编译局. 马克思恩格斯全集:第27卷 [M]. 北京:人民出版社,1956:436.

报道的事实必须反映历史前进的方向。1856 年，西班牙发生武装起义，由于资产阶级自由派领导人的叛变起义失败。马克思在报道这个事件时引用了海涅（Heine）的诗句："这是一个老故事，但永远是新闻。"① 因为类似事情的发生，在整个社会历史发展进程中，有一定的反复性和曲折性。马克思给自己的小女儿作诗，题写感想时引用了《圣经》中的一段话："已有的事，后必再有，已行的事，后必再行。日光之下并无新事。"② 这些都反映了马克思运用历史唯物主义的观点来审视新闻的现象，我们就找到了其中的必然规律。

马克思认为，无产阶级报刊与小资产阶级、资产阶级报刊的区别就在于前者用历史唯物主义观点分析社会，从而深入认识经济关系，并在人类解放斗争中诉诸无产阶级；后者则持历史唯心主义观点，仅仅停留在政治斗争与个人意愿的表层现象上。马克思曾经精辟地揭示了小资产阶级共和主义者黑克尔与革命无产阶级的《新莱茵报》在报刊论战中表现出来的社会历史观对立："弗里德里希·黑格尔把一切希望寄托在个别人的重大作用上，我们则把一切希望寄托在由经济关系引起的冲突上。弗里德里希·黑格尔到美利坚合众国去研究'共和制度'，'新莱茵报'则在法兰西共和国的大规模阶级斗争中找到了比那个合众国更加有趣的研究对象，因为在那个合众国里，西部还根本没有阶级斗争，东部的阶级斗争也只是按照旧的无声无息的英国形式进行的。在弗里德里希·黑格尔看来，社会问题是由政治斗争产生的，在'新莱茵报'看来，政治斗争不过是社会冲突的表现形式。弗里德里希·黑格尔可能是个优秀的三色共和主义者，而'新莱茵报'的真正的反对立场将在三色共和国时代开始。"③ 由此可以看出，马克思直接将报纸的历史唯物主义观点和它的无产阶级立场联系在一起了。

列宁在苏维埃政权建立后，强调报刊不要进行政治喧嚷，少谈些政治，多谈些经济，责怪对新生活建设方面种种的事实的报道占的篇幅太少。④ 列宁要求当时的报刊"少唱些政治高调，多注意些极平凡的但是生动的、来自生

① 中共中央马克思恩格斯列宁斯大林著作编译局．马克思恩格斯全集：第 12 卷 ［M］．北京：人民出版社，1956：45.
② 中共中央马克思恩格斯列宁斯大林著作编译局．马克思恩格斯全集：第 33 卷 ［M］．北京：人民出版社，1956：627.
③ 中共中央马克思恩格斯列宁斯大林著作编译局．马克思恩格斯全集：第 5 卷 ［M］．北京：人民出版社，1956：524-525.
④ 中共中央马克思恩格斯列宁斯大林著作编译局．列宁全集：第 35 卷 ［M］．北京：人民出版社，1985：91.

活并经过生活检验的共产主义建设方面的事情"①，特别要把那些坏的事实登上"黑榜"。有些媒体长期违背马克思主义新闻观，政治概念、抽象议论讲得太多，大家明白的道理，天天讲，讲了三年五年还要讲。毛泽东在《政治周报》发刊词就说过，当敌人攻击共产党的时候，无须批驳，请看事实，事实最有雄辩力，事实最能说明问题。邓小平同志也反复告诫大家："各级领导一定要经常据实讲解，告诉大家客观的情况以及党和政府所作的努力"②，"把情况和问题向群众讲明白，任何问题都可以解决"③。

"贴近实际、贴近生活、贴近群众"，究竟贴近什么呢？其实就是贴近事实，贴近真理。新闻报道既不要浮光掠影地看待生活，也不要隔岸观火地诠释实际，更不能养尊处优地"联系群众"。新闻讲求准确客观、实事求是，这才符合马克思主义新闻观。媒体违背这一经典性原理，报道就要唯意志论，吹牛撒谎的新闻就多起来，媒体最终失去人民的信任。胡锦涛曾就这个问题谈道："要坚持讲真话、报实情，实事求是地反映情况，坚决反对弄虚作假。要切实改进文风，写文章、搞报道都要言之有物、生动鲜活、言简意赅，切忌八股习气。"④

二、贯彻党性原则——马克思主义新闻观的灵魂

在无产阶级政党诞生初期，它在组织上并不完善，成员很少，而且流动性大，但当时已经具有了无产阶级政党的纲领和策略。"所以，凡是被外界视为党的报刊的媒体，他们都要求主办人（通常是共产主义者同盟成员或接近同盟的人）承担起维护党的理论的科学性和'党'的荣誉的责任，或者用他们使用的语言，即报刊要遵循'党的精神'，不管这时的'党'是否成型。在这里，马克思恩格斯所说的'党的精神'有些接近我们现在所说的'党性'……"⑤ 这种党的办报思想是在长期的革命斗争实践中逐步发展完善起来的，并形成了马克思主义工人政党机关报的工作原则，集中起来就是两方面：一是党的领导机构和党报编辑部、出版社都要遵循"党的精神"；二是党的中央执行委员会"有责任监督党报的原则立场"。"党的精神"主要是指党

---

① 中共中央马克思恩格斯列宁斯大林著作编译局. 列宁全集：第37卷［M］. 北京：人民出版社，1986：11.
② 邓小平. 邓小平文选：第3卷［M］. 北京：人民出版社，1993：144.
③ 邓小平. 邓小平文选：第2卷［M］. 北京：人民出版社，1994：152.
④ 胡锦涛. 在全国宣传部长会议上的讲话［EB/OL］. 新华网，2002-01-11.
⑤ 陈力丹. 马克思主义新闻观思想体系［M］. 北京：中国人民大学出版社，2006：191.

代表大会通过的纲领、章程、决议等。按照当时的党章规定，中央执行委员会有责任监督党报的原则立场。一言以蔽之，正如恩格斯所指出的"党的报刊的任务是什么呢？首先是组织讨论，论证、阐发和捍卫党的要求，批驳和推翻敌对党提出的各种要求和论断"①。

明确的"党性"概念最早是由列宁提出来的，也是列宁新闻思想的核心概念。列宁将"党性"概念与党报工作联系起来，在《党的组织和党的出版物》一文中，明确强调了党的写作者和报刊工作的党性原则。他也指出："严格的党性是阶级斗争高度发展的伴随现象和产物。反过来说，为了进行公开而广泛的阶级斗争，必须发展严格的党性。"② 我们应该实事求是地分析并把握列宁党报思想的时代特点和现实意义。他提出的衡量党员和组织具备党性的标准一共有四条，即党的纲领、党的章程、党的策略决议和"各国的无产阶级自愿联盟的全部经验"③。

作为有党性的党报和有党性的党报工作者，必须坚持三个党报编辑原则。首先，遵循马克思主义方针办报。列宁指出，我们不打算把我们的机关报变成形形色色的观点的简单堆砌。相反，我们将本着严正明确的方针办报。一言以蔽之，这个方针就是马克思主义。其次，直接展开同志般的论战。列宁认为，党的统一不是下一个命令能够办到的，而必须让各种理论和各种观点展开论争，最后以马克思主义观点克服其他种种理论和观点，使全体社会民主党人团结在马克思主义的旗帜之下。最后，从理论上阐明事件。列宁强调，党报应该把向社会民主党人和觉悟工人进行马克思主义理论的教育提到最重要的地位，作为党报最重要的内容。

我国国家领导人都贯彻了马克思主义新闻观的这个基本原则。毛泽东高度评价报纸尤其是政党机关报在政治斗争中的作用。他指出，省报具有组织、鼓舞、激励、批判、推动的作用。他强调报纸在政策宣传上的特殊功能，指出报纸的作用和力量，就在于它能使党的纲领路线、方针政策、工作任务和工作方法，最迅速、最广泛地同群众见面。他还指出，办好报纸，把报纸办得引人入胜，在报纸上正确地宣传党的方针政策，通过报纸加强党和群众的

① 中共中央马克思恩格斯列宁斯大林著作编译局. 马克思恩格斯文集：第 1 卷 ［M］. 北京：人民出版社，2009：660.

② 中共中央马克思恩格斯列宁斯大林著作编译局. 列宁全集：第 12 卷 ［M］. 北京：人民出版社，1987：123.

③ 中共中央马克思恩格斯列宁斯大林著作编译局. 列宁选集：第 1 卷 ［M］. 北京：人民出版社，2012：665.

联系，这是党工作中一项不可小看的、有重大原则意义的任务。邓小平也强调，党报党刊一定要无条件地宣传党的主张。党的工作中的缺点和错误，党员当然有权利进行批评，但是这种批评应该是建设性的批评，应该提出积极的改进意见。但同时，党报必须坚决肃清由"江青集团"带到党内来的无政府主义思潮以及在党内新出现的形形色色的资产阶级自由主义思潮。我们只有坚决保证党的统一和战斗力，才能完成党所提出的各项任务。邓小平要求，党报要积极主动、理直气壮而又有说服力地宣传四项基本原则，对反对四项基本原则的严重错误思想进行有力的斗争。他还要求，作为灵魂工程师，作家应当高举马克思主义的旗帜，用自己的文章和作品教育引导人民正确地对待历史，认识现实，坚信社会主义和党的领导，鼓舞人民奋发努力、积极向上，真正做到有理想、有道德、有文化、守纪律，为伟大壮丽的社会主义现代化建设事业而英勇奋斗。江泽民同志明确地指出："坚持党性原则，就要求新闻宣传在政治上必须同党中央保持一致。各级党报要这样，部门的和专业性的报纸也要这样。虽然有许多新闻本身不带政治性质，但是，从任何一个报纸、电台、电视台的总的新闻宣传来说，都不可能脱离政治。"① 他强调新闻工作者要讲政治，坚持政治家办报的原则。在坚持新闻、宣传的党性原则方面，胡锦涛同志的表述与以往党中央的认识完全一致。在 2006 年 1 月考察解放军报社时，胡锦涛这样表述党性原则："新的形势和任务对全军新闻宣传工作提出了新的更高的要求。要高举旗帜、听从指挥，坚持鲜明的党性原则，坚持正确的政治方向和舆论导向。要围绕中心、服务大局，大力宣传党的路线方针政策和中央军委决策指示精神，及时反映部队全面建设的经验成果，积极服务于国防和军队现代化建设。"② 在改革开放的社会转型期，我们需要用党性原则来凝聚全国人民的意志，一心一意搞建设，齐心协力谋发展。

三、维护人民利益——马克思主义新闻观的立场

在马克思的早期著作中，他提出报刊要做人民的耳目喉舌。马克思指出："报刊按其使命来说，是社会的捍卫者，是针对当权者的孜孜不倦的揭露者，是无处不在的耳目，是热情维护自己自由的人民精神的千呼万应的喉舌。"③

---

① 江泽民. 关于党的新闻工作的几个问题 [J]. 求是，1990（5）：2-7.
② 胡锦涛在考察解放军报社时强调 坚持正确的政治方向和舆论导向 更好发挥宣传教育激励动员作用 [N]. 中国青年报，2006-01-04（1）.
③ 中共中央马克思恩格斯列宁斯大林著作编译局. 马克思恩格斯全集：第 6 卷 [M]. 北京：人民出版社，1956：275.

"报纸最大的好处，就是它每日都能干预运动，能够成为运动的喉舌，能够反映出当前的整个局势，能够使人民和人民的日刊不间断的、生动活泼的联系。"① 马克思在阐述"人民报刊"思想时又指出，人民报刊是人民日常思想和感情的表达者，"它生活在人民当中，它真诚地同情人民的一切希望与忧患、热爱与憎恶、欢乐与痛苦。它把它在希望与忧患之中倾听来的东西公开地报道出来"②。我们需要说明的是，马克思在这里讲"公开"，是从反封建的革命民主主义者的视野去观察问题的，其目的是把人民的困苦公布出来，来引起社会舆论对反动制度的广泛不满，从而推动社会革命。

在马克思主义思想家的著作中，最早明确提出党报喉舌论的是列宁，他指出："以马克思主义思想为指针的一切公开发行的俄国报纸，目前已成为向俄国社会民主党工人群众进行党的宣传鼓动工作的一个最重要的公开喉舌。"③ 我们如果把这些论断联系起来分析，党的喉舌必须以人民的耳目喉舌为前提，党报、党刊讨论的问题，阐发党的纲领、捍卫党的要求，离不开阐释和指导无产阶级及其广大人民的解放斗争。把党的"耳目"与"喉舌"这两个概念结合在一起，是刘少奇于1948年在《对华北记者团的谈话》这篇文章中提出来的。他对记者说："你们的笔，是人民的笔，你们是党和人民的耳目喉舌。"党的耳目喉舌和人民的耳目喉舌是一致的，因此刘少奇把二者并列在一起，他强调一个真正的马克思主义记者应当做到："如果能够真实、全面、深刻地把群众情绪反映出来，作用就很大。人民的呼声，人民不敢说的，不能说的，想说又说不出来的话，你们说出来了。如果能够经常做这样的反映，马克思主义的记者就真正上路了。"④ 记者如果把党的耳目喉舌和人民的耳目喉舌割裂开来，只提党的耳目喉舌而不提人民的耳目喉舌，或认为党的耳目喉舌比人民的耳目喉舌重要，或者只强调喉舌而忽视耳目的功能，都不符合马克思主义，从根本上违背了共产党的宗旨。

党报一定要做好耳目和桥梁，把人民的要求和党的方针政策宣传出去，将方针政策发生的错误及时反映给党的领导机关，让党的高层领导知道人民

---

① 中共中央马克思恩格斯列宁斯大林著作编译局. 马克思恩格斯全集：第7卷 [M]. 北京：人民出版社，1956：3.

② 中共中央马克思恩格斯列宁斯大林著作编译局. 马克思恩格斯全集：第1卷 [M]. 北京：人民出版社，1995：352.

③ 中共中央马克思恩格斯列宁斯大林著作编译局. 列宁全集：第18卷 [M]. 北京：人民出版社，1995：206.

④ 新华社新闻研究所. 新闻工作文献选编 [M]. 北京：新闻出版社，1990：101.

的切身利益与要求，以便纠正这些错误。为此，刘少奇指出："党的政策到底对不对，允许你们去考察。如果发现党的政策错了，允许你们提出，你们有这个权利"，"群众对我们，是反对就是反对，是欢迎就是欢迎，是误解就是误解，不要害怕真实地反映这些东西。"① 这一马克思主义新闻观具有重大意义，许多研究文章都把它忽略了。在新闻报道实践中，记者把喉舌看成不需要正确认识客观世界的主观宣传，使媒体丧失了引导舆论的生命力，这是背离马克思主义新闻观经典理论的直接后果。

2003 年年初，胡锦涛同志带领政治局同志参观西柏坡，强调牢记毛泽东1949 年进北京前关于两个"务必"的教导。他随后在多次讲话中强调"立党为公，执政为民"，强调"以人为本""群众利益无小事""权为民所用、情为民所系、利为民所谋"。在新闻和宣传方面，胡锦涛则提出了"三贴近"（贴近实际、贴近生活、贴近群众）的要求。改进会议和领导同志活动的报道，是从侧面改变传媒脱离群众、脱离实际的现状，"三贴近"的要求，是从正面提出问题，同样要解决的是传媒与群众、与生活脱节的问题。"三贴近"从新闻业务的角度，为传媒找准新闻源头指明了方向，提供了丰富的源泉。我国近年"民生新闻""讲述老百姓的故事"等的流行，与胡锦涛提出传媒报道"三贴近"不无关系。

四、引导社会舆论——马克思主义新闻观的方法

马克思认为，任何报刊总是会或强或弱地、有意无意地传播自己的观点，对新闻的报道也是有选择的。他说："谁也不会因这一点去责难它们。"② 但是，他也认为报刊的工作本身是社会活动，一家报刊如果只强调自己的特殊观点，而不承认自己的社会性，那它不过是沙漠中的布道者。因此，马克思在《1848 年至 1850 年的法兰西阶级斗争》一文中，就谈到了报纸是"社会舆论的工具"，是"国家中的第三种权力"③。例如，1850 年 12 月，法国秩序党操纵议会通过了一项包括增加保证金、报刊文章必须署名等新内容的出版法案。无论是上流社会赞扬的"好报刊"还是他们咒骂的"坏报刊"，所有

---

① 刘少奇. 对华北记者团的谈话 [M] //新华社新闻研究所. 新闻工作文献选编. 北京：新闻出版社，1990：99.
② 中共中央马克思恩格斯列宁斯大林著作编译局. 马克思恩格斯全集：第 18 卷 [M]. 北京：人民出版社，1956：390.
③ 中共中央马克思恩格斯列宁斯大林著作编译局. 马克思恩格斯全集：第 7 卷 [M]. 北京：人民出版社，1956：117.

报刊都由于通过这项法案而受到打击。马克思评论：在这以前，"报刊是广泛的无名的社会舆论的机关"①。显然，他指的是法国当时的所有报刊，既有资产阶级共和派的，也有波拿巴派的；既有波旁王朝派的，也有奥尔良派的；既有小资产阶级社会主义者的，也有工人报刊和谈不上哪一派的通俗报刊。德国有一句谚语，叫作"打麻袋，吓驴子"。马克思在说明反动派通过镇压报刊而压制社会舆论时，反其意而用之，把报刊比作驴子，把社会舆论比作驴背上的麻袋。驴驮着麻袋，这就是马克思关于报刊和社会舆论最基本关系的形象说明。

马克思把握了报刊反映社会舆论的规律，在《新莱茵报》的实践中得到成功运用。在这份日报上，我们可以看到关于1848—1849年德国发生的所有重大事件的报道，这些报道出自持有不同观点的人的手笔。马克思认为：报刊活动的目的是"经常而深刻地影响舆论"②。舆论包括社会各阶级的意见，对报刊来说，这种影响就不仅仅局限于自己所代表的阶级和党派中，而在某种程度上主要是争取越来越多的现有读者以外的人群。

报刊要达到影响舆论的目的，必须得研究自己如何在社会舆论中"流通"。马克思两次把报刊比作纸币，他说："报纸是作为社会舆论的纸币流通的。"③ 这个结论是怎样得出来的呢？马克思说："纸币流通的特殊规律只能从纸币是金（或银）的代表这种关系中产生。这一规律简单说来就是，纸币的发行量限于它象征地代表的金（或银）的实际流通的数量。"④ 在报刊的实际销售中，一本专门刊载人们不感兴趣的材料的杂志或一份只刊登假报道、不符合民意的报纸，不会拥有广泛的读者。根据这种情况可以推断，报刊在社会舆论中流通的情况应当取决于反映社会舆论的正确程度，就像纸币必须代表金或银才能在商品交换中流通一样。

马克思认为社会舆论是变幻莫测、极为复杂的社会现象。它既受统治阶级思想的影响，但又不等于统治阶级的思想。例如，马克思曾写过《英国的舆论》的通信，叙述的是英国人民群众，主要是工人阶级的反战意见怎样压

---

① 中共中央马克思恩格斯列宁斯大林著作编译局．马克思恩格斯全集：第7卷［M］．北京：人民出版社，1956：650.

② 中共中央马克思恩格斯列宁斯大林著作编译局．马克思恩格斯全集：第7卷［M］．北京：人民出版社，1956：600.

③ 中共中央马克思恩格斯列宁斯大林著作编译局．马克思恩格斯全集：第7卷［M］．北京：人民出版社，1956：117.

④ 中共中央马克思恩格斯列宁斯大林著作编译局．马克思恩格斯全集：第23卷［M］．北京：人民出版社，1956：147.

倒了主张同美国林肯政府交战的伦敦报刊的叫嚣。在这里，工人阶级的意见代表了英国的舆论。社会舆论能否按照阶级来划分，分割为某个阶级的舆论？这通常要根据具体情况来确定。例如，1877 年，沙俄入侵罗马尼亚，为制止德国站到沙俄一边，马克思对德国社会主义工人党的领导人说："应该及时地使工人、小资产者等的社会舆论充分动员起来。"① 显然，马克思认为社会舆论是由社会各阶级的意见组成的，但这种意见只有在趋向一致的情况下才有可能表现为社会舆论。因此，马克思在更多的场合，都是笼统地提出"社会舆论如何认为""诉诸社会舆论""社会舆论的法庭""社会舆论的判决"等。在这些时候，他把社会舆论看作一个整体，并且常常同当权者的意见对立起来。

在一般情况下，由于不同观点报刊并存，违背社会舆论的内容是不能长期垄断报道的，舆论本身的制约作用也会迫使报刊职能在表达舆论和歪曲舆论之间摆动。马克思谈到的这类事例很多，例如，《泰晤士报》，它总是站在保守的方面反对任何改革，而报刊必须反映社会舆论这一无形的规律，这又迫使它"在试图挽回人民运动的狂澜久而无功之后，屈服于舆论"②。

在我国无产阶级革命家的一系列著作中，对新闻和舆论的关系也有过许多论述，特别是在毛泽东的大量论著中，"舆论"的语词概念出现频率比较高。他虽然并没有给出明确的定义，但是从他运用这个概念的动机来看，是有确定的认识的。他在《驳"舆论一律"》中指出："我们在人民内部，是允许舆论不一律的，这就是批评的自由，发表各种不同意见的自由，宣传有神论和宣传无神论（即唯物论）的自由。……要想使'舆论一律'是不可能的，也是不应该的。"

毛泽东 1955 年提出"舆论一律"和"舆论不一律"的论证，他是从阶级对立的观点来加以分析的，即在对立的两个阶级之间，是根本利益的矛盾冲突，没有调和的余地，在这个问题上，两个阶级的舆论是不一律的。另一类则是人民内部矛盾，人们在根本利益上是一致的，舆论表现出他们的共同利益诉求，但在局部问题上也存在"不一律"的情况。所以，他谈到的"一律"，有两层意思。一层是讲社会本身在舆论不一律和舆论一律的矛盾中前进。有矛盾存在就不一律，克服了矛盾，暂时归于一律了，但不久又会产生

---

① 中共中央马克思恩格斯列宁斯大林著作编译局. 马克思恩格斯全集：第 34 卷 [M]. 北京：人民出版社，1956：246.

② 中共中央马克思恩格斯列宁斯大林著作编译局. 马克思恩格斯全集：第 15 卷 [M]. 北京：人民出版社，1956：335.

新矛盾，又不一律，又要克服。另一层是对敌人的，"只许他们规规矩矩，不许他们乱说乱动。这里不但舆论一律，而且法律也一律"①。毛泽东在这里阐述了一个重要的观点：舆论是发展的、变化的。一般意义上的舆论一律状态，其前提是要经过"不一律"这个阶段，并且一律是暂时的、相对的，新的矛盾产生，又会不一律。所以，人们只能通过不一律才能保持"一律"的暂时稳定状态。

毛泽东当时关于"不一律"的论述，讲得相当明确和具体。他说："在人民内部，允许先进的人们和落后的人们自由利用我们的报纸、刊物、讲坛等去竞赛，以期由先进的人们以民主和说服的方法去教育落后的人们，克服落后的思想和制度。"② 事物发展的两方面，他都谈到了，有很深刻的辩证法思想。

舆论不一律是舆论存在的主要形式之一，不论我们承认与否，采取什么政策，都是如此。新闻报道的艺术就在于如何引导"不一律的舆论"，达到某种程度的一律，使它服务于中心工作。作为一种宣传上的策略，新闻报道应该正视"舆论不一律"的客观状态，它往往比只存在"舆论一律"更加真实可信，容易取得宣传效果，这也符合传播心理的客观规律。提供选择性的内容，我们只要引导得当，效果要好得多。

在毛泽东一系列的文论中，他至少对新闻与舆论的关系进行了以下几方面的概括。

（一）新闻是"动员舆论"的手段

毛泽东同志作为政治家十分重视运用新闻报道的手段来动员社会舆论的工作。在总结打退反共高潮时，他又谈到舆论的力量："仅因国内外舆论的反对，才把这一阴谋暂时搁下。"③

（二）舆论是可以改变社会的力量

舆论在分散、自然的状态下是无力的，一旦被有效地激发起来，又可以是服务某种目的的行动。利用舆论的这种本身特点，是没有阶级性的。毛泽东很注意反动派对舆论的动员，揭露他们在其中的欺骗行为。他谈到过帝国主义通过欺骗人民，"动员舆论"参加帝国主义战争。他曾谈到国民党制造假

---

① 毛泽东. 驳"舆论一律" [M] // 毛泽东. 毛泽东选集：第5卷. 北京：人民出版社，1977：157-159.
② 毛泽东. 驳"舆论一律" [M] // 毛泽东. 毛泽东选集：第5卷. 北京：人民出版社，1977：157-159.
③ 毛泽东. 毛泽东选集：第3卷 [M]. 北京：人民出版社，1991：916.

消息、假报告、假文件、假决议"用以蒙蔽事实的真相,企图造成舆论"的事情。他还提到国民党顽固派通过恶意的宣传家传播荒谬的理论,实行投降的"舆论准备"的事。他鄙视这类以欺骗的方法"动员舆论"的行径,相信实际行动能够最有力地赢得舆论的叫好声。当外国记者问及他中国抗日战争的成绩时,他回答了五条,其中第三条就是:"唤起了国际舆论的同情。国与国间过去鄙视中国不抵抗的,现在转变为尊敬中国的抵抗了。"①

（三）舆论是发展的、变化的

毛泽东认为舆论是分散的、无组织的,因而会自然形成各种各样的舆论群体。他从不同的角度,将它们分类,以便考察整体形势。譬如,1949 年,当美国国务卿迪安·艾奇逊（Dean Acheson）提到"有见识的和批评性的舆论"时,毛泽东就用阶级分析的方法将舆论分为两大类。他指出:"艾奇逊们对于舆论的看法,混淆了反动派的舆论和人民的舆论。"② 在另外的场合,他还用公正与否来区别舆论。例如,1943 年,在介绍塔斯社中国分社社长罗果夫的一篇文章时,他认为这篇文章就代表了"国际国内的公正舆论"③。同时,毛泽东认为应该扶植舆论,来发挥积极的社会影响,为此,他曾向国民党当局提出过"开放党禁,扶植舆论,以为诚意推行宪政之表示"④ 的要求。

江泽民同志对这些论述作了更加明确的概括,他认为:舆论工作就是思想政治工作,是党和国家的前途和命运所系的工作。舆论导向正确,对我们党的成长、壮大,对人民政权的建立、巩固,对人民的团结和国家的繁荣富强,具有重要的作用。舆论导向正确,是党和人民之福;舆论导向错误,是党和人民之祸。他还说,正确引导舆论,重要的是正确把握形势,增强全局观念,坚持宣传好党的路线、方针、政策,坚定不移地在政治上同党中央保持一致。对此,胡锦涛同志作了进一步的阐述,他在 2002 年 1 月全国宣传部长会议上说:"进一步唱响主旋律、打好主动仗,充分发挥舆论宣传在统一思想中的重要导向作用。"⑤ 在 2003 年 12 月全国宣传思想工作会议上,他说:"新闻工作要牢牢把握正确的舆论导向,坚持团结稳定鼓劲、正面宣传为主的

---

① 毛泽东. 毛泽东选集:第 3 卷 [M]. 北京:人民出版社,1991:375, 571, 582, 685.

② 毛泽东. 毛泽东选集:第 4 卷 [M]. 北京:人民出版社,1991:1502.

③ 毛泽东. 毛泽东新闻工作文选 [M]. 北京:新华出版社,1984:110.

④ 毛泽东. 毛泽东选集:第 2 卷 [M]. 北京:人民出版社,1991:723.

⑤ 中共中央文献研究室. 十五大以来重要文献选编:下 [M]. 北京:中央文献出版社,2003:426.

方针，唱响时代主旋律，在全社会形成和发展积极健康的主流舆论。"①

我们今天要求新闻机构把公开报道和内部反映结合起来，既是从新闻报道的社会效益来讲的，也是从积极引导社会舆论的角度提出来的。新闻工作者要有大局意识、责任意识和政治意识，什么问题公开报道，什么问题内部反映，要以党的利益、国家利益、民族利益、人民利益为标准，要看是否有利于社会的稳定、政局的稳定、经济的稳定、人心的稳定。这就是马克思主义新闻观指导下的报道方法。

五、推动社会发展——马克思主义新闻观的使命

马克思和恩格斯"世界交往"的观念是马克思新闻观的认识前提，这是一种促进社会不断进步的理念。他们在广义上使用"交往"（derVerkehr）的概念，同时也经常使用"传播"（das Kommunikation），这个现代传播学常常使用的概念。事实上，这两个概念的内涵基本相同，它们既是指人类活动、社会生产之间的物质交换，也是指社会、民族、国家之间的精神、文化的交流。可以说，在现代传播学尚未形成以前，他们就研究了人类物质交往和精神交往的各种现象，并且也专门讨论了精神交往（geistiger Verkehr）的问题，还从三方面论述了这种交往的社会作用。

"首先，交往在一定范围内形成了一种社会凝聚力，它本身是一个部落或民族独立存在的'黏合剂'。……其次，不同社会形态之间的交往，缩短了社会发展的进程，增强了社会的活力……由于交往打破了孤立状态而（社会矛盾）往往很快暴露出来，从而使人们产生一种改革的需要。最后，交往一旦展开，就会冲破阻力，最终发展成为'世界交往'，使各个民族的交往日益同步化。"②

马克思、恩格斯关于"世界交往"的概念实际上是对未来社会新型生产关系的一种描述。信息将作为重要的生产资料进入这种新型生产关系的领域，发挥日益重要的作用。马克思在工业社会刚刚形成的时期就预测未来社会有四大特征。第一，未来世界的生产结构将发生改变，将以信息和服务业为主。这个社会就是我们现在的信息社会。第二，未来社会的劳动力结构将发生变化，这个标志就是不再以体力劳动为主，而是以智力劳动为主。马克思甚至当时就设想过，工业就是人在一个小房间里操作机器然后指挥整个生产过程。

---

① 胡锦涛. 在全国宣传思想工作会议上的讲话［EB/OL］. 新华社，2002-12-07.
② 陈力丹. 马克思主义新闻观思想体系［M］. 北京：中国人民大学出版社，2006：48.

这个生产过程是没有人的，人离生产过程有一定的距离，机器就是我们现在的电脑。第三，社会资源结构将以信息和知识为主。当时的社会资源结构主要有两大块：一块是煤矿，这块是能源，那时石油还没有被发现；还有一块是棉花，轻工业和重工业的主要原料。马克思那时候就预测到未来社会的资源结构主要是信息和知识，那就是我们现在的这个社会。第四，居于社会中心位置的不再是行政机构，而是科学的组织和决策机构。也就是说，知识占主导地位，智囊团占主导地位，知识分子将成为社会的中坚力量。

在 19 世纪中叶，马克思针对电报的发明，提出了一个著名的论断："用时间消灭空间。"1844 年，当电报第一次实验成功的时候，其发送的第一句话就是"上帝创造了什么？上帝创造了人的智慧"。1847 年，也就是电报发明了几年还没有运用到社会中去的时候，马克思、恩格斯就将电报写入资产阶级创造的巨大生产力代表之一中，他们非常重视电报。几年之后，电报开始在欧洲普及，马克思最早报道了电报在英国普及，并作为消息发出去。马克思说了一段话，电报已经把整个欧洲变成了一个证券交易所，铁路和轮船已经把交往手段和交换的可能性扩大了百倍。当时世界上有两个经济危机的策源地，一个是美国，另外一个是印度。因为当时的工业中心和政治中心都是英国，英国到美国一个月的航程，英国到印度三个月的航程，要绕过好望角。当时信息传递非常困难，于是出现了很多问题，最大的问题是世界性经济危机。信息的不畅通经常爆发世界性信息危机。恩格斯说，自从电报出现以后，世界性经济危机百分之九十被消灭了。因为以前没有电报，比如，英国需要棉花，这个信息好不容易传到印度，印度拼命生产棉花，其中经历了很长的时间差。印度好不容易生产出棉花并运到英国，棉花突然过剩了，棉花一过剩全球性经济危机爆发了。而有了电报，信息几秒钟就跨越千山万水的距离，所以马克思总结了一段话，电报的性质是什么？就是用时间缩短空间。我们现在所有的电子媒体都具有这个特征，只有充分采用了这项技术，才能够使全球变为一个"地球村"。

在国家发展和社会进步的进程中，世界交往也显得十分重要。对于 19 世纪曾经被大家看作战争侵略的历史事件，马克思、恩格斯则是从更加宏观的角度，进行了符合历史唯物主义的诠释。譬如，美国和墨西哥发生了战争，那么就是说美国侵略了墨西哥，但恩格斯是这么说的："在美洲我们看到墨西哥已被征服，这使我们十分高兴。这个国家一向都仅仅埋头于处理内部事务，在长期的内战中弄得四分五裂，因而丧失了一切发展的可能性，这样一个国家至多只能成为英国工业方面的附属国，可是现在它被迫卷入了历史运动，这是一个进步。墨西哥将来受合众国的监护是符合于其自身发展利益的。合众国因兼并加利福尼亚而获得太平洋的统治权，这是符合整个美洲发展的利益的。"① 马克思批评了 19 世纪时的中国，他说："一个人口几乎占人类三分之一的幅员广大的帝国，不顾时势，仍然安于现状，由于被强力排斥于世界联系的体系之外而孤立无依，因此竭力以天朝尽善尽美的幻想来欺骗自己，这样一个帝国终于要在这样一场殊死的决斗中死去。"② 这就是说，任何闭关锁国的方针对民族的生存和社会的发展都是极其不利的。中国必须对外开放，将自己纳入世界交往的体系中去。现在被迫卷入了历史运动，墨西哥将受美国监护是符合其发展利益的。富饶的加利福尼亚从对它毫无作用的墨西哥手中摆脱出来，有什么害处呢？精力充沛的美国人如果充分开发那里的金沙矿，增加流通手段，短时间内在太平洋沿岸集中稠密人口，开展广泛贸易，建立几座大城市，开辟轮船交通，铺设从纽约到旧金山的铁路，第一次使太平洋真正接触现代文明，历史上第三次为人类贸易开辟新的方向有什么不好呢？

马克思关于"世界交往"的思想还有更加宽阔的视野。在马克思和恩格斯的新闻活动中，他们意识到新闻报道事实上在构造一个"观念世界"，"它无所不及，无处不在，无所不知。自由报刊是观念的世界，它不断从现实世界中涌出，又作为越来越丰富的精神唤起新的生机，流回现实世界"③。在这个"观念世界"中，人逐步融入社会，成为"现代人""文明人"，从而获得彻底的解放。他指出自由报刊"是把个人同世界联结起来的传神的纽带（das sprechende Band），是使物质斗争上升为精神斗争，并且把粗糙物质形式观念化的一种获得体现的文化"④。"正是由于报刊把物质斗争变成思想斗争，把血肉斗争变成精神斗争，把需要、欲望和经验的斗争变成理论、理智和形式的斗争，所以报刊才成为文化和人民的精神教育的极其强大的杠杆。"⑤

我国关于"世界交往"的相关论述，主要是伴随对外开放的改革进程而

---

① 中共中央马克思恩格斯列宁斯大林著作编译局 . 马克思恩格斯全集：第 4 卷［M］. 北京：人民出版社，1956：513.

② 中共中央马克思恩格斯列宁斯大林著作编译局 . 马克思恩格斯全集：第 12 卷［M］. 北京：人民出版社，1962：587.

③ 中共中央马克思恩格斯列宁斯大林著作编译局 . 马克思恩格斯全集：第 1 卷［M］. 北京：人民出版社，1995：179.

④ 中共中央马克思恩格斯列宁斯大林著作编译局 . 马克思恩格斯全集：第 37 卷［M］. 北京：人民出版社，1962：423-426.

⑤ 中共中央马克思恩格斯列宁斯大林著作编译局 . 马克思恩格斯全集：第 29 卷［M］. 北京：人民出版社，1962：528.

出现的。1982年2月，邓小平同志就注意到世界新技术革命的兴起，他认同日本朋友关于"先把交通、通信搞起来，这是经济发展的起点"的建议。不久，他在与日本民间人士的谈话中就指出："现在的世界是开放的世界。中国在西方国家产业革命以后变得落后了，一个重要原因就是闭关自守。……三十几年的经验教训告诉我们，关起门来搞建设是不行的，发展不起来。"1984年9月，他为《经济参考报》题词"开发信息资源，服务四化建设"。① 他多次谈道："切不要把中国搞成一个关闭性的国家。实行关闭政策的做法对我们极为不利，连信息都不灵通。现在不是讲信息重要吗？确实很重要。做管理工作的人没有信息就是鼻子不通，耳目不灵。"② 邓小平同志以超人的胆略，放眼世界，把中国带入了追随世界经济发展的"快速道"。江泽民同志继承了邓小平关于世界信息交流的观点，主张大力发展信息产业，作出了许多指示。他认为："信息资源已经成为与物质资源同等重要的资源，其重要作用正在与日俱增。信息高速、广泛传送的特点，使世界形成了一个没有边界的信息空间。"③ 他在党的十五届五中全会上就提出了，大力推进国民经济和社会信息化，以信息化带动工业化。党的十六大政治报告指出："信息化是我国加快实现工业化和现代化的必然选择。"④ 所有这些论述都是邓小平理论的延续，他敏锐地抓住了20世纪80年代世界新技术革命的浪潮，在刚刚兴起的大好时代，迅速把这种发展观念付诸实践。中国人摈弃了那种闭目塞听的落后心态，开始变得耳聪目明，并迅速融入了世界经济大循环的轨道中，使国家变得日益强大。

第二节 民生新闻价值观

新闻价值是一个重要的新闻学概念，它的重要性主要表现在两个层面：理论层面，它可以决定新闻活动的方向与方法；实践层面，它是判断和选择

---

① 邓小平. 邓小平文选：第3卷 [M]. 北京：人民出版社，1993：52, 64；新华社新闻研究所. 邓小平论新闻宣传 [M]. 北京：新华出版社，1995：12.

② 邓小平. 邓小平文选：第3卷 [M]. 北京：人民出版社，1993：306-307.

③ 江泽民. 论中国信息技术产业发展 [M]. 北京：中央文献出版社，2009：265.

④ 中国新闻年鉴社. 中国新闻年鉴2001 [M]. 北京：中国新闻年鉴社，2001：1-2；江泽民. 全面建设小康社会，开创中国特色社会主义事业新局面 [M]. 北京：人民出版社，2002：21-22.

新闻事实的标准。当然，人们从不同的层面可以对新闻价值有不同的理解，但大多数学者都主张从本源上认识新闻价值问题，"即认为新闻价值主要指新闻事实自身含有的能够满足社会（主要是受众）需要的特殊素质的总和"①。

"民生新闻"现象是随着江苏电视台《南京零距离》栏目从 2002 年元旦开播而出现的新闻实践活动。2003 年，人们在对《南京零距离》的播出实践经验进行总结以后，遂提出了"民生新闻"的概念。如今，"民生新闻"成为电视新闻节目的样板，在各类新闻媒体中也起到了示范作用。从时间上推断，它产生于党的第十六次全国代表大会之后（2002 年 1 月 8 日—15 日），也就是说，党的十六大新闻改革的思路对"民生新闻"产生了直接的影响，或者说它是民生新闻价值观的思想基础。那么，党的十六大以来新闻改革的思路是什么呢？它主要依据党的十六大以后中央先后发布的三个关于改进新闻工作的专门性文件：一是《关于进一步改进会议和领导同志活动新闻报道的意见》（2003 年 3 月），二是《关于进一步改进和加强国内突发事件新闻报道工作的通知》（2003 年 8 月），三是《关于进一步加强和改进舆论监督工作的意见》（2005 年 4 月）。这三个文件都涉及新闻工作中一些长期以来群众反映强烈、媒体重点思考但没有能够很好解决的问题。中央以文件的形式，就这些问题进行了相关的规定，提出明确的要求，充分体现了党中央领导集体对深化新闻改革的一些基本想法。正如民生新闻的首创者之一景志刚同志，他当时所说的："近来，党中央关于'改进领导人活动报道'的指示精神，一方面旨在改革我们时政新闻报道中的种种缺失，另一方面更是希望我们的新闻工作者把目光更多地转向基层，转向百姓，反映广大群众的喜怒哀乐，反映广大百姓的所思所想。直接体现了'三个代表'重要思想和新闻报道'三贴近'的宣传原则。我们不仅应该在工作中致力于'民生新闻'的报道，而且应该在新闻理论研究中予以重视。"②《南京零距离》的制片人曾赟进一步总结了"新闻价值判断的四个量度"，即时间量度、地点量度、实用量度、审美量度。"时间量度"追求的是新闻报道的时效性；"地点量度"讲求的是新闻事件的接近性；"实用量度"指的是新闻事实与受众需求的相关性；"审美量度"则主要是指"品位与导向的要求"，事实上体现的是一定的导向性（示美）

①　童兵．比较新闻传播学［M］．北京：中国人民大学出版社，2002：105.

②　景志刚．存在与确认：如何概括我们的新闻［J］．中国广播电视学刊，2003（11）：35-45.

要求。① 我们把这种新闻价值的判断标准归结为四方面追求新闻的时效性，遵循报道的接近性，强调民生的重要性，注重舆论的导向性。

一、追求新闻的时效性

新闻常被称为"易碎品"，这是因为新闻作品的新闻价值的实现是一瞬间的、一次性的。实践证明，新闻一旦过时，就会变成"旧闻"，从而大大贬值，为此，新闻时效性往往成为媒体间为赢得受众而激烈竞争的焦点。在西方的新闻著作中有这样一个例子：《纽约时报》名记者迪姆士·泰勒初当记者时，去采访一个著名女演员的首场演出，到剧场后发现演出已经取消，他就回去睡觉了。他半夜突然被电话铃声惊醒了，编辑告诉他，其他各报都在头条位置刊登这个女演员自杀的消息。编辑气呼呼地说："像这样的女演员首场演出被取消，本身就是新闻，背后还可能有更大的新闻。记住，以后你的'鼻子'不要再感冒堵塞了。"这件事告诉我们，新闻在时间上确实有及时的要求，如若在别家媒体登完后再登，就成了旧闻。这些年，中国新闻界越来越重视新闻的时效性问题，"抓活鱼"成为许多记者和新闻单位提高新闻时效性的一个生动、形象的口号。就是说，新闻界力图以生动的形式突出新闻最新鲜的内容。

民生新闻的报道都十分重视发挥新闻的时效性，在新闻报道中普遍都采用了最新的电子新闻采集技术。卫星新闻转播车及相应的配套技术设备越来越多地运用在电视现场直播的报道方式上。

为了追求较高的新闻时效，新闻不仅要求记者深入现场及时发回报道，而且在新闻的编排上增加正在发生的事实报道的频率密度，力求把传统新闻理念中"新近发生的事实的报道"演变为"正在发生的事实的报道"。作为民生新闻典范的《南京零距离》，突发新闻的报道成为它坚实的传播优势。这个节目每天播出的画面新闻约 30 条，其中突发新闻就占据了 2/3。节目制作人还十分重视"现场直播"，并把这种报道形式分为三个层次。第一个层次是记者在新闻现场的"准直播"，即记者在模拟直播状态下出镜。《南京零距离》要求记者不能"为出镜而出镜"，而是要深入事件中去，现场完成新闻的采访，现场采访录像只要稍做剪辑即可播出。第二个层次是主持人在演播室实行直播，这也大大提高了新闻的时效性。直播不仅使突发新闻可以随时播

---

① 张建赓. 从《南京零距离》看新闻价值判断的四个量度 [J]. 中国广播电视学刊，2003（11）：41-42，1.

出，而且扩大了新闻来源。主持人在演播室通过热线电话与观众进行实时互动，观众的投诉以及对新闻的看法等，成了节目不可或缺的组成部分。第三个层次是真正意义上的直播，即"同步采访、同步传输、同步播出"。这是电视新闻工作者最热衷的一种报道方式。尽管题材资源还不够丰富，技术手段还不够轻便等，但是在民生新闻中做了不少这方面大胆的尝试。特别是在2003年7月7日开播的《绝对现场》——《南京零距离》姊妹栏目中，这种直播的优势被发挥到了极致，主创人员用卫星直播的方式，建立该栏目的基本范式，卫星直播首次在新闻节目中成为"常态"，成为观众的家常便饭，这在新闻实践中可能具有某种普遍意义。

我们在《南京零距离》直播室看到的是这样的情景：外间是一张审看台，里间是控制台，再里面是演播室，一小时直播期间，不断有记者、编辑拿着带子跑进跑出。总监或制片人在忙着审稿的时候，还一直在看其他台同时段播出的同类节目，并不断当机决定："这条马上播出""这条推迟一下"。他会不时地问记者，"你拍的时候，南京台记者来了没有"，说"来了"，"那赶紧送，赶紧播"；或者是"南京台这条播出来了没有，如没播出，赶紧先播，立刻去播，要抢在南京台之前！"，如果回答是"正在播"，他就决定"咱们这条放到下一节播吧"。

《南京零距离》这样的播出现场俨然是一个赛场，这样的气氛让现场的每一个人既紧张又兴奋。要知道，此时此刻（18：00—20：00）南京就有六个这样的民生新闻栏目同时直播，每一个总监或制片人不仅顾着自己，同时还盯着其他对手，这样的心理状态让他们有一种在球场上奔跑拼抢的感觉。这时候，不仅要比速度，还要比智慧，要比实力，更要比战术，有时需要抢先占位，有时则需要错位跑动，把握时机，创造机会。

民生新闻的时效性还体现在另外一层含义上，譬如：2004年9月13日，《南京零距离》主持人孟非结束了"读报"，刚说"下面是小璐说天气"，后又立即改口说"导播刚插进来一条消息，有一位96岁操无锡口音的老太太迷了路，说不清自己的姓名，也不知道住哪儿，想必家人正在寻找她，让我们把画面接到现场"，接着，我们在屏幕上看到外景记者冯凯在南京某马路边向观众报道这件事，另一名主持人陈浩协同一位无锡籍的记者正蹲在一神志不太清、操无锡口音的老太太身边，费力地与她沟通，试图了解她的住址或家人联系方式，老人正面的近景凸显在画面的显要位置……这条信息似乎专为老人的家人及时插播的，原本固定在19：30播出的"小璐说天气"被迫推迟了几分钟。这样不失时机的卫星现场直播，其意义不在于抢在第一时间发挥独家报道的所谓时效性，而是实现了民生新闻"零距离"贴身服务民生的新闻价值。

二、遵循报道的接近性

接近性是新闻价值的要素之一，含地理上的接近、心理上的接近。地理上的接近是指事情发生的地点就是在受众的周围，由于这类事件更容易对受众的生活产生影响，与受众关系更密切，因而受众更加重视。有一种比喻：在通常情况下，以所在地域为圆心，受众收视兴趣与半径跨度成反比。我们可以看出，民生新闻聚焦的大多是当地的、周边的新闻事件，离观众不会太远，看身边发生的新闻，关注百姓的故事，人们容易产生积极的心理认同感。共同的生活地域，相近语言结构和生活习性，一样的文化背景，都让受众容易去接受。所谓的"零距离"以及"就在你身边"，就是地域上的认同和对事物的共识，没有了这个基础，民生新闻难以引起如此广泛的共鸣。人们很有可能会在电视里看到熟悉的事物，或者说看到自己身边的人和景，这样播放新闻的方式人们更愿意去关心，也更乐意去感受。

正因为如此，民生新闻一般都比较重视选取地域性的新闻事件，地域性成了新闻接近性的要件。可以说，民生新闻对地域性的强调已成为一种竞争性的策略与价值诉求，以南京地区为例，从新闻栏目的名称上看，《直播南京》《南京零距离》等都在营造一种地缘上的接近性，这些栏目的口号：如"南京人当然看《直播南京》""《南京零距离》见证南京变迁与发展的城市日记"等则进一步彰显地域性的优势，通过对区域性地理文化资源的充分挖掘与利用，激发区域性受众的价值认同。

电视民生新闻不仅注重选择能展示当地风土人情的新闻场景，还对当地的文化资源进行历史性挖掘。民生新闻的制作者深知城市电视新闻要抓住观众，必须注重地域文化特色的展示，其中既包括当地的地理环境、经济状况，也包括当地的民俗风情、审美情趣。于是，当地的城市特色、市井人物、历史遗迹、地域性的历史掌故都成为可开采的文化资源，甚至在"地名"上都做足文章。我们以《1860新闻眼》为例，它就以寻访南京老地名、重拾南京人的地名情结为由，制作了《乌衣巷》《桃叶渡》《三条营》《白鹭洲》《利济巷》《石头城》等8集寻访南京老地名的节目，由老南京人的叙述和丰富的史料画面贯穿始终，力图唤起人们对特定历史阶段的地域文化印迹的联想与认同。

所谓"接近性"，除了地缘上的吸引力，还有心理上的亲近感。这类新闻的接近性，当然就要求记者"贴近实际、贴近生活、贴近群众"，"深入实际、深入生活、深入群众"，采访报道群众身边的人和事，采访报道受众关心的人和事。民众关心的新闻事件或信息，不是孤立的，常常有其人物、事件载体。普通百姓获取新闻，特别是民生新闻，常常喜欢在茶余饭后以听故事、拉家常这种熟悉的形式来获取。在近年的新闻改革中，不少媒体已经在"新闻人物化、人物故事化、故事情节化、情节细节化"方面进行了成功的探索，满足受众关注人物命运的需求，以生动的细节、跌宕起伏的情节来演绎新闻人物的故事，让人物故事来吸引受众。主持人说故事也已经成为民生新闻普遍采用的传播形式。主持人的公信力和亲和力也成为民生新闻吸引受众必不可少的重要因素。

三、强调民生的重要性

重要性是新闻价值理论的核心内容。民生新闻的重要性主要体现在新闻与受众之间最重要的关系形式上。它是通过对社会民生状况的报道反映出来的。

在成都电视台推出的大型民生新闻栏目《成都全接触》中，有人做过具体统计，在2004年5月1日至7日的162条新闻中，没有一条直接报道时政会议、经济成就、典型经验的新闻，也没有一条社会名人、明星的新闻，取而代之的是普通成都市民的面孔，新闻内容涉及百姓生活中的停水、缺水、漏水、失火、被盗、被骗、走失、落水、坠楼、纠纷、投诉、求助等方面。不难看出的是，民生新闻始终把地方生活信息放在首位，从一个个散点出发，积极发挥区域信息资源的整合作用，从而对受众产生了强烈的吸引力。在《南京零距离》中，政府活动、会议新闻经常被压缩在屏幕下方以滚动字幕的形式出现。对此，《南京零距离》所在的江苏城市频道总监景志刚认为："我们更多的是考虑老百姓，我们在做的是老百姓生活中的愿望、生活中的困难等，从题材上看是灾难报道和投诉，但实际上是老百姓的生活状态，是他们的一种心灵的状态，正是这些东西在支撑着我们的收视率。"

在民生新闻中，大量关乎民生内容的呈现，最直接地实现了媒体下情上传的功能。同时，大量媒体报道反映民情、关乎民生的新闻事件，使媒体的公信力得到加强，受众在有限的时间内获得了大量信息。这样既满足了观众生活信息的需求，也从感情上拉近了新闻与群众的距离。民生新闻注重用朴素的语言说老百姓身边的事，无论是困境还是纠纷，是欢笑还是泪水，是批评还是赞誉，不仅具有说服力，而且具有亲切感。同时，民生新闻还极大地激发了老百姓参与社会事务的积极性，培养群众当家作主的民主意识。

曾获得"湖北省十佳电视新闻栏目"的《生活新闻》就是以其民生内容来取胜的。这个栏目的选题源于三方面，一是观众热线，二是生活便利资讯，三是策划组、编辑部和骨干记者提供的阶段性主题策划。在这里面，观众热线始终是大头。为保障大量民生内容的加入，频道为《生活新闻》栏目组开通了两部热线电话，一部是记者部办公电话，办公时间人人可以接听，另外一部是由值班记者随身携带的小灵通电话，确保24小时信息畅通。此外，生活频道还与市长热线办公室紧密联系，在信息互通的基础上，顺利开通了"市长热线"版块，利用市长热线办公室的督办职能，把那些群众急需解决、问题突出、难啃的"硬骨头"放入其中，确保市民反映的问题得到及时有效的解决。

以2003年8月16日至8月20日（一周）的《生活新闻》节目为例，在52条新闻中，市民投诉25条（其中"市长热线"版块9条），生活便利资讯15条，连续报道7条，救助、帮扶类新闻5条。这些新闻单看起来都是一些鸡毛蒜皮的小事，但都是关系到百姓生活的。比如，液化气钢瓶产权转移的新闻，《生活新闻》做了4期连续报道：为什么要搞液化气钢瓶产权转移？液化气钢瓶产权如何转移？旧钢瓶折价谁说了算？代罐气用户如何租用新钢瓶？这些问题其实都是老百姓关心的问题，媒体把这些问题照准了，分细了，最终通过相关部门解释清楚了，这样的民生新闻就会很好地作用于社会，从而给老百姓的生活带去方便。

在民生新闻报道中，记者通常不再代表全景式的客观世界本身，他带领受众经历正在发生的事情，或站在群众的角度考虑，或作为事件的一分子参与其中，记者叙事的角度不再是宏观的，而是微观而具体的，从具体的事件入手进行叙述。在涉及住房、交通、医疗、子女上学、城市建设以及农民生活等焦点、热点问题上，记者避免以往的专家视角、业内人士看法等，更多的是从普通人的感受入手叙事，通过群众朴实的语言，真实再现他们的生活状态、面临困境以及所思所想等。

四、注重舆论的导向性

《南京零距离》节目将品位与导向的要求概括为"审美量度"。"这里的审美，不仅仅是一个艺术概念，同时也是一个社会概念、伦理概念和政治概念。具体来说，新闻不能搞有闻必录，不能为了抓住某些观众的眼球而降低节目的品位、忽略了节目的导向。一条好的社会新闻，或抨击了丑恶现象、弘扬了社会新风，或传播了现代科学、促进了社会进步，或提倡了健康情趣、满足了审美愉悦。这方面的要求，与其说是一种外在的压力，不如说是记者职业道德的内在需求。"① 因此，新闻更要求记者具有良好的职业道德，始终把媒体的社会责任放在第一位，坚持正确的舆论导向与较高的文化品位。他们已经充分认识到，新闻媒介在强化社会规范、淳化社会风气中的积极影响。

在《南京零距离》中，经常播出这样的新闻：一只可爱的小猫遭人遗弃，爬到高树上彻夜哀号，消防队员用云梯将其救下；自来水总水管破裂，水流成河，居民扶老携幼，助人为乐；大雪纷飞的夜晚，一位民警向自寻短见的老太太下跪，请她回家。这些新闻，给人以强烈的心灵震撼，或产生共鸣，或使人振奋，或催人泪下，或情感愉悦。该节目也十分强调新闻报道的现场感，这是从艺术审美的角度出发，对电视传播优势的一种把握和运用。

《南京零距离》特别重视处理表扬性报道与批评性报道的关系。当前新闻界有一种约定俗成的分类法，即把新闻分为正面报道、负面报道，从理论上来看这种分法不尽科学。人们认为，是正面报道还是负面报道，应该从新闻的效果来看。有的新闻即使是批评性报道，它也取得了正面的社会效果，这样的报道，与其说是负面报道，不如说是正面报道。因此，从记者在具体新闻事件中所持的态度来看，表扬性报道、批评性报道的分类法，代替正面报道、负面报道的分类法，显得更加科学一些。随着价值取向的进一步多元化，人们也允许一条新闻中出现价值多元化的倾向，如既有表扬又有批评、既不表扬也不批评等。在编排中，记者对纯粹意义上的批评性报道，应当慎重掌握其比例、分寸与时机，避免对观众产生隐性的、潜在的误导作用。

民生新闻在刊播方式上常通过新闻热线、短信、网络等，与新闻当事人、受众以平等对话的形式来进行互动和交流，淡化了传统新闻灌输的痕迹，以互动的双向交流为重点，鼓励受众参与报道和讨论，成为新闻人物，成为对新闻事件表达意见的主人公。这就要求媒体的记者、编辑和主持人有较高的综合素质，在互动参与和交流引导中把握导向，做到新闻当事人与政府、社会管理方、非利益相关方等多方面进行意见交流与对话，一起探讨实现维护权益的途径，增进对彼此的理解和共识，这样既有利于促进民生问题的解决，又有利于促进社会和谐稳定。

民生新闻的品位与导向主要是通过舆论监督作用表现出来的。民生新闻致

---

① 张建赓. 从《南京零距离》看新闻价值判断的四个量度 [J]. 中国广播电视学刊, 2003
（11）：41-42，1.

力于加强和改进舆论监督，正确引导社会舆论。舆论监督要着眼于党和政府关系民生的一系列政策、措施是否落到了实处，是否真正让人民群众得到了实惠；着眼于维护人民群众的切身利益，敢于和善于揭露、解剖侵犯人民群众合法权益的人和事；着眼于服务大局，改进工作，解决问题。在反映民生民情、实施舆论监督方面，南京地区的六档"民生新闻"的做法颇有成效。这六档新闻在题材上都表现为关注身边的百姓生活，将百姓作为电视新闻的主角，让老百姓讲述自己的故事，帮助老百姓解决生活中的困难。据统计，2003 年 11 月 28 日这一天的新闻中，《南京零距离》的负面新闻最多，在 22 条新闻中就有 18 条负面新闻，占总新闻数的 81.8%，其次分别是《服务到家》（78.6%）、《法制现场》（71.4%）、《直播南京》（50%）、《1860 新闻眼》（28.6%）和《标点》（26.9%）。在 2003 年 11 月 28 日新闻中，批评揭露类新闻占新闻总数的排名依次是《南京零距离》（50%）、《法制现场》（50%）、《直播南京》（33.3%）、《服务到家》（14.3%）、《标点》（7.7%）和《1860 新闻眼》（7.1%）。总体来看，在城市新闻的报道中，社会负面新闻、批评揭露类新闻较从前在数量上有了明显的提高，城市电视新闻在进行社会舆论监督、反映老百姓生存生活问题上发挥了更大的作用。实践证明，新闻媒体支持符合人民利益的正确思想和行为，勇敢揭露和批评一切违背人民利益的言行与社会现象，对党风和社会风气的净化起到了积极的作用。

事关民生的舆论监督往往比较敏感，一定要真实准确，把握好度。"《南京零距离》在进行舆论监督时坚持'实事求是、就事论事、与人为善'的原则，从解决问题、化解矛盾的立足点出发开展舆论监督，同时在数量上从严控制。"① 节目制作人把立足点放在激浊扬清、抑恶扬善、解疑释惑、化解矛盾上，把加强和改进统一起来，坚持建设性监督、科学监督、依法监督。他们增强贴近性、讲究策略性、提高艺术性，通过舆论监督，把党和政府的意志与人民群众的意愿结合起来，把党委政府关注的内容与人民群众关心的内容结合起来，帮助党和政府改进工作，清除消极因素，调动积极因素，维护人民群众的利益，增强人民群众的信心，促进问题的解决。

综上所述，所传播的新闻必须具有新闻价值，这也就决定了选择报道的角度、新闻叙事的角度必须为新闻价值服务。民生新闻尽可能以新闻的接近性和时效性为自己的价值取向，这也就决定了民生新闻叙事角度的独特性。它必须从与人们利益息息相关的角度入手进行叙事，贴近人们的生活，获得

---

① 朱寿桐. 民生新闻概论［M］. 北京：中国社会科学出版社，2006：79.

人们的关注、认同和共鸣。通过"四个量度"，民生新闻为采编人员判断新闻价值提供了简单易行的标准。在《南京零距离》中，采编人员、把关人时刻以四个量度来判断新闻的价值，逐步树立了自身的新闻品质。

概而言之，民生新闻价值观主要就体现在关注民生、遵从民意、倡导民主三方面。

第三节　马克思主义新闻观对民生新闻的指导意义

民生新闻是在建设中国特色社会主义事业和改革开放中出现的新事物，并贯彻了党中央提出的"三个代表""三贴近"的思想原则，它符合新时期新闻事业的党性原则。理所当然，它也是马克思主义新闻实践的组成部分，或者说它是马克思主义新闻事业在改革开放新时期新的社会实践。它贯彻了党"民生为本"的执政理念，加快推进以改善民生为重点的社会建设。所以，马克思主义新闻观对民生新闻的传播事业仍然具有重要的指导意义，任何割裂马克思主义新闻观和民生新闻价值观的做法都不利于新闻事业的发展，也无助于推进新闻改革。所以，我们必须把老百姓的民生问题放在一定的社会背景下加以审视才是合理的。首先，我们所处的是一个社会矛盾频发的经济转型时期；其次，我们在社会协调发展中正在大力推进民主政治建设；最后，我们正在创造一个和谐社会的文化氛围。基于这样的考虑，我们认为马克思主义新闻观对民生新闻的指导作用主要体现在这样几方面。

一是民生新闻必须真实、全面地报道人民群众的生活现状。

二是民生新闻应贯彻"党性与人民性高度统一"的基本原则。

三是民生新闻是维护人民根本利益，并符合历史发展规律的客观内容。

四是民生新闻所引发的社会舆论是代表人民群众"千呼万唤"意愿的心声。我们必须积极引导，并发挥影响。

五是民生新闻必须是能够推动改革开放事业，促进"世界交往"的有效手段。

我们认为，民生新闻价值观应该是马克思主义新闻观指导下的价值取向。在这种价值取向上，我们规范新闻的传播行为，就能够推动民生新闻的健康发展，并保障民生新闻正确的舆论导向。

一、民生新闻应处理好时效与实效的关系

民生新闻的报道都十分重视发挥新闻的时效性，往往能够在第一时间发回发生的新闻事件。但是记者目之所及未必就是事实的真相，老记者穆青同志曾深有体会地说"这里要注意抓两个字：一个是抓'新'，一个是抓'实'字。……抓新，就是要求快，要随时掌握新情况，抓得快，写得快，发得也要快。不然事过境迁，新东西又变成了老问题，就丧失了新闻价值"。"实"字包含三层意思。"一是真实。不能因为要抓新的，就无中生有，捕风捉影，闭门造车，或搞浮夸，违反新闻必须真实的原则。二是扎扎实实。要实实在在，多讲实的，少讲空的。新闻是事实的报道，要通过事实阐明观点，没有实在的材料怎么行呢！……三是从实际出发，密切联系实际，不要脱离实际。脱离了实际，新闻事件就没有生命了。"他语重心长地告诫记者"新闻联系了实际，反映了实际，指导了实际，作用就大，群众就欢迎；脱离了实际，效果就相反。这是多少年来经过实践检验的一个真理"①。2007 年 7 月 8 日，北京电视台生活频道民生新闻播出了以"纸做的包子"为题的假新闻，引起了轩然大波，造成了极为恶劣的社会影响，为此中央宣传部、国家广电总局、新闻出版总署发出了通报和批评。这起虚假新闻败坏了国家声誉，损害了广大人民群众的切身利益，严重损害了新闻媒体的形象和社会公信力。近年，我们发现"假新闻"大多都出在涉及民生问题的新闻报道中。这类假新闻名义上都是在关注民生，实质上则是直接损害了民生，也误导了社会舆论。从这则虚假新闻出台的前后来看，我们不得不反思：为什么虚假新闻总是在民生新闻中出现？譬如，上海《新闻记者》从 2002 年开始，每年都统计出前一年的国内"十大假新闻"，其中大多都发生在民生新闻领域。譬如，2005 年的不少假新闻都源于道听途说，记者又没有采访核实，于是便炮制出笼，如"王小丫陈章良携手入围城？""女大学生捡剩馒头充饥近两年""中国科学院资深院士陈家镛逝世""中国股市：1500 亿元热钱 4 月 30 日前惊心大撤退"等。这些有闻必录的"马路消息"，不是"空穴来风"，就是捕风捉影。这些新闻虽然能够满足人们一时的猎奇心理，但是社会影响是极为恶劣的。因为，真实、诚信是新闻的生命，坚持新闻真实性是新闻工作的基本要求，也是传媒公信力形成的根本基础。真实性作为一种基本原则已被写进世界各国的各种新闻规约中，成为共识和承诺。马克思提出是"根据事实来描写事实"还

---

① 穆青．新闻要抓新和实［M］//穆青．新闻散论．北京：新华出版社，1996：145．

是"根据希望来描写事实",是衡量"好报刊"还是"坏报刊"的标准。新闻必须真实,失去真实就不是新闻,那样媒体就会蜕变成谣言传播的社会渠道,甚至成为愚弄民意的宣传机器。胡锦涛同志也曾一再告诫:"要坚持讲真话、报实情,实事求是地反映情况,坚决反对弄虚作假。"① 这些虚假新闻的出现,并非全是恶意造假,大多数是在没有认真核实真伪的情况下,为赶时效而匆忙发稿。不客气地说,有些传媒的民生新闻在功利性的"高时效、大容量"的新闻运作机制下,都是在"饥不择食"地寻觅新闻线索,反映的大都是些浮光掠影的社会现象,甚至肆无忌惮地造假、杜撰。

二、民生新闻应处理好党性与人民性的关系

有评论认为,民生新闻是"一种富有智慧和勇气的新闻观念的巨大突破,它改变了传统的新闻价值观"②。那么它改变的是什么样的新闻价值观呢?我们得到的解释是:"从新闻内容的角度来看,民生新闻是以反映民众的生存、生活和生计状态即民生状态来显示其基本特质的。这是民生新闻区别于传统新闻的重要标志之一,当然,在传统新闻中也有反映民生内容的,如一些社会新闻等,但民生新闻却以反映民生内容作为衡量其新闻价值的一个基本原则,这在传统新闻价值中是没有的。"③ 这样的解释是不全面的,也是不够准确的。新中国成立以来,我们党的中央机关报一直以"人民日报"命名,这意味深长地表明党始终要把自己的机关报办成人民的报纸。1956 年 7 月 1 日,《人民日报》改版。党中央明确批示:"《人民日报》应该强调它是党中央的机关报又是人民的报纸。"④《人民日报》在《致读者》的社论中指出:"报纸是社会的言论机关","党的和人民的报纸有责任把社会的见解引向正确的道路。""我们报纸的名字叫作'人民日报',意思就是说它是人民的公共的武器,公共的财产。人民群众是它的主人。只有靠着人民群众,我们才能把报纸办好。"⑤ 党中央的指示和《人民日报》的社论,准确揭示了人民性的内涵:报纸是党的报纸,也是人民的报纸;报纸属于人民所有,要接受人民群众的监督;报纸要充分反映人民群众的要求和愿望,充分反映人民群众的生

① 胡锦涛. 在全国宣传部长会议上的讲话 [EB/OL]. 新华社,2002-01-11.

② 2004 年第一期《视听界》杂志的第 1 页"导读".

③ 朱寿桐. 民生新闻概论 [M]. 北京:中国社会科学出版社,2006:33.

④ 张研农. 人民日报社社长张研农:坚持党性和人民性相统一 [N]. 人民日报,2013-09-16 (7).

⑤ 程中原. 胡乔木与人民日报 (下) [J]. 西部学刊,2013 (8):50-55.

活，关心人民群众的利益；报纸要用马克思主义武装群众，用无产阶级世界观和共产主义道德教育群众，提高群众的觉悟，真正做到全心全意为人民服务；报纸要广泛联系群众，倾听群众意见，不断改进自身的工作。上述关于"民生新闻价值观"的认识，只能说明那是对新闻党性原则的一种曲解。

我国社会主义新闻工作的党性原则，是中国共产党的党性在新闻事业中的体现和要求，是新闻工作体现党的思想、政治和组织原则的行为准则。中国共产党一贯重视新闻工作的党性原则，把它看作无产阶级新闻事业、社会主义新闻事业的根本原则和指导方针，看作社会主义新闻学的精髓。社会主义新闻工作党性原则强调，新闻事业是党领导的社会主义事业的组成部分，新闻要通过新闻活动做好党、政府和人民的耳目喉舌，反映世界，影响世界，为人民服务，为社会主义服务，为全党全国工作大局服务。其具体内容有以下三方面：在思想上，坚持以马列主义、毛泽东思想、邓小平理论、"三个代表"重要思想科学发展观为指导，坚持辩证唯物主义、历史唯物主义的世界观和方法论；在政治上，宣传中国共产党的纲领、路线、方针、政策和人民政府的重大决策，在政治上同中央保持一致，全心全意为人民服务；在组织上，贯彻执行民主集中制，服从党的领导和人民政府的管理，遵守宪法、法律和宣传纪律。

江泽民同志曾经指出，新闻工作坚持党性原则，就是坚持工人阶级和最广大人民群众根本利益的原则。我们不能把党代表工人阶级的利益，同党代表广大人民群众的利益割裂开来、对立起来；不能把党报对党负责，同党报对人民负责割裂开来、对立起来。前面提到的党性原则在思想上、政治上、组织上的要求，都是为了办好新闻事业，有效地为人民服务、为社会主义服务，因为，人民群众的根本利益也就是党的根本利益。我们创办和发展社会主义新闻事业的目的，就是要使人民群众认识自己的利益，并团结起来为实现自己的利益而奋斗。

我们不能简单地认为"平民视角、民生内容、民本取向"就代表了人民性，也不能笼统地说："以民众、民意、民间为关注重心的民生新闻体现了社会主义新闻的党性原则。"① 民生新闻坚持平民的立场，固然值得称道，但是需要警惕不要陷入民粹主义的泥沼。因为"民本取向"的提法很接近"民粹主义"的主张。"民本"与"人本"的概念是完全不同的，不能混淆。民粹主义（Народничесство，也可译为平民主义）是在19世纪的俄国兴起的一股

---

① 朱寿桐．民生新闻概论［M］．北京：中国社会科学出版社，2006：51．

社会思潮。民粹主义的基本理论包括极端强调平民群众的价值和理想，把平民化和大众化作为所有政治运动和政治制度合法性的最终来源；依靠平民大众对社会进行激进改革，并把普通群众当作政治改革的唯一决定性力量；通过强调诸如平民的统一、全民公决、人民的创制权等民粹主义价值，从整体上对平民大众实施有效的控制和操纵。在民生新闻中频频使用的"平民、民本、民众、民权"等语词概念，笔者认为这都曾是孙中山先生在旧时代用以表达他的民粹思想的话语。列宁 1912 年曾在《中国的民主主义和民粹主义》一文中对孙中山的思想进行过评价，他认为"中国资产阶级民主派也具有完全同样的民粹主义色彩"。孙中山的三民主义与俄国的民粹主义"十分相似，以至基本思想和许多说法都完全相同"，"中国民粹主义思想首先是同社会主义空想、同使中国避免走资本主义道路即防止资本主义的愿望结合在一起的，其次是同宣传和实行激进的土地改革计划结合在一起的。正是后面这两种政治思想倾向使民粹主义这个概念具有特殊的意义，即与民主主义的含义不同，比民主主义的含义更广泛"①。这种思潮对我们的改革开放事业是有害的，因为民粹主义是一种有破无立的思潮，它导致苏联旧体制的瓦解，却无助于或有害于新体制的转轨。它冲击了西方的资本主义，却无助于社会主义的复兴。它目前的盛行基本上可以视为对现存制度不满，却又苦于传统理想主义破灭后的无奈、浮躁与盲目情绪。毋庸置疑，它的存在与盛行本身也从反面反映了以个人主义为基础、以市场经济与宪政民主为内容的全球化浪潮所固有的内在矛盾。改革过程忽略公正问题，加剧贫富分化都会导致民粹主义情绪的上升。从整体上说，当今的民粹主义复兴是一种消极现象，它所包含的一些因素很有可能发展成冷战时代结束以后的反全球化思潮的新形式。"人民性"和"群众性"具有新时代内涵，也是我国新闻理论中一个成熟的概念，内涵也比较明确、丰富、具体，在新闻学术界和媒体中有较高的公认度。"为人民服务的宗旨、坚持'三贴近'、以人民为新闻报道的主体、创造为人民喜闻乐见的报道形式"等所谓"人民性"内涵，在传统的新闻理论体系中一直是在"群众性"概念下予以阐述的。党的宗旨是全心全意为人民服务，也就包含了人民性的全部内容。共产党的党性成为人民性在无产阶级革命历史新时期更完善的体现，更能够反映人民群众目前的和长远的根本利益。

---

① 中共中央马克思恩格斯列宁斯大林著作编译局．列宁选集：第 2 卷［M］．北京：人民出版社，1975：423-425.

三、民生新闻应处理好眼前利益与长远利益的关系

我们可以看出，民生新闻聚焦的主要都是当地的、周边的新闻，所谓的"零距离"，和"就在你身边"，就是追求地域上的接近和对眼前事物的关注。在报道内容上，它们主要都是关乎百姓衣食住行、柴米油盐、家长里短、邻里纠纷等方面的消息，为百姓提供生活资讯服务，但是题材过于琐碎，内容比较杂芜，导致平庸、媚俗，已经引发隐忧。在南京"18：00 到 19：50 的时段里几乎被各类民生新闻所包围。假设以每一档栏目每天播出 30 条新闻——《南京零距离》的容量是 25～35 条来计算，如果完全不重复，需要 180 条线索；如果重复率接近一半，也要有 90 条消息才行。那么，南京本地一天能否提供这么多有价值的此类新闻呢？答案几乎是否定的。于是，为稳定甚至创高收视率，各栏目竞相以趣味性新闻吸引受众眼球，新闻总量的短缺性决定了许多低级趣味的'新闻'不得不被纳入播报范围……"① 民生新闻将自己完全定位在市民"坐井观天"的视域范围内，这样就会闭目塞听，看不到自己的长远利益所在。我们如果只盯住群众身边的小事，而忽略国家和民族的大事，那必然会导致大家在封闭、狭小的空间去思考"家长里短，鸡毛蒜皮"的事，助长"小市民意识"，只看眼前，不顾长远，会失去大局意识。那么，我们还谈什么推进民主政治建设，行使"当家作主"的权利呢？当然，这不是说老百姓的身边小事不重要，而是说我们要把这些小事和国家、民族的大事联系起来看，才能帮助人们正确处理好国家、集体和个人的关系。

民生新闻是在改革开放的社会转型期出现的新闻报道方式，应该符合时代发展的潮流，反映了社会变革的客观规律和时代要求。我们提倡多层面地关注民生，比如，从民生角度关注社会政治经济形势、民主法治建设，解读国家政策，反映百姓对政府的意见和建议，引导民众参政议政，关心国家和社会的发展，维护和实现社会公平，等等，也就是不断扩大报道空间，将时政新闻、经济新闻、科教新闻等民生化，实现由小民生到大民生的自我超越。当然，这样说没有要把小民生拒之门外的意思，而是强调不能只局限于生活消费类层面，不能降低应有的品质与格调，以至于弱化新闻的引领、导向的功能。民生新闻要推动社会向稳定、和谐、有序的方向不断前进。我国改革开放几十年来，取得了令人惊叹的经济发展，被明确评价为进入了"近代以来最长的繁荣期"，但也的确在不少领域出现了失衡现象。如在民生领域，不

---

① 何平，牛瑾. 民生新闻的偏向与未来［J］. 中国广播电视学刊，2006（S2）：16-23，1.

仅有被公众称之为"新三座大山"的高房价、上学难和看病贵这三大难题，而且还出现了失业者增加、就业压力加大等棘手问题；在经济发展领域，也出现了国民收入低水平下的"流动性过剩"。政治文明系统的滞后，使中国社会贫富不均、两极分化严重，甚至出现了"二次分配"的逆向调节。尤其是中国的房地产，可谓是其中最典型的代表，被公认为"当今中国城市最大的不和谐因素"。教育是民生之基，就业是民生之本，收入分配是民生之源，社会保障是民生之安全网。这四大问题都是民生的基本问题，解决这四大民生问题，是当前社会的民心所向、民意所在。"关注民生、重视民生、保障民生、改善民生，是我们党全心全意为人民服务宗旨的要求，是人民政府的基本职责。"① 这是温家宝同志在春节团拜会上讲的一段话，民生问题，涉及人民群众的衣食住行、教育医疗、劳动就业等诸多方面，件件关系群众生活冷暖，事事关乎人心向背。这些问题解决得好不好，不仅影响一个地方的改革发展与和谐稳定，而且影响党同人民群众的关系，影响党的执政基础，兹事体大，不可小视。胡锦涛总书记提出的"立党为公、执政为民"执政理念，其实就是对中国社会发展中出现的方向偏离和系统失衡的一个重大修正。所以，民生新闻不仅仅需要暴露这些问题，还要集思广益，分析这些问题，解决这些问题。

我们仅从 2005 年十大民生新闻中便可略见一斑。

（一）全面取消农业税

中央高度重视"三农"工作，大大加快了"工业反哺农业，城市支持农村"的步伐，利农与扶农政策纷纷出台：农村税费改革普遍推进，农村金融体制改革正式启动，粮食流通体制改革再上新台阶，直接补贴种粮农民，实行主要粮食品种主产区最低收购价制度。

（二）抑制房价过快上涨

中央七部门《关于做好稳定住房价格工作的意见》出台。目前，房地产投资增势已被初步抑制，房地产结构有所改善，房价涨幅逐步趋缓。这表明，政府对解决中低收入群体住房问题越来越关注。

（三）三大立法更富人性化

物权法、妇女权益保障法、治安管理处罚法等一系列贴近百姓生活的法律法规的制定和修订都彰显出更多人性的关怀和人权的尊重。

---

① 温家宝总理在 2007 年春节团拜会上发表讲话［EB/OL］. 中央政府网，2007-02-16.

（四）启动全国医改试点

2005 年 5 月份以来，在对"市场化非医改方向"及"医改总体不成功"的大反思中，全国再度掀起医改大讨论。目前已确定在 4 个中等城市进行试点工作。医改的整体目标是，基本医疗系统覆盖 90% 的人群，并为其至少负担一半的医疗费用。

（五）打击官煤勾结

官煤勾结导致的矿难频发和由治理官煤勾结而形成的利益博弈，2005 年国人万分瞩目。2005 年 8 月 22 日，国务院发布紧急通知，坚决整顿关闭不具备安全生产条件的非法煤矿，严令国家机关工作人员和国企负责人在 2005 年 9 月 22 日之前撤出在煤矿的投资。

（六）上调个税起征点

研究表明，城乡居民的人均收入差距 2003 年是 3.23 倍，目前实际收入差距已达 5 倍左右。为此，中央决定强化对高收入人群的税收监管，建立健全社会保障体系，逐步提高最低生活保障和最低工资标准。政府新增财力将重点投向农村、农业和农民。

（七）推进免费义务教育

教育部宣布，争取到 2007 年全国农村义务教育阶段家庭困难学生都能享受到免费教科书和住宿生活补助，力争到 2010 年在全国农村全部实行免费义务教育，2015 年在全国普遍实行免费义务教育。

（八）重点流域区域加强环保预警监测

2005 年 11 月 23 日 0 时，中石油吉化公司双苯厂车间发生爆炸，造成松花江水体严重污染，中央要求加强污染治理和生态保护，推进重点流域区域污染防治工作，着力解决严重危害人民群众健康安全的环境污染，特别是水污染和大气污染等问题，切实保护好自然生态。

（九）"安全网"确保民工讨薪不再难

为解决拖欠农民工工资问题，各级劳动保障部门建立欠薪预警预报制度、欠薪保障制度和劳动用工诚信制度，加大执法力度，建立欠薪案件处理制度，全社会构筑起了一张保障农民工工资按时足月发放的"安全网"。

（十）新《公约》让贪官无处可逃

2005 年国家除加大惩处腐败力度外，除了处置一大批贪官外，还批准了《联合国反腐败公约》，公约明确了司法协助、引渡、资产追回等国际合作措施，为引渡外逃贪官提供了国际法基础。

民生新闻的发展在一定程度上符合中央关于深化社会主义新闻事业改革的新思路。民生新闻的时代价值体现在与群众生活息息相关、同呼吸共命运的事件中。民生新闻源于第一手新鲜的生活。群众生活中的喜怒哀乐、酸甜苦辣成了新闻的重要线索。群众提供新闻的线索、素材、题材，提高了受众参与的积极性。民生新闻使"三个代表"重要思想不断转化为广大干部群众全面建设小康社会、创造幸福生活和美好未来的自觉行动。

四、民生新闻应处理好局部利益与全局利益的关系

复旦大学新闻学教授李良荣认为，地方电视台处理的这一类新闻（民生新闻）更多的只是一种"市井新闻"，因此"民生新闻"称为"市民新闻"比较妥当①；浙江大学传播学教授邵培仁在《是颠覆还是重建——论市民新闻学的兴起及其应对》一文中用"市民新闻"而不是用"民生新闻"概括当下流行的一些接近或类似于民生新闻的传播现象；安徽经视的民生新闻栏目《第一时间》将栏目定位于：以城市观众为主要目标，贴近市民的衣食住行；江苏电视台城市频道民生新闻栏目《南京零距离》立足于南京本市，着眼于南京公众的利益，体现南京本地特色；湖南经视《都市一时间》将"民生视角"即以真正的"普通市民的角度去看问题"，"关心市民的、市民关心的"视为自己选择新闻的标准。2003 年，"苏州十大民生新闻评选"备选的 20 条新闻全部都是关于城市或城市居民的，也就是说，"民生新闻"的报道范围是有很大局限性的。

应该说，构成新闻的民生问题并非城市居民所独有的，2005 年，我国城镇人口只占人口总数的三分之一，江苏省就有 2500 万市民和 4900 万农民。我国的社会结构中客观上还存在着十大社会阶层，即国家与社会管理者阶层、经理人员阶层、私营企业主阶层、专业技术人员阶层、办事人员阶层、个体工商户阶层、商业服务员工阶层、产业工人阶层、农业劳动者阶层和城乡无业、失业、半失业阶层。这些阶层之间在占有组织资源、经济资源、文化资源等方面具有明显的差异，他们的利益需求和利益的实现方式也有很大的不同，因而，他们对待各种中介性社会事项以及国家管理者的社会政治态度也会有所不同。社会分层在本质上是人群之间的关系和人群占有资源的关系，当资源十分有限时，人群之间的关系必然十分紧张，社会不平等的程度也就必然较高，社会各群体之间的差距就比较大。这种较大的差距既可以表现为

---

① 李幸. 民生新闻≠社会新闻≠新闻娱乐化［J］. 中国电视，2004（11）：64.

经济方面的较大差距，也可以表现为政治方面的较大差距。从这一视角看，改革以来的社会关系并不是更紧张，而是有所宽松。改革几十年来，中国经济增长的速度较快，社会物质资源总量在迅速增加，因此，仅从有限资源会导致人群之间的紧张关系看，造成人群紧张关系的因素已有所减少。从实际生活看，社会各群体之间的紧张关系也已有所缓和，这一点特别表现在政治分层方面。因此，由经济不平等的上升来论证中国社会总体不平等程度的上升，这有明显的缺陷。由于那种大规模的、具有明显政治歧视的政治分层现象已经被抑制，这对缓和群体冲突、整合群体利益起了重要的作用。因此，我们如果全面地评价社会不平等的状况，还是应该承认，不平等的现象已经得到了很大的改善，目前主要体现在收入分配的差距上，或者说经济地位的不平等问题已经有所克服了。

综上所述，民生问题是全社会共同面临的生活大计，在这个社会结构中的各类人群都有自己的利益诉求，他们之间形成了相互制约、彼此依托的社会联系。譬如，当前我们现实生活中所面临的最大的社会矛盾就是城乡差别和贫富差别。仅仅从社会群体——"市民"的角度来审视这些问题是有局限性的，民生新闻对"市民"内涵的误解也导致了相关新闻报道的局限性。"在西方国家的文字中，'市民'一词不光指在城里居住的人，而且特指具有市民权的人，是有身份自由、享有充分权利的社会成员。"① 社会弱势群体（social vulnerable groups）是一个分析现代社会经济利益和社会权力分配不平等，以及社会结构不协调、不合理的概念。我国实行的城乡两制、二元分割的分配体制造成了对农民长期的政策歧视和农民实际上的弱势地位，农民享受不到与"市民"同等的"公民权利"。民生新闻报道的"平民话语"不应该仅仅是城市市民的专利，更应该是农民表达自己呼声、参与国家和社会事务、民主管理的途径与工具。

我们进行以上的分析，并非要否定民生新闻的存在价值，而是说明新闻对"民生问题"的关注应该是广义的，绝不能以偏概全，同时也说明不同阶层中的"民生问题"是相互影响的，"市民"中的问题绝不可能孤立地存在。譬如，猪肉涨价，难道仅仅是工商物价部门的问题吗？它也牵涉农民的利益得失，如此，等等。大众传媒不仅发挥着传授知识、信息服务的社会功能，它还能够承担整合社会、凝聚共识的社会责任。其中最重要的就是开拓视野、

---

① 文军. 农民市民化：从农民到市民的角色转型［J］. 华东师范大学学报（哲学社会科学版），2004（3）：55-61，123.

促进交往、增进理解。马克思和恩格斯关于"世界交往"的观念，重点论述了这种交往的社会作用。"首先，交往在一定范围内形成了一种社会凝聚力，它本身是一个部落或民族独立存在的'黏合剂'。……其次，不同社会形态之间的交往，缩短了社会发展的进程，增强了社会的活力……由于交往打破了孤立状态而（社会矛盾）往往很快暴露出来，从而使人们产生一种改革的需要。最后，交往一旦展开，就会冲破阻力，最终发展成为'世界交往'，使各个民族的交往日益同步化。"①

五、民生新闻应处理好"媒介监督"与"民主监督"的关系

民生新闻中的舆论监督作用受到群众的普遍欢迎，毫无例外地成为节目中的一个亮点，但是由此引发的法律诉讼也不断增多。原因是媒介错误地理解了"舆论监督"的基本含义，往往滥用媒介的话语权，用"媒介监督"取代了"舆论监督"，甚至导致"媒介审判"现象的出现。

事实上，"舆论"就是民意的表达，民生问题必然由民意反映出来，民意倾向就成为社会舆论，所以民生问题是社会舆论的直接诱发因素，也是保证社会和谐的重要问题。"舆论监督"是在1987年中国共产党的十三大报告中首次提出的明确概念，报告中谈道："要通过各种现代化的新闻和宣传工具，增加对政务和党务活动的报道，发挥舆论监督的作用，支持群众批评工作中的缺点错误，反对官僚主义，同各种不正之风作斗争。"显然，这里所说的舆论监督指的就是人民群众行使当家作主权利的民主监督形式。1993年以后，这个概念的合法性被法律所确认（如《中华人民共和国消费者权益保护法》第六条、《中华人民共和国价格法》第三十八条）。但是，如何发挥舆论监督的职能？谁来执行舆论监督？这些法律法规却没有明确的操作规范。

一份调查显示，当有重大问题需要反映或出现纠纷时，有41.41%的人首先想到的是"新闻媒介"，比起位居第二位的"派出所等公安司法机关"高出77个百分点。这固然反映了我国法律程序的低效，同时也反映出媒介借助其话语权在法律方面的"越位"倾向。在大量投诉获得圆满解决后，来自百姓的感谢、赞誉，使得媒介自以为是在"为民做主"，自视为扶危济困的"包青天"，这就是我们通常所说的媒介"越位"现象。

2003年年底，替民工讨要工资成为新闻热点，电视台都把与民工有关的选题作为民生新闻栏目的主打内容。某频道的一档民生新闻栏目，曾报道过

---

① 陈力丹. 马克思主义新闻观思想体系［M］. 北京：中国人民大学出版社，2006：48.

一则此类新闻。在画面呈现的整个事件报道中，不是民工在向老板讨工资，而是担有采访任务的记者和老板在争论，记者咄咄逼人地质问，老板气急败坏地回应。此时，记者已经完全扔掉了新闻事件客观记录者的身份，成了新闻事件的当事人和执法人。在这种公众意见的压力下，这些问题引起政府管理部门的重视，来促进问题的解决。事实上，舆论监督的过程应该是："舆论监督客体（监督对象，即被监督者）的行为通过新闻媒介（舆论监督的信息载体和手段）传递给舆论监督主体（监督者，即人民群众）；舆论主体通过对舆论监督客体行为信息（这种信息不仅仅通过新闻传媒一种渠道获取）的判断和评价，形成社会舆论，从而达到舆论监督的目的。"① "舆论监督"可以看作以民众权利制约政府权力的一种机制，广义的舆论监督是指对社会一切不良现象的监督。这里的舆论监督取狭义解，意指通过在公共论坛的言论空间中所抒发的舆论力量对政府机构及其官员滥用权力等不当行为的监督与制约。作为一种活动，它指公民或新闻媒体发表与传播针对政府机构或政府官员的批评性言论。作为一种功能，它是言论自由权的诸项政治与社会功能之一。

大众传播媒介在社会舆论监督中处于中介的地位，它可以代表舆论监督主体，但不能代替舆论监督主体。由于社会公众意见大多要通过大众媒介这个传播渠道，才能引起社会的广泛关注，因而，人们常常误以为传播媒介就代表了公众舆论，把媒介监督的过程当成了社会监督的结果。监督的本意是"监察督促"②，或者说是先监察，后督促。所谓媒介监督的过程主要是"监察"，告知以真情、真相，推动民意去督促。媒介如果取代民意去督促，往往就造成了媒介的"越位"，特别是媒介的批评性报道，甚至会影响司法程序，造成"媒介审判"现象。"这里两者的差别主要在于，舆论监督是客观存在的公众的意见无形压力，而媒介监督就不能不带有媒介本身的主观意图，以及媒介背后政治、经济势力对其的操纵。大众传播媒介理论上应代表舆论"③，但能不能真的代表舆论，就得具体情况具体分析。舆论监督是指公众通过意见的表达，对行政当局、管理部门，以及社会事件和公众人物施加社会影响的结果。它的特点就如马克思和恩格斯所说，"广泛的无名的"。公众表达的意见有褒有贬，所谓"人口皆碑""人言可畏"，就反映出正反两种意见的社

---

① 郑保卫. 新闻传媒与和谐社会建设 [M]. 北京：中国人民大学出版社，2006：116.

② 商务印书馆编辑部. 辞源 [M]. 北京：商务印书馆，1979：1188.

③ 陈力丹. 关于舆论监督的几个认识问题 [EB/OL]. 中国新闻传播学评论网，2006-01-14.

会效果。"即使是媒介监督，它的力量应当在于媒介自身的影响力，这是一种软性的监督，媒介的影响力是无形的，不拥有有形的权力。当它代表着舆论的时候，这种监督的力量会显得十分强大，等于'媒介的影响力+现实舆论'在共同作用。"①

　　之所以会经常发生这种"媒介越位"的现象，除了我们的法制还不够健全以外，更主要的原因就在于主观认识，我们常常会自觉不自觉地陷入"为民做主"的惯性思维中去。"由民做主"与"为民做主"虽然只有一字之差，内涵却有天壤之别。前者体现人民是主人，即做主的主体；后者体现人民为仆人，即做主的对象。"三个代表"的重要思想，是要求我们代表最广大人民群众的利益，立党为公、执政为民。但是怎样才能保证人民群众的民主权利落到实处？"与民做主""为民做主"是封建社会中"清官""好官""父母官"对平民百姓的恩泽施与。在资产阶级革命时，这些思想观念就遭到了唾弃，特别是无产阶级革命提出的首要任务就是推翻"三座大山"，让人民自己当家作主。由此可见，在"为民做主"思想作祟下的媒介监督是不能取代"让民做主""由民做主"的舆论监督作用的。近年来，中央纪委、监察部、国务院纠风办要求各地普遍与广播电台等新闻媒体联合开办的《政（行）风热线》栏目，把舆论监督、群众监督和专门机关监督融为一体，为政府搭建起一座座联系群众的"空中桥梁"。江苏省及下辖13个市，凡有电台呼号的52个县（市、区）全部开通了"政风热线"。这项措施对促进机关作风转变、维护群众利益、化解社会矛盾、优化发展环境、构建和谐社会起到了积极作用。应该说，它的积极意义在于，促进了社会的民主意识，真正发挥了舆论监督的影响力，大众传播媒介也起到了很好的喉舌、桥梁和纽带的作用。由此可见，舆论监督应是社会公众通过行使言论自由权、知情权和批评建议权等宪法所赋予的基本权利，对公共权力和公共生活所实施的一种民主监督。大众传播媒介应该努力创造条件，为老百姓搭建更多自主表达意愿的平台，并加以适当引导，从而形成足以影响社会的舆论力量。这不仅能够发挥舆论监督的积极作用，而且也可以大大推进社会的民主政治建设，善莫大焉！

　　综上所述，舆论监督就在于媒体通过客观和公正地报道事件真相，给予公众知情权，同时提供"民主论坛"来维护公民的言论权，从而形成社会舆

---

① 陈力丹. 关于舆论监督的几个认识问题［M］//陈力丹. 陈力丹自选集. 上海：复旦大学出版社，2004：410.

论。党的十七大报告更是明确强调，要依法"保障人民的知情权、参与权、表达权、监督权""发挥好舆论监督作用，增强监督合力和实效"。以舆论来督促国家机关，遏制权力腐败，从而达到监督公共权力、保障公民合法权益的目的。因此，主持人和媒体关键是对事件进行客观真实的报道，而不能动辄以"救世主""包青天"自居，将个人化、情绪化的东西掺入报道中去。

第二章

社会环境和舆论环境

人们都知道古希腊哲学家赫拉克利（Heraclitus）的名言："你不能两次踏入同一条河流。"我们却忽略这句话之前的另一句话："我们踏入，又没有踏入同一条河流。"我们回首邓小平同志南方谈话引发的社会结构和舆论的变动，那么在新的历史条件下舆论的瞬息变化，就像那条不断流淌的河流，感觉到的舆论既是它，又好像不是它，因为舆论的表层在社会巨大变迁的影响下，变化实在太快了。①

引言 现实世界与人类想象

这是一个著名的故事："1914年，一些英国人、法国人和德国人住在一个海岛上。那个海岛不通电报，英国人的邮船六十天才来一次……9月中旬的一天，全岛居民都聚集在码头上，比往常更急于从船长那知道情况，可他们了解到的却是英国和法国订立了神圣同盟，向德国开战已经六个多星期了。在这不可思议的六个星期中，岛上英、法居民和德国居民实际上已经是敌人了，但他们相处得还是像朋友一样。"②

这个故事被解读出许多意义，在新闻传播史上凭借《舆论学》占据一席之地的记者、作家、社会学家沃尔特·李普曼（Walter Lippmann）认为："我们总是把我们自己认为是真实的情况当作现实环境本身。"李普曼将其解读并衍生为著名的概念——"拟态环境"，他认为岛上的这些居民生活在报纸构建的环境之中，并以此"建构的环境"作为行动的参照而作用于现实环境。所

---

① 陈力丹.关于舆论监督的几个认识问题［EB/OL］.中国新闻传播学评论网，2006-01-14.

② 沃尔特·李普曼.舆论学［M］.林珊，译.北京：华夏出版社，1989：1.

以，我们其实生活在两个环境之中，一个是身体所处的现实环境，一个是大脑所想象的环境，两个环境的关系可谓异常复杂。

从另一个角度来观察，我们或可认为我们所处的环境决定了我们所能拥有的意识。在孤独的岛上，外在世界发生的事情很难进入，我们毫无疑问地按照岛上的现实环境进行对世界的想象，就像这些在岛上的英国、法国、德国人。他们的意识本是和平共处，但外来的信息重新建构了我们的意识世界，"从朋友变成敌人"，这些意识世界的内容反而又作用于现实环境，改变了岛上的真实世界。

换句话说，想象、意见、舆论的产生乃是与情境高度相关的，只有在一定的情境之中分析特定的舆论才具有意义，因为社会情境是产生何种舆论的决定性因素。舆论分析必须清楚下列三者之间的关系：行动的情景，人对那种情景的想象，以及人从行动的情景中产生想象的反应。

何谓舆论？关于这个问题众说纷纭，陈力丹博采众长，对舆论的生成做了扎实的研究。他认为："舆论是公众关于现实社会以及社会中的各种现象、问题所表达的信念、态度、意见和情绪表现的总和，具有相对的一致性、强烈程度和持续性，对社会发展及有关事态的进程产生影响。其中混杂着理智和非理智"① 的成分。如其所述，舆论根植于现实社会，具有强烈的现实意义；舆论是大众的意见，具有巨大的隐性力量；舆论既反映现实又可改变现实；舆论需要引导，方可削弱非理智的舆论，促进社会进步。

作为与社会环境对应的舆论环境，我们通常把它看成一种能够感觉到的，但较为模糊笼统的精神环境。在舆论学中，舆论环境指不同领域、不同层次、不同类别的许多具体舆论的有机总和。陈力丹认为，我们感觉到的舆论都是具体而多样的，不同领域、类别、层次的舆论主体通常交叉或重叠，同时又有部分公众在观念上是对立或远距离的。例如，关于某部影片的舆论，关于社会事件的舆论，关于商业广告的舆论，它们之间似乎关系不大，但作为舆论主体的公众，也许相当一部分是同一些人，也许另外的相当部分对不同舆论课题有着迥然不同的看法，甚至经常发生公开的意见对立。"显然这些不同年龄、不同层次、不同类别的舆论之间，存在相互影响、生投、转化、对立等有机联系。当一个新的舆论客体出现的时候，围绕它形成的舆论与已存在的各种舆论有着复杂的关联。因此'舆论环境'这个概念不是指关于一般精

---

① 陈力丹. 舆论学：舆论导向研究 [M]. 北京：中国广播电视出版社，1999：11.

神环境的笼统感觉，而是指对各种舆论之间有机联系的较为清晰的认识。"①

第一节 社会与舆论：结构化视野

舆论广泛地存在于社会的各个角落——广场集会、街头巷尾、枕边耳语，这些地方均是滋生舆论的场所。舆论亦反映社会复杂的变化，无所不包，宏观至政治、经济、文化、法制等社会结构，微观至柴米油盐等生活细节均是其内容，因而，舆论可谓社会的镜子、民意的集中，是变动的社会事实在人脑中的反映与表达。

但同一事件引起的反应并不一致，不同的意识水平对事件的解读定会呈现差异，那是因为舆论高度依赖情境因素，高度依赖个体的认知水平，舆论与个体生活的社会环境息息相关。从社会学与社会心理学视角检视舆论的形成是非常必要的，也是理解物质决定意识、社会环境决定舆论生产的重要窗口。

一、舆论的形成

舆论总在一定的社会环境中滋生。社会环境也可理解为社会结构。结构功能主义在社会学理论中曾长期占据支配地位。它的传统可以追溯到社会学的创立者奥古斯特·孔德（Isidore Comte）那里，中间又经过赫伯特·斯宾塞（Herbert Spencer）和涂尔干（Émile Durkheim）。马凌诺夫斯基（Malinowski）、拉德克利夫-布朗（Alfred Radcliffe-Brown）这两位著名的人类学家在涂尔干理论的基础上建立了自己的理论，并反过来影响了美国社会学家帕森斯（Talcott Parsons），而帕森斯又向罗伯特·默顿（Robert Merton）介绍了结构功能主义。

结构功能主义持有"社会类似一个生命有机体"的假设，并以此构建对社会的想象。所谓结构，就是指"一套相对稳定的合模式化的社会单位"，或者说是一个"有着相对稳定的模式的系统"。② 每一种结构，都是由相互依赖的部分按照一定的模式构成的。按照帕森斯的解释，我们可以将社会分为政治结构（包含法制结构）、经济结构、文化结构，这些结构构成了社会系统。

---

① 陈力丹.舆论学：舆论导向研究［M］.北京：中国广播电视出版社，1999：46.

② 波洛玛.当代社会学理论［M］.孙立平，译.北京：华夏出版社，1989：23.

每一个系统中的部分变化都会影响其他部分并且最终影响整体。譬如，在政治系统中，如果一个民主政府转变为一个极权政府，这样的变化会影响其他家庭、教育、宗教等，可见各个系统之间是相互依赖的。

如此可见，我们从社会学的视角观察舆论的生产，即是从文化传统（包括地域社会）、社会结构、社会变迁、社会运动、经济状况、社会集团、社会流动、阶级、职业、性、国家和权力、社会生态环境、社会传播环境、宗教、社会规范、家庭、教育、科学技术等的角度考察个体意见的形成，进而考察舆论的形成。依孟小平之见，其中七个重要的考察舆论形成的社会因素，现在已经成为研究的主要参考依据，即社会阶层（地位）、种族（或民族）、年龄、性别、教育程度、经济收入、居住地。人的社会化过程对意见形成的影响、社会组织对个体意见形成的影响、社会经济结构对个体意见形成的影响等，都是社会学研究的议题。①

有一部分学者以东西差异阐述个人意见生产的差别，社会学家麦克杜戈儿（W. McDougall）考察了现代舆论形成的西方因素：譬如，风俗、观念形态、宣传、（历史）传说、（本民族历史与现实的）英雄、（本民族的）语言、艺术、新闻媒介、教育、宗教、书报检查、商业文明、新教传统。不少学者注意到，在东方文化条件下的意见形成，起最重要作用的社会因素是人所处的社会组织，譬如，家族或种姓、工作单位、所在社会团体，具体的社会组织比相对抽象的"社会"更为现实地限制着人们发表意见的选择性。② 社会通常是一种人对外界的观念性感觉，真正参与其中的社会实体是个人所处的组织。陈力丹因而有如下的观察："对于东方文化的背景来说，宗族、农业文明、现代社会变迁、亚细亚生产方式的历史发展，应成为考察意见、舆论形成的主要综合性社会因素。"③

社会心理学则关注意见形成的社会情境因素。"社会情境"与"社会环境"的不同点在于，前者是与个体直接相关的社会环境，包括个体与社会环境的相互作用，社会情境是被个体所意识到的，并直接影响个体心理；后者则是宏观意义上的社会存在与社会意识，对个体来说是客观的，社会情境以外的社会环境在未被个体意识到的情况下，间接地对个体心理产生影响。社会心理学家派纳（L. Penner）认为："社会心理学是研究影响的科学，它企图

---

① 孟小平. 揭示公共关系的奥秘：舆论学 [M]. 北京：中国新闻出版社，1989：46.

② 转引自王石番. 民意理论与实务 [M]. 台北：黎明文化事业公司，1995：97.

③ 陈力丹. 舆论学：舆论导向研究 [M]. 北京：中国广播电视出版社，1999：36.

了解、解释和预测另一个人、一群人和诸种因素的存在如何影响某个人的思想与行为。"①

舆论研究中常出现的"说服""舆论领袖""沟通"等概念，是由社会心理学衍生而来的。在其中，塔尔德（Gabriel Tarde）较多地研究了暗示、模仿、同情等情感因素在信息互动中对意见形成的影响，在《舆论与群集》中已看到围绕大众媒介而形成的公众，人可能只属于一个集群，但可以属于众多的媒介公众。他对集群、群众、公众及其意见或舆论的分析，对现在所说的"舆论导向"提供了比较系统的舆论形成的种种负面社会心理原因。这无疑有利于大众传播媒介根据这些特点，用较为理智的分析引导舆论。②

从社会心理学视角出发研究舆论的最著名者当属戴维森（W. Davison），他的"舆论发展十阶段"，以及诺埃尔-诺伊曼（E. Noelle-Neumann）的"沉默的螺旋"，分别引述如下：

1. 当话题从一个人传到另一些人时，话题萌芽。

2. 在一定范围内，人们开始议论，话题形成。

3. 热心人士参与或社会团体关注这个话题。

4. 党政领袖谈论这个话题。

5. 大众媒介或专业机构加入这个话题。

6. 这个话题被简单加以概述。

7. 话题引起广泛的注意，舆论开始形成。这时的舆论是"一个较大的个人集合体的意见，这些人互不相识，但他们对一个问题做出反应，期望一些其他人在这个问题上表现出类似态度"。

8. 更多人虽然相互不认识，但议论时有相同的看法，这时舆论完全形成。

9. 公众开始面对面地讨论，并在自身体验、团体影响、固有信念、个人的期望的综合作用下诉诸行动。

10. 舆论设计的问题消失，或舆论已经变成立法、蔚为风尚和社会规范，新的话题出现。

上述舆论发展的十个阶段阐述得十分明白，虽然会被批评为"机械，忽略了舆论形成过程中的千差万别的细节"，但"它提供了研究舆论形成的一种模式，意在揭示舆论形成中个人与社会的心理互动"，其现实意义还在于，"可在适当的切入口引导舆论，在舆论形成中的某一阶段及时予以引导，其效

① 转引自时蓉华. 现代社会心理学 ［M］. 上海：华东师范大学出版社，1989：12.

② 塔尔德. 传播与社会影响 ［M］. 北京：中国人民大学出版社，2005：253

果比舆论形成后的补救性引导要好"。①

诺埃尔-诺伊曼的"沉默的螺旋"已是耳熟能详的理论了。诺埃尔-诺伊曼以"人害怕在社会中的孤立的心理"为主要依据，认为人们为了防止受到孤立和社会制裁，一般在表明自己的观点之际首先要感觉一下"意见气候"，如果自己的意见与现有的多数人的意见相同或相近，便会较为大胆地表达，如果发觉处于少数，便会迫使于无形的舆论压力而趋向保持沉默。舆论的形成，便成了一个"一方越来越大声疾呼，而另一方越来越沉默下去的螺旋式过程"②。诺埃尔-诺伊曼以社会心理学的认知取向界定舆论，强调个体对舆论的知觉，提供了一种引导非主流舆论转向主流舆论的思路，外界已有的舆论压力对形成更广大的舆论在这里具有决定性的意义，因而舆论具有社会整合的作用。

二、社会影响舆论的图式

关于社会对舆论的影响，研究者常设想提出相关模型，以囊括影响舆论进程的多种因素，譬如，坎贝尔（A. Campbell）以选举中的舆论形成提出"因果漏斗模型"，旨在探讨影响意见形成的因素（包括生理成长、心理发展、社会影响、政治和经济因素、理性思考等）会随着时间的推移，逐渐减少自己的影响而让出关键性因素，最后仅有几种因素显示它们在舆论中的决定性作用。③ 此模型乃是提示如何考虑、想象舆论的形成，把握时间进程中舆论的变化。

影响舆论形成的因素是多方面的，在时空上是立体的，舆论本身在发展和变异，个人意见也在群体中不断碰撞进而融合或变异，个人意见作为舆论源头，亦在不断形成新的舆论，而现存舆论同时又在不断制约着个人意见的表达。其中，社会的、心理的和社会心理的因素亦在不断影响着舆论的形成与变化。在此基础上，潘忠党与麦克劳德（Macleod）描绘了一种综合性的"联系的四种模型架构"④，阐释了舆论的动态形成：

依图 2-1 可见，影响舆论的发展分为上下两个层次，宏观层次是社会舆论系统的变化和发展，微观层次是个人意见的变化发展。这两个层次随着时

① 转引自王石番. 民意理论与实务 ［M］. 台北：黎明文化事业公司，1995：102.

② 郭庆光. 传播学教程 ［M］. 北京：中国人民大学出版社，1999：168.

③ 转引自王石番. 民意理论与实务 ［M］. 台北：黎明文化事业公司，1995：106-113.

④ GLASSER T L, SALMON C T. Public Opinion and Communication of Consent. ［M］. New York：The Guilford Press，1995：60.

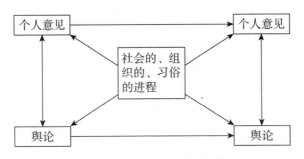

图 2-1 联系的四种模型架构

间推移而不断发展着相互关系。个人意见不断地汇集为舆论，现实舆论时刻影响着个人意见的形成和表达，此外，个人意见与舆论在时空互动的过程中，整个社会的进程、各种社团组织的发展和历史上形成的传统道德习俗同时对现存的和发展着的个人意见和舆论产生影响。

所谓"四种联系"，一是社会系统层次的过去舆论向现实舆论的发展变化；二是个人层次的过去意见向现实意见的发展变化；三是过去的个人意见与过去的舆论之间的相互影响；四是现实的个人意见与现实的舆论之间的相互影响。这四种关系不是孤立的，而是处于运动之中的，处于社会的、组织的和习俗的进程影响之下的。社会系统舆论的变化，个人意见的变化，相互关系、个人意见与舆论在时空的互动过程中，整个社会的进程、各种社团组织的发展和历史上形成的传统道德习俗对现存的和发展着的个人意见和舆论都产生影响。

与上述"联系的四种模型架构"注重舆论的动态发展不同，美国舆论研究学者 V. 普赖斯（V. Price）与 H. 奥斯哈加（H. Oshagan）提出了"关于舆论的社会影响来源四方格"①，从传播环境与社会影响两方面，划分出四种对舆论产生重要社会影响的领域，从而确立了传播媒介在影响舆论形成中的机制。

图 2-2 关于舆论的社会影响来源四方格

---

① GLASSER T L, SALMON C T. Public Opinion and Communication of Consent ［M］. New York：The Guilford Press, 1995：196.

"关于舆论的社会影响来源四方格"设计的初衷是为了鉴别与更好理解社会影响对舆论形成的全部变动的范围，我们可以设计一个简单的方格，交叉的两个分析的尺度组成：（1）影响的性质，主要有纳入规范的影响和信息式的影响；（2）传播环境的影响，包括对群体或个人影响的各种媒介渠道，直接的人际间接触和间接的媒介的披露。结果便是两两相对的方格，其帮助我们在不同层次上，也许更一体化地从社会心理研究的多条线路来理解舆论。

在"四方格"的理论假设中，作者将对舆论的社会影响划分为两大类型，一种是直接要求纳入社会规范的影响，诸如价值观的形成、基本人伦关系和行为举止的确立、社会主流文化的熏陶、宗教或准宗教信仰的传布等。对个人来说，这是社会化过程中必然接受的一种社会影响。另一种是间接的以信息传播的形式造成对舆论的影响，这种影响实质上是将舆论引导到合乎社会主流的轨道上。

这个理论明晰了大众传播媒介在整体"社会影响"层面舆论所处的地位，以及与另一人际传播系统的关系。大众传播媒介不论在直接对社会规范的影响中，还是在以信息传播形式对舆论产生的影响方面，都占据着间接影响的两个方格。由于大众媒介传播"点"对"面"的特点，它们对那些相对宏观范围内的舆论发挥着至关重要的作用。另两个方格则是相对具体的人际间直接的影响，由于人际传播空间的局限，它们对那些范围较小，但涉及面宽泛而琐碎的舆论来说，发挥着决定性的作用。① 此外，左右两个方格之间还存在着互动关系，人际间传播的内容一旦形成某种潮流，一般会转化为媒介的内容。媒介的内容一旦造成较为广泛的影响，也会浸润到人际传播中，成为人际传播的话题。

三、舆论产生的社会环境

舆论导向是个全局性的话题，我们需要从宏观上考察舆论的形成。我们了解舆论产生的现实环境，明晰它们之间的关系，对把握大局、放眼整体、改善民生具有重要的意义。

舆论的产生离不开人的意识活动。人们形成一定的社会关系从事改造社会、改造自身的实践活动，使人们产生各种思想，以至演变成共同意见。舆论的主体是公众，舆论的出现是社会生活的需要，是公众社会关系的随行物，公众总体的状况是现时代舆论环境的质量和特征的决定性因素。

---

① 陈力丹. 舆论学：舆论导向研究 [M]. 北京：中国广播电视出版社，1999：68.

（一）公众环境

公众是现代社会未经组织而具有共同意志的大众。公众总体是多种类、多层次公众的有机总和，尽管在社会地位、教育程度等社会学的七个基本划分上有着不少差异，但在我国这个大范围内，公众总体是具有某些共同的文化传统和记忆、使用共同的文字体系进行交往、具有大致相同的生活条件和生活经历的舆论环境的主体，在信念系统中存在着共同的文化积淀。

按照刘建明的观点，舆论的公众环境包含三要素，首先是公众交往产生的意见。公众用语言文字、行为等直接接触而发生关系，成为舆论产生的重要环节。公众交往最密切、最能相互了解、最有影响的方式，就是直接交换意见，并促成其他交往关系的发生。处在不同社会地位的每个人发表的意见常具有不同的分量，它的传播在社会关系中也就发挥着不同的作用。其次是公众交往规范成为话题。任何社会都有一套必要的社会规范，即向社会全体成员提出的行为准则，要求人们遵从一定的规则。社会规范中法律、道德、纪律、风俗等不同形式，既是人类社会关系的产物，又是人类交流意见的中心话题，促使个人与社会产生一致的观点。通过教育与舆论，通过人们之间的相互影响来维持社会规范，社会才能保持整体性和秩序性。最后是公众的生活方式进入舆论内容。公众传播舆论都在关照社会生活的趋势，公众关系的主要内容转化为舆论内容。这主要涉及人们的物质生活和精神生活、生活时间和生活空间、生活水平和生活质量、生活内容和生活方式等。人类的生活内容和形式在整个社会关系中是同时存在的，人们的物质生活方式和精神生活方式，时间的分配和空间的划分，生活水平的状况和生活质量的状况，都是相互联系的，分别反映公众生活的追求及发展程度。对现存社会生活方式来说，它们只是不同的具体存在形态，甚至有很大的差异，这就会引起人们的议论，舆论和公众的生活关系始终纠缠在一起。①

（二）意识环境

舆论作为表层意识，是其他意识生产的原材料，它一出现就和其他意识发生交互作用，舆论始终活跃在社会意识环境中并呈现为最为活跃的一种。意识环境是无形的精神文化的交错状态，包括知识、法律、道德、信仰、艺术、风俗等意识形态。人们根据一定的意识环境认识日常生活，以及产生对未来的憧憬，由此形成了系统的观念形态的舆论。

舆论在意识环境中生成，并日益从意识环境中吸取养分而逐步完善。意

---

① 刘建明. 社会舆论原理［M］. 北京：华夏出版社，2002：32-34.

识环境提供的知识和思维模式为舆论活动提供了思考方式和认识方式。在多种意识活跃的社会，舆论也趋于活跃，因为这些意识的传播不断启发人们思考现实问题，意见就被生产和表达出来了。

舆论在一定的意识环境中传播，时时受不同意识形态的制约。如果一种舆论背离意识形态目标，意识形态就会将其限制在一定的范围，甚至用对立的观点压制它的传播。一定的社会意识对社会舆论有极大的影响，主要是发挥规范、导向、控制、整合改造和记载作用，加深人们对社会现象的印象，改变先前的错误意见。

总体而言，意识环境给人们发表意见提供了模式，使其规范化、系统化。个人参与社会讨论虽然总是标新立异，创造新的见解，但仍会受旧意识形态的影响。因而，意识环境是影响个人心理、行为方法的重要背景，是研究舆论传播必须考虑的因素。

（三）舆论场

以经济建设为中心，舆论必然引导人们重点考虑投入和产出、消费和效益、流通与分配，这就如打进来的一只锲子，将社会、人和人的思想都分裂为生产与消费两大部分。公众首先在观念上经历着各种矛盾冲突，形成相互碰撞的各种新的舆论。面对正在开始变化的社会和种种新鲜的观念，舆论中交织着对往昔的留恋和对未来的憧憬，可以说整个中国大陆形成了一个巨大的舆论场，在这个舆论场内日益生产着丰富而多变的舆论。①

"场"概念从物理学而来，经过"环境场""行为场"等概念的流变，布尔迪厄等人将之发扬为人文社会科学的重要概念，后又被传播学者改造为"舆论场"。刘建明认为，用"场"的范式研究社会舆论，能认识舆论产生的具体机制，发现影响舆论的不同力量。"场"不仅是舆论形成的条件、空间，而且是推动舆论发展的契机，甚至制约着它的正负方向。场是意见产生的社会共振圈。②

何谓舆论场？"场是指相互作用的物质的或观念上的空间"③，喻国明依此定义："场包括若干相互刺激因素，从而能使许多人形成共同意见的时空环境。"④刘建明认为场是意见向舆论转化的催化剂："意识起初只是对周围的可感知的环境的一种意识，舆论的社会场之所以存在，首先是由人类社会的结

---

① 陈力丹．市场经济以来的中国大陆舆论［M］．台北：中华传播学会，1998：283.

② 刘建明．社会舆论原理［M］．北京：华夏出版社，2002：36.

③ 陈力丹．市场经济以来的中国大陆舆论［M］．台北：中华传播学会，1998：283.

④ 喻国明，刘夏阳．中国民意研究［M］．北京：中国人民大学出版社，1993：283.

构决定的。每个人在它周围聚集着一个利害相关、联系较多的小社会，在特殊的时机突然陷入引起思想共鸣的环境，就要对社会问题或重大事件产生思想的爆破力。场的刺激、烘托、容纳、怂恿使带有爆破力的意见迅速传播，很快被众人接受，便形成社会舆论。"① 进而，刘建明认为"舆论场"的三要素是同一空间人们的相邻密度与交往频度大、空间开放度大、空间感染力或诱惑程度强，便可能在这一空间形成舆论场。无数个人意见在场的作用下，经过多方交流、协调、组合、扬弃，会在一般环境下以快得多的速度形成舆论，并有加速蔓延的趋势。

陈力丹关注舆论形成的中国背景，他提出"中国舆论场"的概念："如果将场的概念用于较为宏观的时空环境，那么可以将整个改革开放的中国视为一个巨大的舆论场。中国处在伟大的社会变动之中，不同地区、行业、阶层之间的交往频率是历史上空前的，许许多多新鲜的舆论客体刺激着全国的公众和社会的变动。全国范围人口的大流动和频繁的交往、层出不穷的新鲜话题的诱惑，使中国成为产生丰富而变化多端舆论的舆论场。"② 因而，任何舆论引导都须从中国舆论场的角度，研究眼前舆论与现实全国时空环境的联系，以便宏观上把握眼前舆论产生的大背景，这样才具有舆论调控的大局眼光。

第二节　新闻引导舆论及对社会的改造

承接上述四方格理论，在明晰社会环境与舆论环境的基本关系后，大众传播媒介的新闻报道对舆论形成极大的影响，它是通过间接的作用，去触发人际意见的交换。它可以进行议程设置，使某些或许并不重要的事件成为人们热议的话题；它能通过巧妙的叙事方式，通过某种隐喻，改变人们对某些事件持有的世界观，达到引导与控制的目的；它可通过不断对周围事件的报道，创造一个虚拟环境，并使人们以为这就是真实环境，进而影响人们对社会采取的行动。

从传播学视角观察大众，大众有一些显而易见的特点，即人们从整体上看是同质化的，并且易受大众传播的影响而呈现出思想、行动上的一致性。这些聚集起来的散乱意见便成为一股集中的舆论力量，使每一个公民深陷其中。

① 刘建明.社会舆论原理［M］.北京：华夏出版社，2002：36.

② 陈力丹.舆论学：舆论导向研究［M］.北京：中国广播电视出版社，1999：57.

在舆论传播中，虽有一些理性的成分，却不可避免夹杂着非理智的成分，这些非理智成分常具有煽动性和破坏性，容易激发大众的情绪，甚至造成过激行为。因而，舆论引导者必须明白舆论引导的机制，明白舆论作用于大众的方式，明白大众传播媒介作用受众的理论形式，明白我国当前的政治、经济、文化的特性，才能熟练地理解舆论规律，将舆论引导至有利于社会健康稳定发展的境界。

一、舆论引导的理论依据

西方社会的两次革命以及这两次革命与西方人的"顺承方式"（是指一种概括性的描述方式）或"社会性格"的关系。第一次革命在过去的 400 年里荡涤了统治人类大部分历史的以家庭或家族为核心的传统生活方式。这次革命包括文艺复兴、宗教改革、反宗教改革、工业革命以及 17、18、19 世纪的政治革命等。这次革命仍在进行中，但是在发达国家，尤其是美国，这次革命正让位于另一种形式的革命，即由生产时代向消费时代过渡而发生的全社会范围的变革。①

毋庸置疑，以纵向的眼光看待历史，我们的社会发生了众所周知的变迁，不同文化传统的社会形态很不相同，但是每一种社会形态都会有相应的引导公众观念和性格特征的方式，通过这种引导作用使自身的文化形态代代相承。对于这个理念，大卫·理斯曼（David Riesman）做了令人信服的解释，他将现代启蒙之前的漫长社会阶段称为传统社会，在这样的社会中，人们生活在一种依赖传统引导的社会环境中。从传统社会向现代社会的转型时期，人们有了较大的选择余地，激发了处理新问题的志向，制约人格发展的动机由顺从外在的社会传统转变为以早年习得的性格在自身内部的引导。在现代社会，人们的交往关系复杂，人的行为动机与内在需要带有明显的社会化特征，人们更加关注他人，尤其是同龄人的态度，由此决定自己的观点和行为，因而生活在一种依赖他人引导的环境中。这就依次形成三种历时的引导类型：传统引导型、内部引导型、他人引导型。

高小康从大众传播的角度将三种引导类型解读为人类的传播活动："理斯曼的引导，正是广义上的信息传播活动。这个理论所提示的是传播活动对社会文化形态的建构作用，它有明显的合理性，划分出了社会引导或传播方式

---

① 大卫·理斯曼，等. 孤独的人群 [M]. 王崑，朱虹，译. 南京：南京大学出版社，2002：6.

随着社会形态与科技的发展而形成的从古代到近代，然后到当代的阶段性特征。"①

理斯曼注重传播媒介对社会性格的引导作用，他从传统导向阶段"火炉旁的媒介"娓娓道来。传统导向的社会利用口述家史、神话传说与歌谣等形式来传播相对稳定的价值观。这些表达形式难免含糊，但由于故事通常由家庭成员或与家庭有密切关系的人说给孩子们听，因而故事已经被加工过了。事实上，孩子们也可以对故事的内容进行整理。换言之，讲故事是家庭代际留传下来的一种高超技巧，与社会的其他社会化进程有一定的关系。在这种情形下，亲朋好友面对面所表演的故事和歌谣，带有明显的告诫和规劝的内容，他们讲述的多半是个人不服从群体或触犯超自然的权威的故事，或讲述一些杰出的人物如何在现存文化中表现出勇敢忍耐的品质。

在传统导向社会，神话和故事——大众传播媒介的前身具有双重的社会化功能。长辈通过故事告诉晚辈：如果要得到大家的羡慕，你就必须向某某人学习，遵守集体的神圣传统。陈力丹对此解释："所谓火炉旁，仅仅是一种地点的借用，这种引导具有全社会的特征，讲故事的人可以是酋长、族长、元老和自己的外公外婆等，这种传播活动浸渍着每一个人的一生，并代代承袭。对老人所讲述的故事的尊崇、信奉，本身就是传统社会的一种舆论。因而传统引导下的舆论变化是极为缓慢的。"②

这种引导具有明显的既成性，"故事"无论是虚构的还是真实的，总是将"过去时"的、既成的东西当作学习、效法的楷模，从古老的史诗到当代的儿童教育故事，都带有这一相似的特征。另外，这种引导还具有人际传播直接影响的特质，因为它是面对面的讲述，直接传达并带有亲情色彩。

当社会步入人口增长的过渡期后，正式的学校教育的机会增加了，其目的之一是培养人们适应工业和农业社会新的、更专业性的工作；其目的之二是吸收农村剩余年轻劳动力，随着社会生产力的增多为他们提供受教育的刺激和影响，从而社会中出现了对报纸、书籍等印刷读物的渴求。这种渴求受分配机制和技术的引发，却远远得不到满足。渴望读书所引致的激动，是随着产业革命的发展而形成的性格革命的标志。

这种转变促成了传统导向至内在导向的演变，印刷媒介联结了个人与新社会之间的关系。传统导向的人不仅具有传统的生活标准，连工作时间、努

---

① 高小康. 世纪晚钟：当代文化与艺术趣味评述 [M]. 北京：东方出版社，1995：12.
② 陈力丹. 舆论学：舆论导向研究 [M]. 北京：中国广播电视出版社，1999：36.

力程度也都有传统标准。印刷读物融合其他社会化媒介，摧毁了这些标准。内在导向的人通过印刷读物受到理性思维的启迪，塑造了一种新的性格结构。文字对我们的影响不是暂时的，它能左右我们的社会化程度，印刷媒体的出现强有力地使某些榜样合理化，并告诉人们如何行动。①

在传统引导类型中，接受者是被动的听众，在书籍传播中，接受者是主动的。在后面的情况下，任何书刊如果接受者没有能力或不愿意读它们，就不会发生传播效果。书刊对公众的引导是通过读者的选择、阅读、理解、认同而产生的心灵内部的引导方式，有助于形成具有自主倾向的内部引导人格。当代以电子媒介为代表的大众传播，已经不同于那时的书刊，即使是文字传播形式的报纸和通俗杂态，也由于带有明显的流行特征而不同于那些需要人思考的哲理、科学、文学世界名著和启蒙刊物。舆论适当地通过大众媒介引导公众体验读书的内部引导形式，是当前舆论引导中需要提倡的一种提高舆论质量的方式。

依此脉络，大众传播媒介构成的现实环境下产生了理斯曼所谓的"他人导向性格"："所有他人导向性格的人的共同点是，他们均把同龄人视为个人导向的来源，这些同龄人无论是自己直接认识的或通过朋友和大众传媒间接认识的。当然这种来源也是内化了的，它依赖于早年生活烙下的痕迹。他人导向性格的人所追求的目标随着导向的不同而改变，只有追求过程本身和密切关注他人举止的过程终其一生不变。这种与他人保持联络的方式易促成其行为的顺承性，这种顺承不像传统导向那样通过行为本身的训练进行，而是通过对他人的行动和愿望保持某种特殊的敏感性来进行。"②

与内在导向的人相比，他人导向的人能从比父母所创立的更广泛的社交圈中汲取信息。家庭已不再是其从属的紧张单位，而是其早年关注的更广泛社会环境的一部分。从这些方面来看，他人导向者与传统导向者颇为相似：两者都生活在群体当中，缺少内在导向者；两者都生活在群体当中，缺少内在导向者那种独闯天下的能力。然而，这两种典型群体的环境特征截然不同：他人导向者对外在环境一视同仁，在他看来，熟悉事物和陌生事物之间的界限已被打破，而这种界限在传统导向社会十分明显。熟悉的事物不断融合并重组了新奇的事物。另外，内在导向者通过对他人的反应不敏感，而获得

---

① 大卫·理斯曼，等. 孤独的人群 [M]. 王崑，朱虹，译. 南京：南京大学出版社，2002：85.

② 大卫·理斯曼，等. 孤独的人群 [M]. 王崑，朱虹，译. 南京：南京大学出版社，2002：20.

"身在外，心在内"的感觉；他人导向者既随遇而安，又处处不自在，他似乎对每个人都一见如故，但又仅限于表面的敷衍应付而已。

传统导向者从他人身上获得信息，而这些信息具有文化上的单调性。传统导向者不需要复杂的接收装置，便可将其识别出来。他人导向者不需要复杂的接收装置，也可将其识别出来。他人导向者从远或近，都能接收信息，信息的渠道来源众多，变化迅速。可以内化的东西，不是一种行为密码，而是需要收集的信息，且偶尔参与信息传播的复杂装置。由于有这些装置，他人导向者可以对抗罪恶与羞耻感的控制，他们主要的心理约束是一种无处不在的焦虑。这种控制装置不像陀螺仪，倒像雷达。

新的环境造就了如此众多的他人引导型的公众，他们一旦习惯以外界信息的变化为转移，在外在信息的渠道众多、变化迅速而并不好把握时，就会处于一种被信息困扰的焦虑之中，特别在社会变迁之际，舆论呈现的焦虑较为明显。公众需要从大众媒介或其他信息渠道获得维持平衡和生存需要的信息，不论传播主观者是否意识到引导，引导实际上始终都存在。各种大众媒介深深地渗入公众的生活中，尤其是新一代人的早期影响，已经与前辈人接受的引导方式发生了很大的差异。相较而言，传统引导型的传播特征是"点"对"点"；内部引导型是"面"对"面"；他人引导型是"点"对"面"。传播媒介是自觉的、主动的，而公众则是不具体的、不确定的；高技术媒介造成的传播直感性，使公众不由自主地变成了被动的信息输入者，选择自由和主动接受是很有限的。就具体的某一舆论的引导来说，这种情况也许反而容易达到引导的目的，但从长远看，不利于公众素质的真正提高。①

二、大众传播引导舆论的理论

在传播理论的版图上，大众传播异常重视效果分析，而舆论乃是新闻引发的效果之一。在大众传播理论中，与意见、态度甚至行为改变相关的议题甚多，尤其是议程设置、沉默的螺旋、说服理论等与舆论现象贴近。此处，我们根据陈力丹的陈述，来明晰这些理论与舆论引导之间的关系。

（一）舆论引导的基本方式：说服

说服即制造认同。说服可从心理学与社会学分别考察。

从心理学出发，公众接受外在信息，除了合理的逻辑，还取决于接受时的心理前提，如接受时的心理需要、自我形象和心理平衡的状况等。在一定

---

① 陈力丹. 舆论学：舆论导向研究［M］. 北京：中国广播电视出版社，1999：193.

程度上，媒介的说服实际上是提供一种象征性的心理满足，但这种满足常是潜在的，需要媒介唤起才能转化为一种态度或行为。或者说，媒介的说服实际上提供的是一种引起内在心理矛盾的因素，经过适当调整而在原有基础上转化为新的态度或行为。人不同于动物，公开的观念和行为需要外界给予一种价值和特色的认可。如果媒介能够满足公众的"价值感"需要，或进一步满足"自我满足感"需要，公众便会对信息产生认同。利用这两种心理需要进行的说服，其能够稳定公众的行为，提高公众的精神境界。

当人们接触到外部的与自己内在观念相左的信息时，人们面临两种选择：或改变外部信息，或改变自己。媒介说服的情境不同于两个人的交流，个人的力量很难改变媒介的意见，于是媒介说服往往造成较多的后一种情况。由于被说服者需要保持心理平衡，维持自我形象，媒介可以充分利用这种心理达到说服的目的。当说服者指出被说服者的认识与外部世界存在的矛盾时，说服者可提供可以消减矛盾感的报道，动员他们改变态度。当公众感觉正在丧失什么的时候，他们所产生的担忧亦是一种心理不和谐，这时提供较多的正面观念解决这种失落感，会很容易被接受。当某种观念或行为与自身的外部形象发生矛盾时，人们一般愿意或被迫改变观念或行为，因为人们普遍感知到舆论或某种象征性权威的监督。媒介可以造成这种心理矛盾，促成某种善行观念和行为的产生。

从社会学角度观察，媒介可利用人的社会性进行说服，往往可以取得成效。其一，媒介可影响、控制人的社会角色。每个人在社会中都充当着一定的角色，社会对他亦产生一系列角色期待。媒介提供众多正面的社会角色，或通过移情手法报道事件、创造作品，以一定的角色期待赋予公众，说服的效果较为显著。人们都愿意充当正面角色，这往往能够产生一定的鼓舞示范作用，而各种反面的标签，则可以起到警告、制止某种态度或行为的作用。其二，媒介可控制群体影响。每个群体的成员都在潜移默化中遵守着某种规范，并且习惯于在群体内部收集、比较关于自己的信息。因此，媒介强调某种群体的规范，报道群体成员中高信誉者的高赞同意见或表现，对唤起其他群体成员的守约意识、强化原有信念是有效的。当需要更新某种观念时，媒介强调新观念基于既定的群体规范，这也比较容易被人接受。

说服的过程是一个传播的过程，但是它比简单的线性传播模式要复杂，乃是因为说服必须考虑接受者各种可能出现的反应，并依据这些反应及时做出相应的调整。这就需要我们了解说服过程的大致框架。对于说服过程的框架，I. L. 詹尼斯（I. L. Janis）与C. I. 霍夫兰（C. I. Hovland）曾提出经典的说服过程示意图式，他们将说服过程分为四个阶段。①

第一阶段为"信息的传播条件"，主要包括媒介形式、说服信息的内容和形式，以及传播环境，这些情况应当是媒介能够控制或进行的选择：（1）舆论引导需要考虑媒介本身的特点，阅读、观看、收音的接受感觉是有相当差异的。（2）媒介、作者与自己的受众之间的关系，特别是媒介、作者自身威望和影响力。同样的信息可能因媒介在社会中的地位不同、作者的显著与否产生不同效果。（3）说服信息的特色，如表现方式、感染力、论点、风格和论证水平等。（4）客观的传播环境也是信息源具备的一种状态，社会平稳时期和社会变迁时期，外来的变动给人们带来好消息还是坏消息等，不同的外在因素要求媒介依据情况采取不同的方式进行说服。

第二阶段为"原有条件：对象的可说服性"，指接受对象的情况。任何成功的说服都要了解接受对象的特点，主要包括：（1）对媒介信誉的响应如何；（2）对信息逻辑的反应能力如何；（3）对感情刺激的反应能力如何。每一种媒介或媒介的某个专题节目的接受群体，接受水平的差异较大，对这些原有条件的了解是进行说服进而产生良好效果的前提。

第三阶段为"内部调整过程"，指的是接受者在接触媒介或信息时的内在心理活动。主要包括：（1）对信息的注意程度；（2）对信息的理解能力；（3）对信息的接受程度。

第四阶段为"可见效果，态度变化"，詹尼斯与霍夫兰将变化分为四种不同的效果程度，这是一个循序渐进、逐渐深入的过程：（1）是表面的态度变化；（2）是认识变化，即对事物的信念变化；（3）是达到前两个程度以后，可能会产生对某个问题的事件、人物和媒介本身的感情变化；（4）是最终促成行为的变化。就我国现阶段的舆论引导而言，说服达到第一种程度的情况较多，因为媒介常常代表着一定的权力，具有以这种权力为背景的权威性，达到后两种程度则需要更多的媒介与公众的真诚交流和相互理解。

（二）媒介引导舆论的客观功能：议程设置

舆论引导的概念与"议程设置"理论最为密切，因为这两个概念明显地含有生产者的意识，都是直接探讨媒介如何引导公众形成舆论或转变已有舆论的。美国政治科学家 B. 科恩（B. Cohen）一句话概括议程设置理论的核心

① 　龚文痒. 说服学：攻心的学问［M］. 北京：东方出版社，1994：107.

概念："报纸或许不能直接告诉读者怎样去想，却可以告诉读者想些什么。"①

1972 年，美国学者马克斯韦尔·麦库姆斯（Maxwell McCombs）与唐纳德·肖（Donald Shaw）首先提出议程设置理论假设。其核心是公众通过媒介知晓事件或问题，依媒介提示的角度思考，按照媒介对各种问题的重视程度来调整自己对这些问题的重要性看法，或者媒介对某一事物的强调程度同公众对同一事物的重视程度是正比关系。

议程设置理论使大众传播回归到强效果传统，证明大众传播媒介能够给予受众以较大的影响，这主要从三个层面考虑，在认知层面，公众因为媒介的报道而意识到议题的存在；在次序层面，媒介所安排的议题顺序一般会影响公众考虑这个问题的顺序；在显著性层面，媒介赋予议题的意义，包括给予的版面位置或节目中的时间先后，一般会影响公众对这个议题的重要性的认识。②

媒介通过议程设置的方式影响舆论的作用，既可以是媒介本身的自然效果，也可用十分明确的意图来指导。例如，某地发生异常规模较大的战争，从媒介职业角度来看，各地记者自然会去探求事件的真相过程，从而把公众的注意力都引导到这个事件上去。事件本身的重要性是引起媒介设置该议题的自然原因，记者的价值判断也在起作用，是辅助性的。此外还有另外一些情况，媒介为影响舆论的形成而将一些公众尚没有注意的问题提上日程，引起公众的兴趣，展开讨论，从而逐渐形成与媒介倾向一致的舆论。后者是我国媒介经常使用的一种引导方式。

议程设置理论可以用于大众传播对舆论引导的分析中。议程设置虽是一种间接的媒介效果，但获得了大量的验证，它是大众传播媒介一种客观的社会功能。我们强调的舆论导向则具有较强的主观追求色彩，即希望现实的舆论呈现出引导者头脑里既定的理想图像，议程设置作为一种媒介功能则是客观的，只有遵循一定的条件，才可能使媒介的议程转变为公众的议程，成为舆论的一部分。陈力丹总结媒介的议程设置效果对我们做好舆论引导工作有以下启示作用。

首先，引导舆论要避免"推定效果"。媒介的议程确实对公众的议程有很大的影响，但并非只要有媒介，并安排在显著位置或黄金时间，就会对公众

---

① 引自 1972 年美国传播学家麦库姆斯和肖在《舆论季刊》发表的《大众传播的议程设置功能》The Agenda-Setting function of mass media.

② 郭庆光. 传播学教程［M］. 北京：中国人民大学出版社，1999：215.

产生决定性影响。我们不能仅仅依据媒介的内容就推定会发生某种效果。公众本身的兴趣、接受水平、接受引导的需求以及人际交流的状况，都会影响议程设置的效果。我们习惯通过统计受众的媒介接触率来判断传播效果，而根据这种统计，我们很难弄清楚具体的议程设置而造成舆论的变化。议程设置理论则注重将媒介的具体议程与公众议程进行比较，从而估量议程设置的效果。特别是地方媒介和涉及公众生活的议题，对其议程设置的效果估量要留有余地，因为公众可以通过直接的体验与媒介的议程进行比较，差距若过大，可能会产生反效果。

其次，处理好媒介引导舆论的时间问题。时间是议程设置理论中的一个重要因素。M. 萨尔文（M. Salwen）1988 年在研究环境保护的媒介议题与公众议题关系中发现，媒介议程设置的效果开始呈现对公众议程的影响是在新闻报道出现以后的 5~7 周，对公众议题冲击最大的时间是出现这类报道以后的 8~10 周。总体而言，当公众对某一问题看得很重要时，媒介的近期报道较之早期报道与此地的相关度要高得多。①

依此而言，大众传播媒介对舆论的引导是一个较为宏观的社会性工作，即使对具体观念的引导，由于是"点"对"面"的传播关系，效果也不会像人际交流那样立竿见影、那样深入舆论的信念层次。因此，对于舆论的某种倾向，媒介的引导需要同类信息传播的积累，效果表现在持续的过程。我国对媒介议程设置引导效果进行跟踪的调查极少，无法掌握现有环境下媒介议程设置效果的最佳产生时间，基本上凭借经验和主观愿望行事。不过我们有一点是清楚的，公众的议程往往受最近时间内接受的媒介信息的影响较大，媒介信息的流动性决定了公众对这类信息的选择和记忆的特点：暂时地对未来信息的期待。目前，我国媒介对舆论的引导却常处于较为被动的地位。媒介的近期影响效果利用不够，只是在舆论出现明显的偏差以后，通常以集中的说服运动的形式进行引导，不大注重议程设置产生最佳效果的时间。所以，在舆论引导的实践中，我们要注重利用媒介对舆论的近期影响力，启动对议程设置最佳效果时间的研究。

最后，要注意主观舆论导向与客观的媒介议程设置功能的统一。在我国现阶段的舆论引导中，追求一时效果而忽视远期效果的问题较为严重，主流媒介通常代表着权力组织的意图，具有较大的权威性，这种情形往往造成某

① ZHU J. Issue Competition and Attention Distraction：A Zero-sum Theory of Agenda Setting [J]. Journalism & Mass Communication Quarterly，1992，69（4）：825-836.

种舆论的流行现象，它也许不会触及深层舆论，但直接影响公众的行为方式。例如，某一政策的话语表达，可以通过媒介的议程设置来成为公众的议程，一旦表达片面，公众的行为方向便出现连锁偏差，若侵犯公众的利益，则引发相反的舆论。议程设置理论强调媒介议程在整体上对公众的影响，注重考察一个时期内媒介议程设置的总体效果，研究大众传播的形式和氛围这种无形的设置，在很长一个时期内注重对公众议程的影响。这对"舆论导向"的研究而言提供了一种思路和视角。一些"正确"的舆论引导当时看起来效果不错，但若放到中长期的媒介议程设置效果中考察，也可能是一种误导。媒介的议程设置作用是客观的，不会自行调整主观引导带来的偏差，议程设置理论提醒我们，主观的舆论导向要放到媒介议程设置的总体效果中去考察。①

（三）媒介对舆论的控制

"沉默的螺旋"是指已有的多数人的舆论对少数人意见无形的压力，形成一方公开疾呼而一方越发沉默的螺旋式现象，于是更为强大的舆论生成。诺埃尔-诺依曼认为，人们感觉舆论压力的最强大来源是大众媒介，因为媒介具有积累性（连续出版或播出）、无所不在、内容雷同等特点。于是，媒介的意见被认为是最主流意见、有发展前途的意见，可以公开发表而不会受到孤立的意见。②

公众生活在舆论环境当中，舆论环境由无数外界可感知的信息符号和其他人脑海里的知识、观念所组成，人们模糊地感觉到它的存在，并在无形中受它的控制，因而表达的观念和行为与舆论环境高度相关。特别在公开发表意见的时候，人们会很自然地观察舆论环境，瞬间或经历一段时间平衡后，才会表达自己的意见。这种情况说明，存在的舆论环境对形成新的舆论是一种无形而强大的社会控制力量。客观的舆论环境是由人机传播、组织传播和大众传播造就的，其中大众传播媒介在当代社会是能够感觉到的负载舆论环境最主要的社会性媒体。

"沉默的螺旋"理论起源于 1974 年诺埃尔-诺依曼的论文《沉默的螺旋：一种舆论学理论》。诺埃尔-诺依曼从人的社会性入手，强调在交往中为避免孤独，人总是寻求与周围关系的和谐。这样就形成一种"沉默的螺旋"现象：当人们感觉到自己的意见属于"多数"或处于"优势"时，便倾向于积极大胆地发表这种意见；当发觉自己的意见属于"少数"或处于"劣势"时，遇

---

① 陈力丹. 舆论学：舆论导向研究 [M]. 北京：中国广播电视出版社，1999：212.

② 王石番. 民意理论与实务 [M]. 北京：黎明文化事业公司，1995：221；222.

到公开发表的机会，可能会防止被孤立而保持沉默。意见一方的沉默造成另一方意见的增加，如此循环往复，形成一种一方越来越强大，另一方越来越沉默下去的螺旋发展现象。①

大众传播媒介由于本身具有一定的权威性，传播的内容具有公开性、显著性，传播无处不在，加之报道内容的类同、传播在时间上的持续和造成的信息累积，它们所提示的和强调的意见很容易被视为主流意见，或者是未来有前途的意见，这些意见可以从表达起就不受到孤立。于是，"沉默的螺旋"现象大量地出现在公众接受大众传播媒介之时，这种认知带来心理上的压力和对安全感的需求，使多数公众在公开表达意见时采用媒介上不断重复的词汇和观念，并产生判断和行为上的连锁反应。于是，大众传播媒介在引导舆论的过程中获得了一种控制舆论的社会机制，自觉不自觉地利用这种机制引导舆论向某一方向发展，实际上这是我们经常使用的一种控制舆论的方法。所谓"制造舆论""舆论造势"等词汇，便拥有这样的背景。因而，在舆论引导的过程中，媒介引导常常左右公众的认知。即使在信息与既有意见不一致的情况下，舆论也大量存在着"最初的公开说服启动自我说服过程，最后导致说服信息的内化"现象。②

"作为社会控制的舆论，它的任务是促进社会一体化，保障基本行为和观念达到足够的一致水平。"③ 诺埃尔-诺依曼揭示，大众传播媒介所展示的意见，在"沉默的螺旋"作用机制下，可能转变为实际的舆论。在此意义上，"沉默的螺旋"确实具有进行社会控制的能力。大众传播媒介从提供明显的舆论环境和公众对它的感知入手，揭示媒介对舆论所具有的控制力量。公众对媒介信息、大众传传播媒介具有相当的权威性和显著性，因而能形成一定的舆论环境，迫使公众在一般情况下接受媒介所提示和强调的东西，并形成新的舆论。

在舆论引导中，我们必须注意在媒介对舆论控制时，发生的公众意见内外有别的情况，即公开发表的意见与公众自己的真正意见可能并不是一回事。如果出现这种情况，舆论也许表面上相当一致，也显得颇为平稳，但潜藏着社会意识和信息交流方面的某种危机，并不利于社会长远的稳定。鉴于此，媒介对舆论的社会控制虽然在多数情况下造成相当公开表达的一致，但是与

---

① 郭庆光．传播学教程［M］．北京：中国人民大学出版社，1999：205.
② 龚文痒．说服学：攻心的学问［M］．北京：东方出版社，1994：78.
③ 龚文痒．说服学：攻心的学问［M］．北京：东方出版社，1994：78.

公众真正的信服尚有距离。我们如果无限制地追求媒介制造声势的效果，可能会遭遇一定的逆向效果，所以对媒介引导舆论的效果，要具体分析，不能因为表面的一致赞同或反对而过于乐观。媒介引导舆论须首先尊重公众，深刻理解既存舆论，多提供一些选择，努力使公开意见内化为公众自己的意见。

第三节　民生新闻与舆论引导

民生新闻的内容涉及政治、经济、文化的各个层面，舆论引导的方法就必须符合这些领域自身发展的客观规律，做到循循善诱，因势利导。

一、民生新闻是舆论引导的重要阵地

民生问题关乎社稷。从宏观意义的角度来看，民生是涉及全局的、普遍的、长远的民众生存利益的问题，即"国与家的关系问题，而不是什么'国计'与'民生'的各自孤立的利益关系"。从微观意义而言，民生乃柴米油盐、衣食住行等与民众密切相关的日常生活。民生是人的本位问题，可谓国家发展、社会进步的核心问题与要义。

按照第一章的分析：民生新闻的本质，就是力求体现"三个代表"重要思想，将"三为"方向和"三贴近"的原则落实到新闻报道中，采用群众喜闻乐见的形式，深入宣传党的"以人为本，全面协调可持续发展"的发展观念。我们要紧密结合人民群众的思想实际和生产、生活实际，善于用事实说话、用典型说话，用群众熟悉的语言和群众喜闻乐见的方式改革新闻传播形式，使党的路线、方针、政策不断转化为人民群众全面建设小康社会、创造幸福生活和美好未来的巨大力量。

我们追溯民生新闻的历史可以发现，从 2002 年开始，随着《南京零距离》《直播南京》《1860 新闻眼》等民生栏目的开播，民生新闻样式从南京兴起，并逐渐被全国各地电视台效仿，是各地收视率的保障。作为一种新闻样式，学者们为"民生新闻是什么"展开探讨，"民生新闻是指采用平民的视角，站在百姓的立场，去播报百姓喜闻乐见的新闻，评说百姓关心的事情，并为百姓排忧解难，从而体现出社会主义媒体对百姓的社会关怀，是一种以

大众为收视对象的新闻样式"①。也有学者认为民生新闻仅是电视新闻的一种特殊的表现形式，"是以民本思想为基点、以平民视角和人文叙事手法关注和表现普通百姓的生命、生存、生活、生计等内容的一种电视新闻表现形式。平民视角、民生内容、人文叙事是其根本和核心"②。

通过这些描述以及对民生新闻的经验性判断，我们大致可归纳出民生新闻的特征：内容上关注"日常状态下平民百姓的衣食住行及所想所惑"，表达上"新闻体裁和文学体裁的特点发生融合，常常并不严格按照新闻的结构来表达，语言带有一定的文学色彩或更加口语化"，在受众定位上"以普通城市平民为主"，在新闻价值的判断上则主要"反映民众生活，具有平民视角、民生内容、人文价值取向内涵"。总体而言，大众传媒具有了公民的身影和声音，呈现了公民生活中存在的问题，为公民打开了一条社会参与、发表意见的途径，进而也在公民与政府之间搭建了一个沟通平台。

民生新闻之所以值得我们投入肯定和赞许的目光，是因为这一核心概念的确立是对曾长期占据广播电视的会议新闻、官本位新闻的一种拨乱反正。"三贴近"方针赋予民生新闻广阔的发展空间。民生新闻之所以能够成为广播电视传播的主流，关键在于民生新闻是宣传贴近实际、贴近生活、贴近群众的"三贴近"方针的最直接、最形象、最生动的体现。

总体而言，民生新闻最直接反映社情民意，最易引发舆论，从社会舆论场的角度来认识和调控舆论是保持社会稳定、和谐的有效方法。

二、舆论引导与政治、经济、文化建设的关系

舆论的形成由政治、经济、文化等因素来决定，但舆论也影响政治、经济、文化的形成。舆论具备一种力量，能够推动社会规范健康、向符合大多数人的利益方向发展。舆论对政治、经济、文化建设的期待，处处渗透着舆论引导与社会发展的紧密关系。

（一）舆论引导与社会主义民主政治

民主问题涉及政治体制改革。随着经济社会发展而不断深化，政治越发需要与人们不断提高的政治参与积极性相适应。民生新闻作为引发舆论的重

---

① 赖浩锋. 解析电视民生新闻三内核［J］. 山东视听（山东省广播电视学校学报），2005（1）：4-6，1.

② 赖浩锋. 解析电视民生新闻三内核［J］. 山东视听（山东省广播电视学校学报），2005（1）：4-6，1.

要渠道，对民主政治建设具有重要作用。民生新闻培养了具有民主意识的舆论主体，塑造了民主的宏观理念，有利于我国民主政治建设目标的实现，而不仅仅把"民生"看作利益的追求；民生新闻还激发了公众总体的参政议政的热情，生成、强化了公众总体的公民意识，引导公民正确认识自己"当家作主"的政治权利，逐步增强民众的民主意识；民生新闻亦拓宽了舆论表达的渠道，使民众的政治参与得以实现。

民生新闻对舆论的引导大有作为。民生新闻通过信息传播将特定公众的政治诉求转化为公共议题，引起政府决策部门的关注和重视，民生新闻的持续报道赋予了特定的舆论话题显著性，将公众舆论话题转化为政策议程。

当然我们也必须看到，民生新闻在引导舆论中，与理想的民主政治建设尚有一段距离。主要表现为：（1）民意表达的政治参与度有限。民意表达主体的个人政治素养不足，限制了其通过媒体进行民意表达。此外，由于缺乏中介性的组织表达，民意要求的公共性与表达的个体性之间存在矛盾。（2）民意表达渠道有媒体功能性工具倾向。媒介机构片面理解受众本位，一味迎合受众低级趣味，"垃圾信息"堵塞了民意表达渠道。此外，大众传媒充满了非理性的民意表达，仅成为"话语的狂欢"。（3）民意表达"观点交锋"较少，舆论引导忽视了公共理性的形成过程，除此之外民生新闻在引导舆论时应处理好"国家、集体与个人的关系"，防止"民主"走向"民粹"，进而导致"无政府主义"的倾向。

此外，民生新闻只出现在家长里短的市井生活中，很少涉及影响老百姓长远利益的公共事务。

（二）舆论引导与转型期经济

我国的社会转型伴随着社会主义市场经济的建立，市场开始在社会资源配置中扮演重要角色，资源配置方式和劳动产品分配方式的改变导致了社会转型期利益格局的变化。社会各个成员在经济体制转化过程中的地位不同、社会角色不同、能力不同，就导致他们的收入、获得的财富出现较大差距。伴随着社会转型和利益格局的分化，过去处在同一经济状态和社会地位的人，收入和贫富差距正在不断扩大。一部分人通过合法或不合法手段成为社会富裕阶层，一部分人开始滑入社会底层，成为相对贫困的阶层。在社会转型过程中，社会开始出现不同的利益群体，利益格局正在进行重组。在转型和重组的过程中，各种思想流派、学说观点纷纷浮现，最终表现为社会转型期中的意识形态冲突。

经济基础中的变化最终都会被反映到思想意识中，反映在社会总体的意识形态中。对中国社会转型期出现的意识形态冲突，我们要有正面和积极的评价，进行恰当的舆论引导。大众传播媒介在引导人们培养理性精神、积极应对变化方面具有当仁不让的使命。民生新闻在引导舆论时，成为社会主义市场经济的推进器，弘扬科技在社会经济建设中的关键作用，创造宽松的创新环境。民生新闻要加强对新技术的报道，促使公众提升信息素养，培养信息化的世界观。此外，大众传播媒介需要营造正确认识转型期社会主义市场经济的舆论氛围，纠正认识偏差导致的导向问题，这是一个长期的过程，因为这一观念可谓根深蒂固。在传统社会中，我国常有轻商贱商的倾向，"商人重利轻义"，"无商不奸，无奸不商"，认为市场经济就是尔虞我诈贱买贵卖，商品交易过多被认为是不利于社会发展进步的。在目前的市场经济条件下，我们又要注意"矫枉过正"，谨防过分追求经济利益而牺牲社会发展和伦理道德。我们要注意民生新闻一味追求轰动效应、利益诉求造成的舆论导向问题，只有营造正确的、合理的、健康的认识社会主义市场经济的氛围，加强从业人员的职业道德建设，才能引导受众理性认识他们所处的环境和社会现实，引导受众正确认识和理解遇到的种种实际问题。

（三）舆论引导与和谐文化

创造和谐社会是人类共同愿望。和谐社会是民主法治、公平正义、诚信友爱、充满活力、安定有序、人与自然和谐相处的社会。和谐文化则是建设和维护和谐社会的直接因素，是一种融追求和谐的思想观念、理想信仰、价值体系、思维方式、行为规范、社会风尚、制度体制为一体的文化形态，其内容包括多元统一、兼容共生、协调有序、充满活力和大众共享等方面。和谐文化既是和谐社会的重要特征，也是实现和谐社会的精神动力。

当今时代，文化越来越成为民族凝聚力和创造力的重要源泉，越来越成为综合国力竞争的重要因素，丰富精神文化生活越来越成为我国人民的热切愿望。我们要坚持社会主义先进文化的前进方向，兴起社会主义文化建设新高潮，激发全民族文化创造活力，提高国家文化软实力，使人民基本文化权益得到更好的保障，使社会文化生活更加丰富多彩，使人民精神风貌更加昂扬向上。

因而，我们积极建设社会主义核心价值体系，弘扬中华文化，营造和谐向上的氛围，推动文化内容形式、体制机制、传播手段的创新。民生新闻对文化引领具有中流砥柱的作用。学校是教育的第一课堂，大众传播媒介是人在社会化过程中的重要影响力量，是塑造价值观的关键机制。因此，民生新闻要牢牢把握社会主义先进文化的前进方向，积极建构社会主义核心价值体系，积极倡导和谐的价值取向，以社会主义制度为基础，以先进文化为指导，面向时代，立足现实，与中华民族和谐传统相承接，建立符合和谐社会要求的思想文化体系，并使之内化为受众的自身追求，促进政治、经济、文化和谐发展，化解矛盾、凝聚人心。

民生新闻必须建设和谐文化，填补地区间、群体间、性别间等的文化差异。民生新闻在弘扬社会正义、关注都市发展的同时，要注重文化的"知识沟"，重视城乡、区域文化协调发展，着力丰富农村、偏远地区、进城务工人员的精神文化生活，改进这些地区或人群的精神面貌，促进其实现区域发展和人的现代化。

此外，在信息化浪潮的席卷下，我国互联网的发展速度几乎与世界同步，但是客观上也加剧了我国的地方差异，我国在互联网内容的建设与管理上尚不尽如人意。因而，民生新闻要加强引导网络文化建设，通过新闻报道，营造良好的网络环境。

在社会主义和谐社会的建设历程中，值得重视的还有我国的传统文化问题。在社会转型期，民生新闻具有追求新意、追求现代化的特性，对延续传统、一成不变、具有浓厚文化意义的传统而言，似乎在新闻中很难有安身立命之处，传统的消逝已经成为严峻的问题。民生新闻必须负担起维护传统文化、传承文化的重任，这样在社会发展的过程中，我们才不至于迷失自己的方向，推卸自己的社会责任。

第三章

新闻引导舆论的基本原理

民生问题直接引发民意，导致民意所为。民意所促成的舆论现象对社会的和谐稳定有重要的影响。大范围的社会舆论现象并不是自发产生的，而主要是通过大众媒介得知民生问题的真相产生的并形成社会舆论的倾向。特别是新闻传播，它是"守望"社会的窗口，直接告知人们事实真相的一种手段。人们对身边以外的事情，主要就是通过新闻媒介得知。所以新闻是引发社会舆论的重要因素和途径。

新闻与舆论的关系十分密切。这种关系的基础就在于它们的研究对象——新闻事实与社会舆论往往会形成因果关系。一方面，重要的新闻事实会成为人们议论的对象，社会舆论的形成又总要依赖新闻的传播。新闻传播所形成的拟态环境，会促成社会心理定式，设置公众议程，这些都会给舆论施加最直接的压力。另一方面，作为"公众论坛"，新闻媒介事实上又是扩散舆论的社会机构。所有新闻传播手段实际上也是舆论传播手段。舆论的研究具有更高层次的概括性，甚至被看作新闻学的基础理论——新闻哲学。

舆论和新闻尽管有着很密切的渊源关系，但还是有三点重要的区别。

（1）新闻是对新近发生的事实的报道，新闻事实本身并不一定就是舆论，只有对这些新闻事实产生的社会反映才有可能形成舆论。一般来说，新闻是客观事物，而舆论往往带有主观的色彩。

（2）舆论并不都是对新闻事实的反映，它的外延要宽泛得多，甚至传闻（包括流言、谣言、小道消息等）也是一种特殊的舆论。

（3）新闻媒介是传播舆论的重要工具，但不是唯一的工具，在现实社会中还有集会、结社、游行、闲谈、传经、布道、祭祀等舆论表现形式。

第一节 民生问题的新闻报道

马克思主义唯物史观认为：社会生产方式制约着整个社会生活、政治生活和精神生活的过程。人们的社会存在决定社会意识。舆论属于社会意识现象，无疑它受制于一定社会的生产方式，由社会生存条件所决定。在不同性质的社会生产方式下，国家就会建立不同的社会经济制度，从而确立生产、分配和消费等领域中的经济关系。经济关系的变化实质上也就是社会成员间民生利益的变化，它必然导致社会意识和社会心理的波动。舆论正是对这种波动的一种反映。它是介于社会生活和社会意识之间的凝结物，由经济领域中波动的民生状况主导着。

在社会经济生活中，人们的生存意识和忧患意识会被反映出来。人们不仅关心社会建立起来的经济结构，而且还关心人类生存所依赖的生态环境。当某种经济结构发生变化、经济利益面临重大调整时人类生态环境遭到严重破坏，出现恶化趋势时；人口质量低劣、数量陡增、威胁到社会安定时……人们的生存意识和忧患意识就会通过舆论反映出来。在社会生产力低、无力抗拒自然灾害时，人们只好寄情神祇、向往超度……从而产生英雄救世、来生转世、鬼魅复仇等扑朔迷离的神话舆论，形成了原始舆论。反之，超然于桃源仙境、满足于田园生活的闲人雅士，便没有舆论可言，"三十亩地一头牛，老婆孩子热炕头"的小农经济生活，也不可能形成统一的舆论。只有当维系大多数人的生存条件发生变化，并影响到人们切身的生活利益时，舆论才有可能形成。

新闻对民生问题的关注，无非是守望并告知人们生存环境的这些变化。群众根据这种变化做出自己的判断，并采取适当的行动来改善人与人、人与环境的关系。现在出现了不少涉及民生问题的新闻报道形式，但是怎样理解民生现象？哪些民生现象是具有新闻报道价值的？可能各类新闻都有不同的角度和立场。我们不妨将近年出现的、概念相近的新闻类型，做以下一些分析。

一、民生问题与民生新闻

"民生新闻"是个新出现的概念，但是，构成这个关键词的两个词语——"民生"和"新闻"，大家却沿用已久。简单地将这两个词联系起来理解，我们大致会得出这样的判断：民生新闻就是反映老百姓生活的新闻。但是很多新闻工作者会提出疑问，我们难道不是天天在报道百姓的生活吗？的确，"广义地说，所有新闻都是为了民众和民众关心的，因此，应该都是民生新闻"。但是，由于受传统新闻报道思想的影响，真正从民众角度观察问题的报道少。自己感觉是"为了民众"，至于"民众是否关心"却很少顾及。

目前，新闻界和学术界对"民生新闻"的内涵，众说纷纭，且尚无定论。主要观点有以下几种：

（1）民生新闻是关注人民生计、关心市民生活的新闻，从广义上说它属于社会新闻，但在内容上主要关注的是普通老百姓的生存状态与生存空间。

（2）民生新闻，从群众日常生活中采制而来的新闻，内容上锁定群众的生存状况、生存空间，关注群众的冷暖痛痒、喜怒哀乐，形式上充分利用先进的传播手段，提高新闻的时效性和互动性，拉近电视与观众的距离。民生新闻是"平民视角、民生内容、民本取向"。

（3）民生新闻是以民本思想为基点，从平民视角和人文叙事手法方面关注和表现普通百姓的生命、生存、生活、生计等内容的一种电视新闻表现形式。具体表现在三方面：平民视角、民生内容、人文叙事。

（4）民生新闻是以城市居民为传播对象，以频道主要覆盖城市为报道范围，以与市民日常经济、社会生活息息相关的新闻事件为主要题材的一种电视新闻体裁。

（5）以"民生、民情、民意"为主要关注点，以城市百姓"身边事、麻烦事、稀奇事、关心事"为主要报道题材，通过记者现场调查、跟踪报道、嵌入式体验等灵活多样的方法采编制作，注重新闻的实用价值、娱乐价值、情感价值的电视新闻。

我们认为，严格来说，"民生新闻"还不能算是一个有关新闻体裁样式的科学概念。传统新闻学领域对新闻体裁样式的划分都遵循着单一的标准，而民生新闻是一个由多种标准共同作用的划分结果。

二、民生问题与社会新闻

一般认为，凡涉及人民群众日常生活的社会事件、社会问题、社会风貌的报道都是社会新闻，包括社会问题、社会事件和社会生活方面的内容，尤以社会道德伦理、社会风尚的新闻为主。它与政治新闻、军事新闻、经济新闻、科技新闻、文化新闻相比，具有社会性、广泛性、生动性、趣味性，富有人情味等特点。显然，其中就涵盖了大量"民生问题"的新闻内容。

按照甘惜分教授主编的《新闻学大辞典》的解释，社会新闻是反映社会生活中体现社会伦理道德的事件、社会风气、社会问题、风俗民情以及自然界和社会上的奇闻逸事的新闻。

根据这一解释，社会新闻的报道内容非常广泛，甚至可以说任何领域都有可能发生社会新闻，而社会新闻的报道内容也常常与其他类别的新闻互相交叉。

赵超构曾担任新中国第一份晚报———《新民晚报》的总编辑、社长。在长期的工作实践中，他对社会新闻下的定义是："社会新闻是以个人的品德行为为重点而具有社会教育意义的新闻。"根据这个定义，他当时认为社会新闻可以包括三类内容，即新人新事新气象、道德风纪方面的世态和事象、犯罪新闻。

新闻有各种类别，诸如经济新闻（又可分工业新闻、农业新闻、财贸新闻等）、政治新闻、文化新闻、军事新闻、体育新闻等。社会新闻是其中重要的一类，在一些传媒的版面上占有显赫位置。社会新闻有其特定的报道范围，凡反映社会生活中有关社会的问题，包括伦理道德、人际关系、社会风尚、生活情趣等，都可归于此类。社会新闻又和其他许多类别的新闻，诸如法制、文娱、体育、灾害等交叉渗透。近年来，社会新闻外延在扩展增大，其形式、内容构成和报道手法都有其独特的可读性和视觉冲击力，其中有许多内容是健康积极、富有效益的。也有许多社会新闻是对各种案例的报道，尤其是对作案、侦破细节的详细描述，于是，大量暴力、恐怖、凶杀、斗殴、色情的新闻充斥其间。再则是，一些体育、电影、电视……以及文艺各界的明星"大腕"们的花絮琐闻、绯闻等也都成了报道社会新闻的记者、编辑竞相追逐、猎取的对象。

一般说，片面地反映阴暗、消极、没落、腐朽的东西，就是负面的社会新闻。这类社会新闻会瓦解人们的意志、精神，使人沮丧，使人消沉，使人丧失前进的信心，对社会心理造成的危害是十分严重的。

三、民生问题与公共新闻

最早提出"公共新闻"理念的学者是纽约大学新闻学系的杰伊·罗森（Jay Rosen）教授，他认为"新闻记者不应该仅仅是报道新闻，还应该包含这样的一些内容：致力于提高社会公众在获得新闻信息的基础上的行动能力，关注公众之间对话和交流的质量，帮助人们积极地寻求解决问题的途径，告诉社会公众如何去应对社会问题，而不仅仅是让他们去阅读或观看这些问题"①。我国新闻界也一度出现过"公共新闻"研究热潮。甚至有人认为"'公共新闻'则是继'民生新闻'之后的又一次革命"②，国内有些"民生新闻"电视栏目也因此改称为"公共新闻"。事实上，美国"公共新闻"概念尚在发展之中，因此专家们都拒绝为它下一个定义，但是这样一个描述性的定义想必可以大致展现出"公共新闻"的含义。斯坦福大学新闻传播系教授西奥多·L.格拉瑟（Theodore L. Glasser）认为公共新闻是：①把受众作为公民和公共事件的参与者，而不仅仅是看客和受害者；②帮助政治团体解决社会问题，而不只是了解问题；③改进公共讨论的舆论环境，而不是坐视其恶化；④帮助公共生活顺利进行。③ 中国社科院孙旭培教授把"公共新闻"概括为："培育和营造公民社会，监督和构建公共领域，报道和指导公共事务，交流和引导公共意见。"④ 清华大学陈昌凤教授肯定了从民生新闻到公共新闻报道领域延伸的积极作用，认为"因为民生新闻的可消费性可能会局限在更倾向于报道社会新闻……原来民生新闻是把受众定位为老百姓或者大众，而公共新闻是公众，公众本身的内涵比大众应该说更具有某种社会含义，特别是公共新闻突出一些民权的问题，突出公众的权益的问题，这个理念是对民生新闻的一种提升"⑤。任金州教授也认为："如果说'民生新闻''是在国家的声音'之外传递'民间的声音'，那么'公共新闻'则把'国家的声音'和'民间的声音'整合为'公共的声音'。"⑥

学者们普遍认为："公共新闻"倡导关注公共领域中的公共事务，鼓励民众的广泛参与，媒体搭建平台，促成政府、媒体、公众的交流与沟通，共同探寻公共问题的解决之道，这是在媒体领域内发起的一场民主化运动。"公共新闻"的概念虽然出自美国，但其被引入中国，并在理论界和实践领域都产生影响，这并不是偶然的。从媒体层面看，原先传统的新闻模式已经无法满

---

① ROSEN J. Public Journalism：A Case for Public Scholarship［J］. Change，1995，27（3）：34-38.

② 朱晓芳．"公共新闻"：继"民生新闻"之后的又一次革命?：江苏卫视《1860新闻眼》新探索［EB/OL］. 中华传媒网，2004-10-14.

③ GLASSER T L. The Idea of Public Journalism［M］. New York：Guilford，1999：3-18.

④ 张恩超．从民生新闻到公共新闻［N］．南方周末，2004-11-04（D25）

⑤ 邹晶．地方电视新闻节目的新趋向：民生新闻、公益新闻、公共新闻［J］．青年记者，2006（6）：64-66.

⑥ 任金州，武超群．管窥中国式"公共新闻"的理念与实践［J］．青年记者，2005（6）：16-18.

足大家参与讨论与解决问题的愿望，而新生的民生新闻逐渐变得流于市井化和娱乐化，缺乏对公共问题的关注，而且在报道公共事务时缺乏客观理智认识矛盾、探寻解决之道的精神。于是，一种新的、有助于在公共领域解决当下社会矛盾的新闻理念和新闻形式变得十分必要，中国的"公共新闻"的理论与实践研究就这样应时而生了。

"民生新闻"以地域化和民本化为取向，将十年前央视"讲述老百姓自己的故事""真诚面对观众"的理念落到了实处，"关注百姓，服务百姓，做百姓的代言人"是这类新闻的基本精神内核，但受众的话语权大多是由媒体代言，媒体越俎代庖为百姓讨说法，使媒体自己成为大众眼里的"包青天"。作为现代社会媒体，它并不是一种正常发展的舆论力量。"公共新闻"重构了作为公共成员的政府、媒体、公众的相互关系。在公共领域中，媒体搭建了一个平台，政府、媒体、公众得以相互沟通、理解、合作、制衡，以期公共事务能够被充分地讨论和恰当地解决，构建和谐的公共空间。在此过程中，公共空间里的三个角色：政府、媒体、公众形成了话语权的相兼互补、彼此制衡的关系，这是一种值得积极探索的新闻样式。

四、民生问题与公民新闻

"公民新闻"（citizen journalism）产生于 20 世纪 90 年代的美国，伴随着今天 web 2.0 时代的到来而兴盛，至今尚未有一个权威的定义。根据《维基百科》的有关条目的解释，"公民新闻"也称为"参与式新闻"，它是公民"在收集、报道、分析和散布新闻和信息的过程中发挥积极作用"的行为。以上定义里的所谓"公民"，是特指以往没有充分机会参与媒体专业运作的普通人。我们可以把"公民新闻"理解为公民（非专业新闻传播者）通过大众媒体、个人通信工具，向社会发布自己在特殊时空中得到或掌握新近发生的特殊的重要的信息。"理论的初创者们没有对公共新闻这个概念给出定义，而且在理论框架上也是比较模糊的。也许初创者认为，这是一个正在发展中的理论，过早做出定义会限制它的发展。斯坦利·巴兰（Stanley Baran）等人认为公民新闻的定义是积极地让受众参与报道重要公民事件的新闻实践，有时也称为公共新闻（public journalism）。斯坦利·巴兰指出，公民新闻可以有不同的形式。"通常，一份报纸会投入很多资源详细地长期报道重要的和有争议的社区事件，并且雇佣一些公民从事部分报道工作，还会通过热线和公开论坛等方式引发人们的反应和辩论。""另一种公民新闻的形式是公民讨论小组，他们由不同的人和利益群体组成，定期会面讨论正在发生的新闻事件。公众对事态的反应以及与媒体的互动都作为新闻进行报道。"① 最著名的"公民新闻"事件当属德拉吉博客网（drudgereport. com）当年率先揭露了克林顿的性丑闻内幕。可以想象，这些发生在公民身边、耳闻目睹的民生问题，通过他们的报道可以取得更高的时效。公民新闻无论从地域性，还是行业性来说，都将极大地扩展"记者"的内涵与外延。很多新闻媒介可能正在考虑引入某种公民新闻的机制（initiative），有些媒体已经这样做了，而且他们的人数还在持续增长。譬如，采用民众提供的"不明飞行物"的 DV 录像，取得第一手的新闻资料等。

美国一个自由交流信息与新闻故事网站的负责人菲尔·诺布尔（Phil Nouble）指出，"公民新闻"尚非传媒主流，但已经取得了很大的成功。传统媒体假定"我们的声音"才具有权威性，"我们的声音"才更消息灵通；"公民新闻"的基本理念则是每位公民都是新闻记者。美国微软—全国广播公司高管罗瑟·米奇（Rose Mickey）也认为，"公民新闻"为主流媒体"增添了声音，而且是不经加工的真实声音"。现在，"游戏不一样了"。

新闻记者约翰·麦克拉伊（John McRae）认为，"公民新闻"确实是一个民主化的媒体形式，因为它没有受到商业化的影响，也并不像传统媒体那样自以为是，并且也不用考虑利益平衡的问题。由于此时人们是从内部而不是从外部来了解事物，因此人们就得到了一个完全不同的视角。在很多情况下，人们还可以从亲身经历事件的人那里得到现场照片和视频。这和专业摄像师从外部得到的画面是完全不一样的。但是，威斯敏斯特大学的新闻专业教师莎利·菲尔德曼（Sally Feldman）认为这一说法未免言过其实，因为专业媒体一直都在对现场目击者进行访问，而媒体也经常播放业余人士录制的作品。她说道："这是在新技术的帮助下产生的演变，但是新闻的角色肯定没有发生变化，只不过有了一个新的资源而已。"公民新闻只是业余新闻报道的一种新说法而已。这种职业状态尽管非常罕见没有被约束，但这也并非新鲜事物。职业记者必须处理那些来自网络的文章和照片，综合相关材料，以使之清晰明了，并且还要对这些材料加以分析和评论，当然还要验证这些材料是否真实可靠。

我们再通过以下一些实例来了解"公民新闻"的特点。

（1）美国著名的德拉吉博客网（drudgereport. com）当年率先揭露了克林

---

① 巴兰，戴维斯. 大众传播理论：基础、争鸣与未来 [M]. 曹书乐，译. 北京：清华大学出版社，2004：402.

顿的性丑闻内幕，从而引起轰动，一时成为"舆论领袖"。德拉吉博客网因此一举成名，至今仍被视为信息海洋中的导航标，每日访问量高达 1000 万次，成为进入全球排位前 300 名的知名网站，该网每月据测算有十万美元的广告收入。令人惊奇的是，这个博客网至今还是"一个人的媒体"，主持人德拉吉不过是一位哥伦比亚广播公司的附属公司礼品店的老板。作为一位礼品店的老板，德拉吉却干了大多数职业记者穷其一生也无法干的事业。

（2）在伊拉克战争中，在大量的媒体专业记者之外，首次出现了几位博客战地记者，他们原本名不见经传，他们的报道也并不出现在主流媒体上，但是他们发出的个性化的报道，真实地反映出战争的另一侧面，吸引了全球媒体的目光。

（3）2005 年 7 月 7 日，在英国伦敦地铁和公共汽车上发生爆炸案。在爆炸发生很短的时间内，BBC、ITV、《卫报》（Guardian）等英国主流媒体就陆续收到了来自公民的有关爆炸的图片和录像片段。这些图片和录像片段是用手机等现代通信工具拍摄的，通过电子邮件的形式传到这些媒体的网站邮箱中，或者通过有关的博客网页直接将这些图片、录像片段以及那些亲历现场的人的所见所闻所感发布到网上。

（4）2005 年 10 月，当美国新奥尔良市遭受"卡特里娜"飓风袭击，造成罕见灾害之时，在 CNN 的网站主页上，细心的读者可以看到增加了一个栏目——"公民记者"（citizen journalist），CNN 网站通过这个栏目刊登了大量普通网民发出的有关风灾的文字和图片，真实地记录了这场灾难的全过程。

（5）著名的韩国公民新闻网（ohmynews.com）的创始人吴延浩（Oh Yeon Ho）提出这样的口号："每个公民都是记者"（Every citizen is a reporter）。2000 年成立之初，参加该网站新闻报道的只有数百人，但是在五年后，该网站已经拥有 38000 名"民记"（该网站的内容 70% 是由这些"民记"提供的），并发展成一个多语种的国际性网站，其中 400 个外国"民间记者"来自其他 25 个国家和地区，远远多于任何一家大众媒体的雇员数。2005年 6 月下旬，该网站在首尔成功地召开了首次公民网国际研讨会，与会者包括各个国家、各种职业、各个年龄层的人，反映出公民新闻网参与的广泛性。最小的一位与会者是年仅十岁的美国小学生。大会宣称，历史上传统媒体大多数是屈从于大财团利益或是受控于官方机构的，参与权往往局限于少数有新闻学学位的专职人员中。有的与会者呼喊出"向昨天的报纸告别"这样的口号。这家韩国公民网也向世人证明，这个只有五年短暂历史的网站在广告等经营上也初获成功。

（6）"我们的媒体"网站（www.ourmedia.org）是美国出现的许多供网民自由交流信息与新闻故事的网站之一。它的创办人之一、资深记者 J. D. 拉西卡认为，时至今日，传统新闻机构日益受到"公民新闻"（社会大众参与制作新闻报道）的冲击，越来越多的报纸读者或电视观众借助因特网、可拍照手机、摄像机及其他科技工具参与新闻制作，传媒与受众的互动方式发生了重大变化，记者的专业角色也发生嬗变。因此，国家需要重新审视传统新闻制作的总体模式，"把那些继续扮演传统的新闻守门人角色的记者从窗户里扔出去"。

我们如果仅仅是强调用"平民视角、民生内容、民本取向"来报道新闻，那么"公民新闻"可能就更具有"民生新闻"的特点了。这类新闻尽管样式在我们国内还不多见，但是按照"民生新闻"的报道思路，它迟早也会大量涌现。它是福，是祸，关键还在于监管和引导。

第二节　新闻引导舆论的原理

客观现象通过人的认识来加以反映就或多或少会带有主观倾向，新闻报道中的主观倾向是不可避免的。这种带有主观倾向的新闻报道，通过大众媒体在社会广泛传播就有可能会引发舆论事件，改变舆论方向，所以人的认识能力如何，就决定了舆论导向的正确与否。世界各国在使用大众媒介进行新闻报道时都十分重视新闻媒介对社会舆论的这种影响和作用。国内外媒介舆论效应的研究取得很多成果，总结了新闻报道与舆论生成的关系。这里介绍几本著作中传统的与现代的观点，展示对这一范畴研究的发展过程。

一、观察世界的一面镜子

在《当代舆论学》中，它把媒介表达的舆论视为"观察世界的一面镜子"[1]，这是说，新闻媒介集中了各个领域、各种人士对世界的看法，表达了一种较为全面的认识，正像从一面镜子里看到了世界的样子。

现代化报纸、卫星广播系统和电子计算机的运用，使人们有可能把握全国、全球性的各种意见，并在很短时间内传播亿万人的思虑和向往。李普曼在《舆论》（*Pubic Opinion*）一书中认为，人们所生活的世界实在太大、太复

---

① 刘建明. 当代舆论学 ［M］. 西安：陕西人民教育出版社，1990：214-215.

杂，少数人无法把握它的真实图景和发展趋势。人们往往根据各自所观察到的现象、所听到的意见勾勒出心中的世界，这个环境是否真实，不同的人感受是不一样的。由于把握知识和信息的不完全、不充分，许多人对这种假想环境的勾勒，大多是虚假的、错误的。但是，人们又往往按照自己所设想的那个世界进行判断。

现代新闻传播工具具有高度电子技术，一家电台或电视台如果想影响社会舆论，借助卫星传输、电脑搜索、自动化写作编辑机就能充分地反映各种意见，引导各种意见的发展与变化。对于一个国家，几千家报纸、电台和电视台的协同报道，共同反映一致的意见，大批量地报道民意测验、舆论调查的结果，现代新闻事业就成为社会的一面镜子，发挥舆论导向的认识功能。正如阿尔温·托夫勒（Alvin Toffler）所说：高度信息技术"还给人们提出解决社会的、心理的，甚至个人的问题的新办法。这些重要的新机器还全面地改变人类的智力环境，即人们思索和观察这个世界的方法"①。计算机一旦把舆论测量的结果肯定为大多数人的意见，被新闻工具多次广泛传播，用不了多久，人的意向也就把这种意见作为思维中心而广泛地支持这种意见。

自从20世纪50年代以来，日报持续增长，报纸上深化报道的大量出现，使"消息"具有发表重要见解的突出功能，人们从报纸上获得对事件评价的精湛的观点越来越多。不仅如此，广播电视传播工具的大力发展，使新闻媒体发表新见解的时间大大缩短，而且在15至20天内就出现围绕一个社会问题展开争论和探讨的高潮，社会事件与社会舆论像走马灯一样在人们面前闪过。人们在"高瞬态"条件下生活，不断对新事物产生兴趣而忘却旧事物，连续造成新舆论而抛弃旧舆论。"高瞬态"是指事物变化得快，舆论的高瞬态是说公众意见的快速变化，使舆论时量极为短暂。当代公民的文化水准有了大幅度提高，普通人有了阅读能力，又有充裕的闲暇时间上网，完全有可能利用当代传播工具了解各种新事件、新思潮、新观念。这样，许多普普通通的人就可能成为舆论人，在任何偏僻的社区都随时可能形成一定的舆论环境。电视和广播，能够把同一种消息和意见在同一个时间内送到各个家庭，使普通群众和社会上层人士享受同等的舆论氛围，在等量时间内感受外界舆论的影响，舆论合力缩短了形成的时间。

---

① 托夫勒．未来的震荡［M］．任小明，译．成都：四川人民出版社，1985：27.

二、大众媒介舆论功能的形成

日本学者在 1986 年出版的《现代社会学入门》一书中，论述了大众传播媒介如何形成舆论，媒介引导舆论和阶级利益的关系。著者在书中提出的"论宇"概念，是指舆论分布不断延伸空间，包含言论主体的对应和互动关系。为了实现舆论的理想图式，媒介必须正确而迅速地传播时事性内容，揭示每个问题和正在发生的争论，阐明有关当事人争论的立场和主张，以便在公众（信息接收者）中引起对上述问题的讨论。

在公众进行讨论和形成一致意见的过程中，大众媒介能否经常发生作用是一个极为复杂的问题。在说明每个争论点及其背景、列举有关当事人的陈述、引起信息接收者的关心这一点上，大众媒介的作用是很大的。但如前所述，第一，无论对话者怎样在论宇这一自发性的言论空间中扩大讨论范围，终将被大众媒介散布的大量信息所压倒、所支配。与少数意见对立的一方虽然是多数意见，但从微观的角度来看，每个独立意见主体的参照系不同。对那些隐藏着个别而又微妙分歧的意见来说，一旦被压倒优势的、公式化的既成意见由媒介传播出去，个别意见的独立性就发生动摇。于是，本来是讨论场所的小群体，就变成大众媒介的支持群体，论宇的自由意见空间就会丧失生气以至衰亡。由此，公众作为论宇的市民也就被赋予了大众的特征，与自主体的判断和态度相比，增加了对媒介的依赖程度。

第二，大众传播要通过媒介传递舆论动向，并同舆论结合起来，如果报纸、广播等传播媒介不具有明确的政治立场，那么来自媒介方面的舆论指导就缺乏支持它的阶级或阶层。这是因为，舆论的意识形态被中立化，只能大致根据全民或全人类的共同利害关系来加以说明，这使现实生活中本来基于具体的、特定的阶级或阶层的立场产生的生机勃勃的要求和决策性舆论，很快失去原有的活力以至于最终被教条主义化（僵化）。

与上述问题相关联，信息发送者反过来想要操纵舆论，也只有立足于特定的阶级或阶层的立场，与其利害心理相适应，通过大众媒介人为地制造虚假的争论点才有可能。例如，与军事工业相勾结的大众传播企业，为了满足军事工业希望国家增加军事预算额的要求，便连续报道假想敌国的军事动态，甚至不惜捏造战争的危险；与特定政党关系密切的编辑人员，为了掩盖该政党在政策上的矛盾和党内干部的丑闻，便对此不予报道，反而去夸大报道对立政党的各种缺点。不管是什么样的政治权力体制，都努力把大众传播机构（企业）作为依附于体制的信息宣传机器，将其纳入权力结构之中。不肯与政治权力合作的大众传播机构，常常会面临被剥夺存在价值的危险。

从这种机制来看，大众媒介的职能同论宇的气氛不是很适应。在论宇中，人们基于解释和情境界定做出的判断进行相互交流，使自由和独立形成的多数意见能够发挥作用。与大众媒介的积极作用相比，我们应当更加重视它的消极作用，在形成舆论的过程中，所谓大众媒介的"舆论指导"其实是一种自高自大的荒唐说法，它不过是操纵舆论而已。信息接收者越受这种指导，越不具有自主看法，最终使判断力衰竭乃至完全丧失。在形成舆论的过程中，大众媒介的作用应当是为了有助于信息接收者的意见形成，准确地传递争论双方围绕争论点所列举的全部有关事实和主张。①

三、批评与维护权力的媒介

在美国，传媒与舆论的关系表现在对政府的态度上，情况十分复杂，很难用同一个模式进行说明。

1987 年，安东尼·M. 奥勒姆在《政治社会学导论——对政治实体的社会剖析》一书中认为，美国大众传播媒介的典型作用是批评，用他们自己的语言说，传播媒介制造或构造新闻。尤其是在 20 世纪 50 年代和 60 年代，传播媒介一般站在民权活动分子一边，用文字和图片说明美国现实远不是平等的。他们在很长一段时间内专门报道不平等的证据，指责政治领袖的行为不符合美国政体及其可敬制度的理想。传播媒介也披露事实，证明美国在自由问题上的虚伪性，再没有比关于 1968 年芝加哥警察活动的新闻报道更能使人悲惨地回忆起这种虚伪性的存在了。当时，警方对民主党集会场所外面的反对者动用了暴力，当然，警方后来被控告了。②

传播媒介的批判（或现实）态度一直持续到 20 世纪 70 年代。《华盛顿邮报》的两个新闻记者（罗伯特·伍德沃德和卡尔·伯恩斯坦）揭露了水门事件，尼克松政府才垮台。此外，《纽约时报》还发表了"五角大楼文件"的第一个摘要，阐述了越南战争期间，五角大楼官员和基辛格之类的尼克松政府官员所起的秘密作用。不管传播媒介在 20 世纪 60 年代和 70 年代发表这些揭露文章以及其他许多揭露文章时的意图是什么，它们的后果都是扩大了人

---

① 日本社会学会编辑委员会. 现代社会学入门 [M]. 北京：中国社会科学出版社，1987：109-111.

② 安东尼·奥勒姆. 政治社会学导论（第 4 版）[M]. 张华青，何俊志，孙嘉明，等译. 上海：上海人民出版社，2006：370-371.

们对美国政治的期望（开国元勋们首创的民主主义理想思维的语言）与美国政治现实（现实思维）之间的不一致程度。此外，传播媒介特别关心那些代表黑人的团体和反对越南战争的团体，实际上支持了那种认为在美国理想语言与现实语言之间有很大不同的主张。

如果说传播媒介用一只手给政治揭去了幻觉的面纱，那么，它们也用另一只手给政治重新戴上了面纱，尤其是电视文娱节目，以偶像思维的语言讲话。它们描绘了一个存在着自由和不自由、平等和不平等的世界，那些占统治地位的人，即富人、要人和英裔公民应该享有权力和权威。《达拉斯》和"不可思议的巨人"这类电视节目的成功，表明了电视娱乐是可以满足人们的幻想的。这类电视节目把人们带到了一个权势的世界，权势可以为一切行为辩护，权势就是获得自由的力量，而且它们也很容易把人们推到一个只要有权力就能平等和自由的世界。在《达拉斯》的节目里，J. R. 尤因（J. R. E-wing）滥用了权力和权威，这种自由最后由于利益和财富得到了辩护。像《电视指南》这本书披露的那样，媒介既强烈批评自由民主制度和理想，又描述和维护美国统治集团的权力。

四、"新闻纸"是舆论的供给者

早在1919年，徐宝璜在《新闻学》一书中对报纸和舆论的关系进行了系统的研究，他的观点基本概括了媒介舆论效率的原理。他从三方面进行了论述，主要观点如下：

自民权发达以来，各国政治上社会上经济上之大事，多视其舆论为转移，而舆论之健全与否，又视其所根据之事实究竟正确及详细与否以为定。新闻纸者，最能常以关于各种问题之消息，供给社会者也。舆论之根据，实在其掌握中。如以新闻相供给，则社会有正当之根据，自发生正当之舆论，诸事自可得正当之解决。若所供给者为非新闻，则舆论之根基既已动摇，健全何有？故新闻纸当力求供给新闻，既不可因威迫利诱或个人之关系，以非新闻而假充新闻，亦不可因一种关系而没收重要新闻，致社会无研究与立论之根据。

代表舆论亦新闻纸重要职务之一。西人常云："新闻纸者，国民之喉舌也。"国内各报出版时，其发刊词亦多曰，"将代表舆论"。可见此职务，早为世所公认。不过"代表"二字之解释，今昔颇有不同。昔则仅为对于政府而代表国民之舆论也，今则又应对于世界而代表国人之舆论；昔则似仅代表国民而监督政府也，今则又应代表国民向政府有所建议或要求。新闻纸欲尽代表舆论之职，其编辑应默察国民多数对各重要事之舆论，取其正当者，著论立说，代为发表之。言其所欲言而又不善言者，言其所欲言而又不敢言者，斯无愧矣。若仅代表一人或一党之意思，则机关报耳，不足以代表舆论也。新闻纸亦社会产品之一种，故亦受社会之支配。如因愿为机关报，而显然发表与国民舆论相反之言论，则必不见重于社会，而失其本有之势力，如洪宪时代之《亚细亚日报》等是也。盖为舆论殉，为正义殉，本为光荣之事。况全国报纸，如能同起而代表舆论，则政府虽有意干涉，亦莫可如何哉。

创造舆论。新闻不仅应代表舆论也，亦应善用其势力，立在社会之前，创造正当之舆论，而纳人事于轨物焉。此种创造的职务，世界之大新闻社，无不重视之。我国戊戌以后，上海发行之《苏报》《警钟报》《民呼报》等报，亦均注重创造舆论之报纸也。至创造之方法有三：一为登载真正之新闻，以为阅者判断之根据。二为访问专家或要人，而发表其谈话。多数国民，对于当面之问题，往往因其事属专门，或内容复杂，而无一定之主张。新闻纸应于此时访问专家或要人，征求其意见而公布之，以备国民之参考，正当舆论，常可因此而发生。三为发表精确之社论，以唤起正常之舆论。编辑本自己之学识与热忱，细心研究各种应兴革之事，常著切实之论说，说明其理由与办法，以提倡之。① 实际上，徐宝璜所说的创造舆论正是引导舆论，舆论不可私造、硬造，而是用正确的观点指导公众的思考。这些观点在新闻学术界具有传统性。

五、美国的"议程设置"理论

在美国，媒介对舆论的影响称为"议程设置"。沃纳·赛佛林（Werner Severin）、小詹姆斯·坦卡德（James W. Tankard）在《传播理论的起源、方法与应用》一书中系统地介绍了美国"议程设置"理论的发展过程与要点。

有关议程设置（agenda setting）理论的直接表述最先见于1958年诺顿·朗（Norton Long）的一篇文章，他说在某种意义上，报纸是设置地方性议题的原动力。在决定人们谈论些什么，多数人想到的事实会是什么，以及多数人认为解决问题的方法将是什么这些问题上，它起着很大的作用。1959年，库尔特·朗（Kurt Lang）和格兰迪斯·朗（Gladys Lang）也曾对议程设置思想提出过早期的表述：大众媒介促使公众将注意力转向某些特定的话题。媒介帮助政界人士树立公共形象，媒介还不断披露某些人与事，暗示公众应当

---

① 徐宝璜. 新闻学［M］. 北京：中国人民大学出版社，1994：4-7.

去想它，了解它，感受它。关于议程设置，科恩有一句名言，他说：在多数时间，报界在告诉人们该怎样想时可能并不成功，但它在告诉它的读者该想些什么时，却惊人地成功了。学者在研究水门事件期间报纸与民意之间的关系时发现，为了解释美国这一错综复杂时期的历史，有必要拓展议程设置原先的观念。他们建议将议程设置改为议程建构，可细分为六个步骤：①报纸突出报道某些事件或活动，并使其引人注目。②不同种类的议题需要不同种类、不同分量的新闻报道，才能吸引人们的注意。③处在关注焦点的事件或活动必须加以"构造"或给予一定范围的意义，从而使人们便于理解。④媒介使用的语言也能影响人们对一个议题重要程度的感受。⑤媒介把已成为人们关注焦点的事件或活动与政治图景中易于辨认的次级象征联系起来。人们在对某一议题选择立场时，需要一定的认识基础。⑥当知名和可信的人开始谈论一个议题时，议题建构的速度会加快。

许多研究者至今仍旧忽略这样一个重要的问题：谁来设置媒介议程？在某种程度上，媒介只是将社会中发生的议题和事件原封不动地简单传递，这样的传递却是挂一漏万的。芬克豪泽（Funkhouser）和朱克的研究表明，新闻媒介的报道并不能与真实生活很好对应，韦斯特利（Westley）认为，在某些情况下，压力集团或特殊的利益集团可以人为地将一个议题纳入媒介议程中。比如，在20世纪60年代，学生非暴力协调委员会（SNCC）在将种族歧视纳入公众议程方面起了作用，20世纪70年代，全国妇女组织（NOW）及其他妇女团体将妇女议题提到了公众议程中。芬克豪泽认为，除了实际事件的真实流程之外，媒介影响公众对某一议题关注的程度取决于一些机制（mechanisms），他提出了五种机制。

（1）媒介顺应事件的流程。当事件的同样形式维持不变的时候，所有的事件都被认作"只不过多了些相同的事情"。

（2）过度报道重要但罕见的事情。

（3）对总体上不具有新闻价值的事件选择报道其有新闻价值的部分。通过选取某些细节，使事件显得比实际情形要热闹许多。

（4）伪事件，或称制造具有新闻价值的事件。抗议游行、示威、静坐、宣传促销手段等都是伪事件的例子，它们使某些议题进入媒介议程。

（5）事件的总结报道，或按具有新闻价值事件的报道方式来描述无新闻价值的事件。一个例子是，1964年发表的医务总监的报告显示了吸烟与肺癌的关系。

谁来设置媒介议程的问题实际上已变成一个更大范围的问题，即什么东西左右着媒介内容的问题，而这一问题的答案显然很多。最近的研究认为，影响媒介议程的一支很重要的力量来自其他媒介的内容，特别是精英媒介，如《纽约时报》，它似乎能为其他媒介设置议程。麦库姆斯和肖 1993 年认为，"议程设置是一个过程，它既能影响人们思考些什么问题，也能影响人们怎样思考"①。

第三节　民生新闻对社会舆论的引导

舆论是由社会少数人的意见扩展为社会多数人的看法，舆论的形成、发展，就是一个众意交流、扩散、集成的过程。舆论离不开传播，传播是舆论形成的内在机制，而媒体又是传播舆论的社会工具。传播媒体的内容、规模、方式等决定着舆论形成的速度、强度和效果。

新闻传播对社会舆论的影响是客观存在的，促使社会舆论发挥积极的影响，促进社会的进步与发展，是新闻工作者不可推卸的社会责任。特别是涉及民生问题的新闻报道，与群众切身利益密切相关，是直接引发社会舆论的重要因素，绝不能掉以轻心。如前所述，新闻工作者对民生问题的认识能力，决定了它所将产生的社会影响和舆论导向。所以，民生新闻引导社会舆论的基本原则应该是既要平民视角，又要顾全大局；既要关注民生，又要维护民生；既要民本取向，又要民主意识。

一、既要平民视角，又要顾全大局

所谓民生新闻的"平民视角"，无非指把观察问题的角度转移到"平民"的立场上来，朱寿桐认为以往"电视人比较习惯于处于一种居高临下的状态，不是以平视的角度看待生活中的人和事，而是以'一览众山小'的态势，以一种贵族的视角俯瞰芸芸众生……"②。也就是说，电视人从"俯视"改为"平视"，当然，从"三贴近"的角度来说，这样更能体察入微。然而，从新闻报道的要求来说，无论什么角度，新闻都是为了观察到事实的真相。目之所及只能是一种表象，表象未必就是真相，只有通过敏锐的观察和分析，才

---

① 段鹏.传播效果研究：起源、发展与应用［M］.北京：中国传媒大学出版社，2008：122.

② 朱寿桐.民生新闻概论［M］.北京：中国社会科学出版社，2006：5.

能洞中肯綮，揭示本质。所以，真实的报道并不在于如何变换角度，而主要是提高观察问题、分析问题的能力。学者们在研究民生新闻正面作用的同时，也注意到了民生新闻的负面影响。李舒、胡正荣等认为民生新闻存在三大潜在的危机：同质化竞争、止步于浅层表现和节目流于世俗。时统宇在《从"讲述老百姓自己的故事"到"民生新闻"——〈都市—时间〉的有益启示》一文中提出民生新闻必须警惕严肃新闻的娱乐化。① 孟建、刘华宾认为民生新闻在传播形态与偏向上有值得探讨的地方：一味短平快，节目缺乏深度；报道较琐碎，缺乏对新闻事件的整体把握。另外，资本逻辑对新闻理念也产生了侵蚀等。② 这些问题的出现，既有报道思想的偏误，也是观察视角的错位。家长里短的日常琐事是百姓生活的组成部分，但并不是"民生"的全部内涵。新闻关注民生问题，并不是堆砌生活中的琐碎事物，也不是单纯地还原事实，而是通过对民众生活中的典型小事、典型细节的报道，引导他们做出合理的价值判断，提倡一种社会理智、社会观念、社会秩序、社会道德和社会风尚，从而构建文明与和谐的社会价值体系。老百姓看重的不仅仅是发生在身边的新闻事实，还希望通过理性思考，满足自主判断的需要。因此，从某种程度上讲，新闻理念比具体的新闻内容更加重要。民生新闻重在讲述"老百姓的故事"，这在其新闻理念方面是一个可喜的进步，但现在的问题是：许多民生新闻节目满足于对新闻事实的简单堆砌，老百姓的琐事越讲越多，以至泛滥成灾，却"缺乏对新闻主题深度的阐释和挖掘，缺乏理性思辨和批判的力度，缺乏对类型现象规律性的把握和核心化剖析③。这样的民生新闻，久而久之使群众只关心眼前利益，而看不到长远的利益和全局利益，难免会封闭自己的视域，以"小市民"的心态解读世界。

有一种观点认为："在我们的新闻用词里，'国计民生'……正好构成了最主要的两块新闻内容。一块是'国计'，这构成了我们时政新闻；另一块是'民生'，这构成了我们的'民生新闻'。应该说，这两类新闻各有侧重，前者重国家大事，后者重百姓小事，但大与小是相对的，并且国家大事与百姓

---

① 时统宇. 从"讲述老百姓自己的故事"到"民生新闻"：《都市—时间》的有益启示 [J]. 中国广播电视学刊，2004（6）：30-32.

② 孟建，刘华宾. 对"电视民生新闻"现象的理论阐释：以安徽电视台《第一时间》栏目为例 [J]. 中国广播电视学刊，2004（7）：22-24.

③ 王贵平. 提高民生新闻质量之策 [J]. 新闻前哨，2005（12）：40-41.

小事是相互联系、互为影响的。"① 事实上，"国计民生"的本来含义是："国家经济和人民生活"②。源于《明史·王家屏传》："天灾物怪，罔彻宸聪，国计民生，莫关圣虑。"它们都是指的经济现象，是相互涵盖、彼此依托的两方面。我们如果进行牵强附会的理解，可能会导致认识上的偏颇。事实上，时政新闻与国计民生最为相关，改革开放之初有句流行的话是"天不怕，地不怕，就怕政策起变化"，典型地说明了上至国家，下至省、市、地区的时事政策对老百姓的日常生活和心理的影响之大。新闻工作者如果能及时捕捉那些与百姓生活息息相关的时政新闻，挖掘其与民生的深层关系，必然能引起百姓关注。《中共中央关于构建社会主义和谐社会若干重大问题的决定》指出，目前，我国社会总体上是和谐的，但是也存在不少影响社会和谐的矛盾和问题，主要是城乡、区域、经济社会发展很不平衡，人口资源环境压力加大；就业、社会保障、收入分配、教育、医疗、住房、安全生产、社会治安等方面关系群众切身利益的问题比较突出；等等。为此，国家提出了一系列富有针对性的政策措施。这些要求和部署，始终贯穿着"以解决人民群众最关心、最直接、最现实的利益问题为重点"这根红线，让人们看到了更加注重民生的政策取向。譬如，被列为 2005 年十大民生新闻的"全面取消农业税；抑制房价过快上涨；物权法、妇女权益保障法、治安管理处罚法立法更富人性化；启动全国医改试点；打击官煤勾结；上调个税起征点至 1600 元；推进免费义务教育；重点流域区域加强环保预警监测；'安全网'确保民工讨薪不再难；批准了《联合国反腐败公约》让贪官无处可逃"。有哪一件能说是无涉"国计"，不关"民生"的呢？应该说，这些都是最贴近百姓生活、关系国计民生的重大事件。中央电视台的《焦点访谈》栏目曾以"时事追踪报道，新闻背景分析，社会热点透视"作为栏目宗旨，大量报道时政类、热点性新闻内容，它所引起的社会反响和栏目本身形成的社会影响力是有目共睹的。如果民生新闻只是关注一时、一地的琐事趣闻、邻里纠纷、家长里短，有意无意地排斥和回避时政新闻，那便是画地为牢、坐井观天，这种狭隘的新闻意识必然导致民生新闻"捡了芝麻，丢了西瓜"。由此可见，民生新闻不应该等同于日常琐事的展示，也不是一味地搜奇猎异，"全面、真实、客观"是世界各国新闻理念的共识。民生新闻不能在这个基本问题上与传统新闻"划清界限"，只

---

① 景志刚. 存在与确认：如何概括我们的新闻 [J]. 中国广播电视学刊，2003（11）：35-45.

② 王剑引. 中国成语大辞典 [M]. 上海：上海辞书出版社，1998：477.

能在报道方法上寻求自己的特色，做到小中见大、由浅及深、见微知著，这样才真正反映了民生、表达了民情。

二、既要关注民生，又要维护民生

社会主义市场经济体制改革不仅是社会结构的变革，还是各种利益关系的调整。这个社会变革的过程，也必然是各类社会矛盾的高发期和频发期。"1992年开始实行的社会主义市场经济改革，在更大范围内从根本上触及了公众已经习惯了的经济生活体制，社会各个阶层、群体利益的调整既给公众带来了新的解放感，也带来了新的社会压力。商业心态的泛化、政治热情转向经济竞争的突变，把公众抛向了从未经历过的经济'角斗场'。在市场经济尚未确立自己的形态、尚未臻于成熟的过渡型社会中，对物质利益的疯狂追逐不可避免地带来了整个社会生活的明显变异，经济利益的不同获取形式和分配形式，不仅使日常生活失去了旧有的内容，而且使多数公众在生活面前变得张皇失措，应激能力、耐挫折力和心理平衡能力经受着新的冲击。由于一时无法掌握未来，生存的本能恐惧和洞察未来的恐惧引起的舆论困惑，比任何时候都显得突出。公众受到多向度价值引力的牵动，必须在物质目标和精神目标、经济价值和文化价值、实际利益和道德义务的相互冲突中权衡取舍。于是出现种种矛盾着、变换着的舆论：旧体制给我奶喝，新体制给我钱花，想喝奶时打倒新体制，想花钱时打倒旧体制。"① 正如陈力丹教授一针见血指出的："本来关于市场经济的舆论就有不少曲解的成分，媒介导向的偏差无异于火上浇油……问题在于媒介工作者自身并不比公众更多地了解市场经济，而他们的不清醒却加剧着舆论的惶惑与浮躁。……如果媒介对市场经济发生认识偏差，那么这将是引发舆论震荡或持续惶惑、浮躁的基本信念上的原因……"②

由此可见，在这个时期，社会不可避免地会暴露出许多民众生活中的许多矛盾和问题。面对这样一些问题，仅仅揭露还是不够的，记者应该更多地去寻找解决问题的办法，用积极的态度来为政府和群众分忧解愁，"只能帮忙，不能添乱"。美国纽约大学新闻学系的杰伊·罗森教授就认为"新闻记者不应该仅仅是报道新闻，还应该包含这样的一些内容：致力于提高社会公众在获得新闻信息的基础上的行动能力，关注公众之间对话和交流的质量，帮

---

① 陈力丹．舆论学：舆论导向研究［M］．北京：中国广播电视出版社，1999：119.

② 陈力丹．舆论学：舆论导向研究［M］．北京：中国广播电视出版社，1999：224-225.

助人们积极地寻求解决问题的途径，告诉社会公众如何去应对社会问题，而不仅仅是让他们去阅读或观看这些问题"①。我们很多民生新闻中的作为，却是与此背道而驰的。

譬如，某日报 2007 年 7 月 26 日第七版关于"整治直指违规旅行社和导游"的不当报道，歪曲性地报道了当地旅行社"坑客"的九起典型案例，造成了恶劣的影响，引起了部分旅游从业者于 26、27、28 日聚集到市政府上访。……直至 2007 年 7 月 29 日，该日报和记者发表了公开致歉书才算平息了这次事件。

再譬如，曾有人对成都地区几档民生新闻栏目做过跟踪观察，结果发现，同一档栏目 6 月某一周之内，就有如下几条关于死尸的报道：《无名男尸惊现铁路边》《九眼桥发现一具男尸》《窨井盖下突现男尸》《沙河边打捞出无名浮尸》《高新区发现一女尸》。在处理交通事故或者凶杀案件的现场画面时，有些媒体直接放上斑斑血迹、尸体横陈，甚至面目全非的特写，似乎不如此就不足以体现新闻的震撼力。有的媒体在报道强奸类的案件时，居然公布了迷奸药物的化学成分，客观上产生了教唆犯罪的恶劣后果。②

辽宁大学课题研究小组对辽沈地区的《新北方》（辽宁电视台）与《直播生活》清晨版（沈阳电视台）两档民生新闻栏目的内容进行了分析。2005 年 3 月，在有限样本中通过对两档节目的数据分析，他们发现，新闻内容主要集中在社会公德、邻里家风、购物看病、就业上学、物价波动、打假治劣、交通治安、天灾人祸和其他方面。其中，两档节目对打假治劣、交通治安和天灾人祸这些社会阴暗面内容显然更为关注。"从这两档节目的内容统计表上，我们很难看出'民生新闻'的'民生'二字从何体现，就更不用说如何表现'平民视角、民生内容、民本取向'了，好像所有这些内容与社会新闻并无二致。"

表 3-1　沈阳电视台和辽宁电视台民生新闻节目的分析

	《直播生活》	《新北方》
社会公德	8	9
邻里家风	5	21

---

① ROSEN J. Public Journalism: A Case for Scholarship [J]. Change, 1995, 27 (3): 34-38.
② 何平，牛瑾. 民生新闻的偏向与未来 [J]. 中国广播电视学刊, 2006 (S2): 16-23, 1.

续表

	《直播生活》	《新北方》
购物看病	6	9
就业上学	4	8
物价波动	2	2
打假治劣	27	18
交通治安	25	45
天灾人祸	11	24
其他	27	28

从两档节目报道的角度分析:

表3-2　沈阳电视台和辽宁电视台民生新闻节目的分析

	正面报道	负面报道	报道总数	正面报道所占比率（%）	负面报道所占比率（%）
《直播生活》	12	103	115	10.43	89.57
《新北方》	19	145	164	11.59	88.41

由表3-1、表3-2可见,这两档节目,正、负面报道比例严重失调,负面报道的数量几乎是正面报道数量的8倍。"我们知道,新闻节目的报道不仅在微观上,还要在宏观上反映客观事实,要协调好正负面报道的比例,使之更加符合社会的客观实际。决不能让所谓的高收视率压倒了责任和理性,急功近利,盲目迎合部分受众的低级趣味,一味猎奇,渲染暴力、血腥,这样狂轰滥炸下去,过不了多长时间,受众也会对这类新闻心生厌恶的。"① 这种情况在其他媒体中也大体相当,负面题材所占的比例高达70%~80%,其中,抢劫、凶杀、色情等新闻又占了相当大的比重。

美国斯坦福大学心理学家菲尔·詹巴斗（Phil Zimbardo）曾做过这样一项试验:他找来两辆一模一样的汽车,一辆停在比较杂乱的街区,一辆停在

---

① 辽宁大学新闻系电子传播媒体研究小组. 小析"民生新闻"现象 [J]. 北方传媒研究,2005（3）：105.

中产阶级社区。他把停在杂乱街区的那一辆的车牌摘掉，顶棚打开，结果一天之内就被人偷走了，而摆在中产阶级社区的那一辆过了一个星期也安然无恙。后来，詹巴斗用锤子把这辆车的玻璃敲了个大洞，结果，仅仅过了几个小时，它就不见了。

后来，政治学家詹姆斯·威尔逊（James Wilson）和犯罪学家乔治·凯琳（George Kelling）依托这项试验，提出了一个"破窗理论"。这个理论认为：如果有人打坏了一个建筑物的窗户玻璃，而这扇窗户又未得到及时维修，别人就可能受到暗示，去打烂更多的窗户玻璃。久而久之，这些破窗户就给人造成一种无序的感觉，那么在这种公众麻木不仁的氛围中，犯罪就会滋生、蔓延。

"破窗理论"给我们的启示：民生新闻如果一味渲染暴力、色情、恶俗等，是会产生破坏性影响的，它所预设的"拟态环境"会给社会民生增加不安定的因素。研究表明：人可以改变环境，环境也可以改变人。"破窗"现象，能够助长人们的四种社会心理。第一种是"颓丧心理"。见死不救，麻木不仁，很多人对社会的信任度就会随之而降低。第二种是"弃旧心理"。既然已破废，既然没人管，那就随它去吧。第三种是"从众心理"。法不责众，别人能够干，我就可以干，别人能够拿，我就可以拿。第四种是"投机心理"。看到有机可乘或者能占到"便宜"的时候，趁机"捞一把"。

我们如果都用建设性的眼光来看待民生问题，可能就会大大提高新闻的社会价值。老记者穆青同志说得好："我们的国家、政府是全国人民的。许多事情必须政府和人民同心同德来做，方能取得成功。我们的新闻报道要在这方面发挥引导和促进的作用。这样来引导舆论，就可以减少党和政府同人民的隔阂，减少社会上一些不安定的因素，增强团结和谐的气氛。"①

三、既要民本取向，又要民主意识

大家知道，在阐述"民生新闻"的主张时，"民本"这个语词概念出现的频率很高。人们甚至认为"民本思想是民生新闻的传统理论资源""民生新闻成功的关键就在于，其鲜明的民本取向正确地把握了这一点，在实践中真正做到'以民为本'。……传统的民本主义思想是民生新闻坚定的哲学基

---

① 穆青.贴近群众，加强"热点"报道［M］//新闻散论.北京：新华出版社，1996：
450.

础……"① 民生新闻中的这种"民本"意识的确不时地会有所反映，有专家评论说："无可替代的话语权优势，以及在大量投诉获得圆满解决后来自百姓的感谢、赞誉，使得媒介渐渐患上了'青天综合症'，越来越自视为扶危济困的'包公'，越来越赋予自身以执法与司法的实体性。"……"2003 年底，替农民工讨要工资成为新闻热点，电视台都把与民工有关的选题作为民生新闻栏目的主打内容。某频道的一档民生新闻栏目，曾报道过一则此类新闻。在画面呈现的整个事件报道中，不是民工在向老板讨工资，而是担有采访任务的记者和老板在争论——记者咄咄逼人地质问，老板气急败坏地回应。此时，记者已经完全扔掉了新闻事件客观记录者的身份，成了新闻事件的当事人和执法人。"② 这些做法虽然并不一定就是"民本取向"的产物，但是它的确可以在"民本思想"中找到合理的依据。

这里的要害就在于"以人为本"被置换成了"以民为本"。事实上，"民本"与"人本"这一对概念有本质的区别。我国传统的民本观念是相对君本、官本而言的，其原意是指中国古代的明君、贤臣为维护和巩固其统治而提出的一种统治观，其基本思想主要表现为重民、贵民、安民等。在民本思想中最具有代表性的就是"当官要为民做主"的主张，"人本"理念是相对"神本"而言的，最初属于哲学范畴，之后人本观念逐渐被扩展到政治、经济和管理等领域。人本观念萌芽于古希腊时期，苏格拉底时期人就代替了自然而变成了思辨的中心，主要表达的是"人民主权"的思想。它是 18 世纪西方资产阶级的启蒙思想家卢梭在反对封建专制的统治中发展起来的。它也是马克思、恩格斯革命民主主义思想的核心，是无产阶级民主制的根本原则，同时也是"国家的一切权力属于人民""人民当家作主"原则的直接理论来源。

民本思想代表的是我国古代封建统治阶级一种治国理政的观念。《尚书》云："民惟邦本，本固邦宁。"《左传》曰："利民为本。"孟子也说："民为贵，社稷次之，君为轻。"（《孟子·尽心章句下》）民本思想的最终目的是要维护统治者的长久统治，仍在于"官本"，但民本思想仍体现出了其积极的意义，是对"官本"的一种局部否定，其核心就在于体现了"民"的重要性，承认"民"是社会和国家财实的主要创造者，离开"民"，统治就无从谈起。荀子曾以舟水比喻："君者舟也，庶人者水也，水则载舟，水则覆舟。"他因此提倡要做"为民做主"的"父母官"，等等。

---

① 朱寿桐. 民生新闻概论［M］. 北京：中国社会科学出版社，2006：138.
② 何平，牛瑾. 民生新闻的偏向与未来［J］. 中国广播电视学刊，2006（S2）：16-23，1.

　　"人本"相对"官本"和"民本"而言，已无所谓"官""民"之分，它强调"以人为本"。无论"官"还是"民，大家都是平等的，都应体现人的价值。人本社会应当是人类社会的一个理想形态。共产主义从本质上讲应当是一个人本的社会。马克思、恩格斯明确指出：共产主义社会是以"每个人的全面而自由的发展为基本原则的社会形式"，"根据共产主义原则组织起来的社会，将使自己的成员能够全面地发挥他们各方面的才能"，"在那里，每个人的自由发展是一切人的自由发展的条件"。① 一个人本社会，具体来说，应体现如下几点基本要求：（1）机会均等；（2）弱势群体得到有效救助；（3）利益分配应均衡；（4）制度体系应当为每个人提供尽可能多的选择空间；（5）"和谐"成为社会发展的主题，这里不仅包括人与自然的"和谐"，也包括人与人的"和谐"；（6）人自身成为社会发展的唯一目标；（7）社会权力体系达到"一般均衡"状态，没有"特权"；（8）公平与效率有机统一。

　　胡锦涛同志在党的十七大报告中提出："必须坚持以人为本。全心全意为人民服务是党的根本宗旨，党的一切奋斗和工作都是为了造福人民。要始终把实现好、维护好、发展好最广大人民的根本利益作为党和国家一切工作的出发点和落脚点，尊重人民主体地位，发挥人民首创精神，保障人民各项权益，走共同富裕道路，促进人的全面发展，做到发展为了人民、发展依靠人民、发展成果由人民共享。"② 在这篇报告中以及各种场合党中央领导从未提出过"民本"的问题，更没有谈到"民本思想""民本取向"。由此可见，民本思想和民主思想虽然都把"民"作为立论的根据，但其中有质的差别。以民本来理解民主，人们会把民主理解为"为民做主"，从而曲解民主的本意。由于传统"民本思想"的影响根深蒂固，在政府和媒体的作为上，媒体总会自觉不自觉地以"包青天"自居，以"无冤之王"自诩。从主观上说，这可能是一种善良的愿望，但从客观效果来说，在无形中它忽视了法治的建设，也剥夺了本应由人民自己来当家作主的权利。③但在很长一段时期，我们做了错误的理解。事实上，"舆论监督"可以看作

---

①　马克思，恩格斯．共产党宣言［M］//中共中央马克思恩格斯列宁斯大林著作编译局．马克思恩格斯选集：第一卷．北京：人民出版社，1995：294.

②　胡锦涛．高举中国特色社会主义伟大旗帜 为夺取全面建设小康社会新胜利而奋斗：在中国共产党第十七次全国代表大会上的报告［N］.人民日报，2007-10-16（2）.

③　毕一鸣．"让民做主"还是"为民做主"：论舆论监督中的媒介定位［J］.当代传播，2007（3）：14-16.

以民众权利制约政府权力的一种机制。它通过在公共论坛的言论空间中所抒发的舆论力量对政府机构及其官员滥用权力等不当行为进行监督与制约。作为一种活动，它指公民或新闻媒体发表与传播针对政府机构或政府官员的批评性言论；作为一种功能，它是言论自由权的诸项政治与社会功能之一。这就是说"民本思想"客观上会导致媒体的角色错位，越俎代庖，甚至闯入了"媒介审判"的误区。

党的十七大报告指出："扩大人民民主，保证人民当家作主。人民当家作主是社会主义民主政治的本质和核心。"民生新闻创造条件来让群众更多地参与社会事务，发表见解，评判是非，其实这就是"舆论监督"的本义。2002年3月17日，某报A1版"新闻目击"专栏中发表的一组5张题为《老汉街头遭骂+气得痛不欲生》的图片，在读者中引起强烈反响。读者们纷纷致电该报，愤怒谴责这一不文明的现象，一些网络媒体转载此消息后，也引发许多评论。2002年3月18日、19日，该报接连刊发《"老汉街头遭骂"引发文明大讨论》，摘要发表读者的议论。2002年3月19日上午，那个骂人的男青年打电话到该报告诉记者，自那件事发生后，他的压力很大，尤其是该报的报道，使他深受触动，并打算当天下午亲自向老先生道歉。2002年3月20日，该报在A版头条位置刊发《一声"对不起"老人喜泪流》的新闻，同时，刊出那个男青年的道歉信，编辑部就此发表"扬子快语"《知错悔过不为晚》。2002年3月21日，又发表了题为《良知无价道德无价》，报道众多读者对"骂人青年向老汉道歉"的反应，对青年知错就改的行动感到欣慰，同时，希望通过这件事唤起更多人的道德良知。这样的新闻报道，取得了良好的社会效果，既赢得了读者和市场的青睐，也受到了有关部门的充分肯定。这就是值得民生新闻借鉴的"舆论监督"和"舆论引导"成功范例。由此可见，在"为民做主"思想作祟下的媒介监督是不能取代"让民做主""由民做主"的舆论监督作用的。近年来，中央纪委、监察部、国务院纠风办要求各地普遍与广播电台等新闻媒体联合开办"政（行）风热线栏目"，把舆论监督、群众监督和专门机关监督融为一体，为政府搭建起一座座联系群众的"空中桥梁"。江苏省及下辖13个市，凡有电台呼号的52个县（市、区）全部开通了"政风热线"。这项措施对促进机关作风转变、维护群众利益、化解社会矛盾、优化发展环境、构建和谐社会起到了积极作用。应该说，它的积极意义在于，促进了社会的民主意识，真正发挥了舆论监督的影响力，大众传播媒介也起到了很好的喉舌、桥梁和纽带的作用。

综上所述，舆论监督应是社会公众通过行使言论自由权、知情权和批评建议权等宪法所赋予的基本权利，对公共权力和公共生活所实施的一种监督。大众传播媒介应该努力创造条件，为老百姓搭建更多自主表达意愿的平台，并加以适当引导，从而形成足以影响社会的舆论力量。这不仅能够发挥民生新闻中舆论监督的积极作用，而且也可以大大推进社会的民主政治建设。

第四章

民生新闻在民主政治建设中的舆论导向

　　我国历来非常重视公众舆论的引导工作，江泽民同志要求新闻界要"以正确的舆论引导人"。胡锦涛同志也指出，"要高度重视和精心组织推进改革过程中的宣传舆论工作，着力营造解放思想、实事求是、与时俱进的良好氛围，营造倍加顾全大局、倍加珍视团结、倍加维护稳定的良好氛围"①。总体来看，在当前的新闻传播实践中，尤其是在新生的民生新闻传播实践中，新闻传媒贯彻了党中央的指导思想，在报道社会客观情况、引导舆论、监督舆论等方面发挥了十分重要的作用。但同样不容忽视的是，媒体间的生存竞争所催生的民生新闻并不熟谙舆论引导的艺术，甚至在舆论导向上也出现了种种偏差。

　　目前，大众传媒包括民生新闻的这种现象已引起了学术界的一定关注，例如，中国人民大学的陈力丹教授认为，"由于大众媒介职业特点造成的偏颇或当事人认识的误差、各种利益的诱惑"，大众传媒会偏离正确的舆论导向，"陷入商业为媒介设置的新闻陷阱"。② 还有学者指出，"市场机制可能导致公众利益被违背"，作为大众传播中的一方，受众被看作媒介市场的消费者，而非社会政治过程中的公众，会使得大众传媒为了争取视听率而推出娱乐性、消费性乃至低俗化的内容，从而"排斥了严肃的新闻性内容在媒介中的位置，同时在消费文化的氛围中造成了公众对政治和社会问题的集体冷漠"③。但是，就作者所搜集的资料来看，该选题学术界的研究基本集中在大众传媒与民主政治、大众传媒与舆论引导等方面，缺乏对民生新闻舆论导向的专项研究。具体来讲，一是缺乏对民生新闻进行舆论引导的途径和方式的独特性的

---

① 胡锦涛在全国宣传思想工作会议上发表重要讲话强调 坚持用"三个代表"重要思想统领宣传思想工作 为全面建设小康社会提供科学理论指导和强大舆论力量 [N]. 人民日报，2003-12-08（1）.

② 陈力丹. 舆论学：舆论导向研究 [M]. 北京：中国广播电视出版社，1999：242.

③ 汪凯. 转型中国：媒体、民意与公共政策 [M]. 上海：复旦大学出版社，2005：116.

系统研究；二是对当下民生新闻存在的舆论导向问题及其社会根源、解决对策等缺乏深层次的探讨。

第一节　民生新闻、舆论导向和民主政治建设三者之间的关系

公众舆论是人类社会进入文明阶段的产物，它与人类政治文明的发展有着紧密的联系。尤其是在经济和社会快速发展的当代中国，公众舆论在我国的政治生活中发挥着越来越大的作用，并且通过大众传媒无与伦比的社会影响力，迅速显示出对民主政治建设的强大推动作用。

正如陈力丹所言，公众舆论尽管体现了大多数公众的意志，应当得到尊重和重视，但舆论的质量却仍有高低优劣之分："舆论中同时含有理智和非理智的成分是正常的，舆论不同于自为组织的纲领政策，可以对各种问题表现得十分理智，它的自在形态决定了它在总体上是一种理智与非理智的混合体。"①

因此，在社会主义民主政治建设过程中，大众传播媒介不仅要及时"反映""传达"各种舆论，使公众可以通过大众传播媒介来表达自己对国家事务和社会公共事务的见解和看法，影响决策机构的政策制定，从而行使自身的民主权利，更应该坚持正确的舆论导向，以舆论引导者的身份分析各种具体舆论，对它做出正确、错误或无害等的判断，能动地做出有意义的评价，在党纪和国法的框架内，以自身的立场和观点影响公众的立场和观点。

一、民生新闻、舆论导向和民主政治建设的界定

民生新闻是在大力推进民主政治建设的社会环境下诞生的新事物，它既是民主政治建设的产物，也是促进民主政治建设的新闻手段。它的重要作用就是引导舆论向有利于民主政治建设的方向发展。

（一）民生新闻：反映民意的舆论平台

从目前来看，学界尽管对电视民生新闻概念的界定还没有公认的标准，但通过研究者对"民生新闻"的描述，大致可以归纳出民生新闻的如下特征：在内容上，关注"日常状态下平民百姓的衣食住行及所想所感"；在表达上，"新闻体裁和文学体裁的特点发生融合，常常并不严格按照新闻的结构来表达，语言带有一定的文学色彩或更加口语化"；在受众定位上，以普通城市平

---

① 陈力丹. 舆论学：舆论导向研究［M］. 北京：中国广播电视出版社，1999：23.

民为主；在新闻价值的判断上，则主要反映民众生活，具有平民视角、民生内容、人文价值取向内涵。概括起来说，大众传媒有了平民的身影和声音，呈现出了平民生活中存在的问题，为群众打开了一条社会参与、发表意见的途径，进而也在群众与政府之间搭建了一个沟通平台。

时统宇教授认为，"以人为本"是全面解读民生新闻的逻辑起点，"民生新闻"之所以值得我们投入肯定和赞许的目光，是因为在某种程度上，它是对传统新闻观念的更新。"三贴近"方针赋予民生新闻广阔的发展空间。民生新闻之所以能够被大家所认可，关键就在于它是"贴近实际、贴近生活、贴近群众"方针的最直接、最形象、最生动的体现。① 这段话恰如其分地表现了民生新闻宝贵的社会价值，其"以人为本""三贴近"的核心原则与我国的社会主义民主建设是吻合的。民生新闻如果可以真真切切地把贴近群众、反映民意作为己任，发挥其正确的舆论引导作用，必然对我们的民主建设进程大有裨益。

（二）公众舆论：民主政治体制的基础

美国学者伦纳德·杜布（Leonard Doob）认为，"舆论是指当人们是同一社会集团的成员时，对一个问题的共同看法"②。这与喻国明教授的看法是一致的，"舆论是社会或社会群体中对近期发生的、为人们普遍关心的某一争议的社会问题的共同意见"③。此外，学者陈力丹的看法中又对舆论的一些特性做了补充，"舆论是公众关于现实社会以及社会中的各种现象、问题所表达的信念、态度、意见和情绪表现的总和，具有相对的一致性、强烈程度和持续性，对社会发展及有关事态的进程产生影响，其中混杂着理智和非理智的成份"④。尽管这些对舆论概念的界定角度不尽相同，但存在着一些共通的地方，无论是伦纳德·杜布"舆论是同一社会集团成员对一个问题的共同看法"的表述，还是喻国明和陈力丹关于"舆论是社会群体的共同意见""公众信念、态度、意见和情绪表现的总和"的界定，都强调了舆论是一种公众意见和公众态度的表现。

早在清末民初时期，康有为就首先用"舆论"来表达公共意见、公众态度等倾向。他在评价自己创办的政治媒介《中外纪闻》时说："陈次亮谓办事有先后，当以报先通其耳目而后可举会。报开两月，舆论渐明，初则骇之，

① 时统宇. 从"讲述老百姓自己的故事"到"民生新闻"：《都市—时间》的有益启示 [J]. 中国广播电视学刊，2004（6）：30-32.
② 引自李广智，李培元，贾宏图. 舆论学通论 [M]. 哈尔滨：黑龙江教育出版社，1989：21.
③ 该段话是中国人民大学喻国明教授《网络舆论的传播机制和演变特点研究》发表在2020年9月4日在"人民网".
④ 陈力丹. 舆论学：舆论导向研究 [M]. 北京：中国广播电视出版社，1999：8.

继亦渐知新法之益。"① 他从而把中国传统的舆论概念与现代政治社团和现代传播工具联系起来，赋予了它全新的思想内涵。封建体制从中国历史舞台退出后，中国建立起了人民民主专政的社会主义国家，实现人民当家作主，发展社会主义民主政治。这种民主政治，是历史上最高的民主。它结束了少数人统治绝大多数人的历史，使人民群众成为国家政治生活的主人。在宪法规定的范围内，人民群众可以就国家政治生活中的一些重大问题公开地表达自己的意见，提出自己的看法，这就使得我国的社会舆论空前活跃。

改革开放至今，随着解放思想，实事求是的党的指导思想的确立，更多的人畅所欲言，参与公众舆论的表达和传播，成为公众舆论的形成主体。同时，各种独立的社会组织和大众传媒等新闻传播机构的出现和繁荣也标志着公众舆论不再是只言片语的表达和传递，而是通过经常性的互动机制表现出来的多数人一致的主观倾向。公众舆论不再只是一种群体的窃窃私语，而是某一群体共同利益的公共表达。

不可否认，舆论中同时具有理性和非理性的成分。舆论的自发、混杂和舆论形成中可能的"媚俗"现象，又需要理智的引导。江泽民同志在1996年视察《人民日报》时指出"历史经验反复证明，舆论导向正确与否，对于我们党的成长、壮大，对于人民政权的建立、巩固，对于人民的团结和国家的繁荣、富强，具有重要作用。舆论导向正确，是党和人民之福；舆论导向错误，是党和人民之祸"②，从宏观的角度深刻地阐明了把握正确舆论导向的极端重要性。我们坚持正确的舆论导向，"要造成有利于进一步改革开放，建立社会主义市场经济体制，发展社会生产力的舆论；有利于加强社会主义精神文明建设和民主法制建设的舆论；有利于鼓舞和激励人们为国家富裕、人民幸福和社会进步而艰苦创业，开拓创新的舆论；有利于人们分清是非，坚持真善美，抵制假恶丑的舆论；有利于国家统一，民族团结，人民心情舒畅，社会政治稳定的舆论"③。这五个有利于涵盖了整个新闻的舆论导向，当然，民生新闻也必须遵循这些舆论导向的原则。

（三）民主政治建设：社会主义的生命

胡锦涛同志在党的十七大所作的《高举中国特色社会主义伟大旗帜 为夺取全面建设小康社会新胜利而奋斗》报告中说："人民民主是社会主义的生

---

① 康有为 . 康南海自编年谱：外二种 ［M］. 北京：中华书局，1992：30.

② 江泽民 . 江泽民文选：第一卷 ［M］. 北京：人民出版社，2006：563.

③ 尹韵公 . 舆论导向 至关重要 ［EB/OL］. 光明网，2006-11-25.

命。发展社会主义民主政治是我们党始终不渝的奋斗目标。改革开放以来，我们积极稳妥推进政治体制改革，我国社会主义民生政治展现出更加旺盛的生命力。政治体制改革作为我国全面改革的重要组成部分，必须随着经济社会发展而不断深化，与人民政治参与积极性不断提高相适应。"

现代民主政治应由人民来决定政府的形式，管理国家的事务，规定政治的方式，换言之，权力的来源、授予、运作、更替、监督以及归宿都应落实到人民的意志之上。列宁就认为"民主意味着在形式上承认公民一律平等，承认大家都有决定国家制度和管理国家的平等权利"①。尽管与以往的社会民主制度不同，社会主义民主是在新型经济关系建立的基础上发展起来的，它的经济基础是公有制为主体，是"人民这个大多数享有民主，对人民的剥削者、压迫者实行强力镇压，即把他们排斥于民主之外"②，但在人民的内部仍旧要遵循"民主集中制"，坚持多数统治的民主原则。因此，建设社会主义民主政治要遵循如下原则：坚持中国共产党的领导、人民当家作主和依法治国的有机统一；发挥社会主义制度的特点和优势；有利于社会稳定、经济发展和人民生活水平不断提高；有利于维护国家主权、领土完整和尊严；符合渐进有序发展的客观规律。

受社会客观现实的制约，人民直接行使管理国家的权力在技术上是无法实现的。在现实操作中，民主政治在民主政体中只能表现为人民参与政治，即需要政府为人民提供各种政治参与途径，保证人民以各种形式参与具体的国家政治决策，从而实现民主政治。政治参与（political participation）亦称参与政治，是民主政治得以实现的重要手段。

所谓政治参与，汪凯认为"是指公民试图影响和推动政治系统决策过程的活动"③。《中国大百科全书》则对其宽泛地界定为"公民自愿地通过各种合法方式参与政治生活的行为"④。台湾学者对其定义为"政治参与是指人民通过投票、组党、加入政治的利益集团等活动，用以直接或间接地影响政治之决定的行为"⑤。通过以上定义，我们可以看出，所谓政治参与就是指"公民通过各种途径参与政府决策过程的活动"。这里的参与途径既可以包括投

---

① 中共中央马克思恩格斯列宁斯大林著作编译局. 列宁全集：第 31 卷［M］. 北京：人民出版社，1959：96.
② 中共中央马克思恩格斯列宁斯大林著作编译局. 列宁全集：第 31 卷［M］. 北京：人民出版社，1959：85.
③ 汪凯. 转型中国：媒体、民意与公共政策［M］. 上海：复旦大学出版社，2005：53.
④ 刘华明. 新编中国大百科全书·政治学［M］. 北京：印刷工业出版社，2001：85.
⑤ 转引自陶东明，陈明明. 当代中国政治参与［M］. 杭州：浙江人民出版社，1998：104.

票、加入政党等直接参与的方式，也包括大众传媒等间接参与的方式。其中，社会公众通过大众传媒表达意见、形成舆论，从而对国家的政治生活产生影响，"舆论参与"则是更为普遍和重要的一种间接参与方式，在现代社会的民主政治运作中起着不可或缺的作用。

因此，普通民众的政治参与不仅是民主政治得以实现的手段保证，而且普通民众政治参与的实现程度也是评价民主政治发展水平的一个重要尺度，政治参与是政治民主的重要内容，也是体现政治民主现代化水平的重要标准。

二、民生新闻、舆论导向和民主政治建设互动关系分析

从政府管理者角度来说，他们若要知晓公众民意，从而制定出符合公共舆论和民意的政策方针，就不能脱离反映民意的大众媒体。而从公众角度来说，作为一种通过大众传媒进行传播的极具亲民色彩的新闻节目样式，民生新闻是他们向政府决策机构反映其生存状态，传达其政治要求的一条极为便捷的政治参与途径，因此，民生新闻既能够通过信息的传播有效地引发和影响公众舆论的走向，又能为政府等管理部门的相关决策提供舆论支持或者民意参照。简单来说，媒体是公众和政府之间下情上传和上情下达的纽带，存在着相互作用的复杂关系。

廖永亮认为，"政府、媒体、公众三者之间的交互关系是在某一时刻的交互关系，随时间变化，这个交互关系处于动态之中"[1]。在《舆论调控学：引导舆论与舆论引导的艺术》一书中，他用数学模型的方式，形象地阐释了媒体、公众与政府的关系。

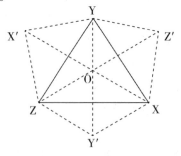

图 3-1 媒体、公众与政府的关系数学模型

---

[1] 廖永亮. 舆论调控学：引导舆论与舆论引导的艺术 [M]. 北京：新华出版社，2003：41.

　　图中的 X、Y、Z 分别代表政府、公众、媒体三方的同意，相反方向的 X′、Y′、Z′则表示三方的不同意。根据数学上的组合原理，这三者之间的关系共有 8 种值得在研究中注意的比较特殊的情况（以 O 为锥尖的三棱锥）：

　　（1）政府同意，媒体乐意，受众接受。

　　（2）政府同意，媒体乐意，受众不接受。

　　（3）政府同意，媒体不乐意，受众接受。

　　（4）政府同意，媒体不乐意，受众不接受。

　　（5）政府不同意，媒体乐意，受众接受。

　　（6）政府不同意，媒体乐意，受众不接受。

　　（7）政府不同意，媒体不乐意，受众接受。

　　（8）政府不同意，媒体不乐意，受众不接受。

　　这种组合是静态的，不足以全面反映三者之间的互动关系。比如，政府是否同意、受众是否接受、媒体是否乐意传播这三方面，不会简单到只有愿意和不愿意两个终端，还有中间部分——很长的一段中间部分。无论从哲学的角度看，还是从现实生活中看，中间部分才是最常见的状态。我们通过这个静止的模型可以更好地了解政府、公众、媒体三者之间的动态关系。从这里可以看出，舆论调控有很大的空间，在这个空间里有效地活动，有助于达到调控的目的。当舆论调控将三者的关系协调到最佳状态时，这个组合出现三棱锥 O-XYZ，即政府要求媒体传播的，公众乐于接受；媒体想传播给公众的，政府大力支持；公众对政府的想法，媒体乐于沟通；政府想传达给公众的，媒体乐于沟通；公众的意见想在媒体上表达，政府予以支持；媒体想反映给政府的意见，公众也能接受。

　　这个图形象地说明了政府、媒体和公众之间存在复杂的、动态的相互关系，以及当这种互动关系被协调到最佳效果时，三者关系会产生正如图 3-1 中 O-XYZ 图形所显示的正面的、积极的互动状态。本书以下将具体地阐释三者在现实中的互动关系。

　　（一）民生新闻培养了具有民主意识的舆论主体，塑造了民主的宏观舆论环境

　　一个民主国家要实现真正的民主，需要一个民主、开放的舆论环境，而民主的舆论环境，又必然需要有政治知识、政治素养的社会公众作为舆论主体。詹姆斯·布赖斯（James Bryce）认为，"一国的舆论环境要善良而且稳健，必须具有几种条件。其中最重要的条件是人民知识的发达及公民对于政治兴趣的浓厚；其次的条件是全国人民对于某几种根本的政治主张总要有相

同的同意"①。陈力丹也认为，"公民作为政治社会化机构的首要功能，就是形成个体的认知水平和能力。政治认知对政治价值的培养、政治体系的支持都具有基础性作用"②。在这里，学者们强调了社会公众的政治知识、政治认知能力的发达对培养正确的民主政治价值观、形成良好的民主舆论环境的重要性。

同样，在建设社会主义民主政治时，我们也需要一个民主的舆论环境。其中很重要的一个因素就是社会公众对民主政治的普遍认同，对民主政治建设的内涵、原则、方法等有普遍的了解和认知。社会公众对民主政治观念的认识和赞同，对其自身作为民主主体的认知，对民主主体权利与义务观念的认知，对民主与法治以及坚持党的领导的关系的认知等，都是公民参与民主政治生活的最基本的观念和知识储备，是建设社会主义民主政治不可或缺的社会政治文化基础。因此，社会主义民主政治建设不仅需要国家和政府的努力，还有赖于民主政治的观念在全社会的普遍形成。

社会公众对现实民主政治的理解和认知从何而来呢？根据政治学的观点，公民在其漫长的一生中始终贯穿着政治社会化的过程，这个过程伴随着作为主体的政治人的成长以至衰亡。从公民个体的角度说，这个过程也就是"公民为获得胜任扮演政治角色所必需的价值、规范、知识和技术……学习政治知识和政治技能，内化政治文化以适应政治角色的过程"③。毋庸讳言，在社会主义民主政治建设中，以上所述"价值、规范、知识和技术"包括建设社会主义民主政治所必需的公民对社会主义民主观念的理解、对如何行使民主的把握，以及对行使民主所必须遵循原则的接受和认同。

在大众传媒高度发达的今天，传统社会组织如家庭、学校等作为政治信息传播渠道承担的政治社会化教育功能已渐渐式微，代之而起的是大众传媒无与伦比的社会穿透力，它将分散的社会整合为一体化的共同体，使政治信息的传播成为可能。其中，在21世纪初刚刚诞生的民生新闻在全社会政治文化的形成过程中扮演了不可或缺的角色，其超强的渗透性和独特的传播效果为社会公众的政治学习提供了便利，它不仅从民生的角度解释、普及了政策法规，而且其微观的新闻叙事方式也对社会公众民主权利的行使起到了示范的作用。

---

① 布赖斯．现代民主政体：上册［M］．张慰慈，等译．长春：吉林人民出版社，2010：157-158.
② 陈力丹．舆论学：舆论导向研究［M］．北京：中国广播电视出版社，1999：46.
③ 张昆．大众媒介的政治社会化功能［M］．武汉：武汉大学出版社，2003：6.

第一，民生新闻站在社会个体的角度对宏观的国家各项政策进行阐释，从民生的角度向社会公众普及了国家的政策法规，解释了我国民主制度的构建。

如前所述，民主政治知识的普及在国家民主政治建设中具有举足轻重的作用，但不容忽视的是，受经济和文化发展水平的限制，我国公民所具有的政治知识水平并不尽如人意，一些文化水平较低的农村公民甚至对一些常识性的政治知识也缺乏基本的了解。大众传媒尽管日复一日地传递着各种政治信息，但这些信息并非铁板一块被受众所接受和喜爱。尤其是按照传统的新闻报道模式所进行的新闻报道，所传达的政治信息往往是对国家政策的照本宣科，这些信息因为过于宏观和抽象而超越了普通受众的理解范围，常常被"讲求实惠"的底层民众误读为空话、套话而拒绝接受。不同于传统新闻宏观的、政策宣讲式的报道方式，作为新生代的民生新闻往往会从特定社会个体的角度出发对国家制度和政策进行解读。这种政策的宣传不仅因为有了特定的新闻事例而更加鲜活，而且也使得受众对宏观的国家政策、方针更容易理解和接受。

以我国的民主制度设置——人民代表大会制度为例，在我国民主政治制度的构建上，人民代表大会制度是我国人民民主得以实现的最主要机制。全国人民代表大会和地方各级人民代表大会的人民代表均是各级人民通过特定的选举原则、方法、程序选举而产生的，他们代表了特定地域和特定群体的公众，表达和行使他们的意志和愿望。它不仅是我国国家政权成立的基础，还最广泛地反映与象征了我国公民的意志与愿望，但是我国公民对这项事关自身最基本的民主权利的制度的了解，并不是十分深入。许多公民并不热衷于参加选举，对选举这项神圣的权利采取随便勾选候选者的名字敷衍了事。传统新闻对人大的报道方式也以领导人发言、讲话、接见与会代表为主，少有与社会生活相结合的会议内容的报道。与之不同，民生新闻对人民代表大会的报道往往更关注会议的内容，并将宏观的政策与具体的社会生活相联系。如针对胡锦涛在两会讲话中所提出的"八荣八耻"的概念，2006年4月19日郑州的《民生大参考》在头版是这样报道的，知荣知耻：霸道行人交通违法打协管，报道从反面批评了不知耻的行为，对国家领导人提出的政策和精神结合社会现实做了形象的宣传，有助于加深普通民众对"八荣八耻"概念的理解和接受。2007年10月开始，《南京零距离》所做的"诚信江苏行"大型新闻报道活动中，报道组穿越了整个江苏，通过卫星连线的高科技传播方式对全省各种具体的"诚信行为"进行连线报道，这更是对"以诚实守信为荣，以见利忘义为耻"的大型宣传和推广活动。

第二，民生新闻"个案导入—事件点评—意见反馈"的新闻报道方式为社会公众行使民主权利起到了示范和讲解作用，使社会公众抽象的民主政治权利具象化。

民生新闻在报道新闻事实时，经常选取个案导入—事件点评—意见反馈的从点到面的新闻报道方式。新闻往往采用与普通人的结合点作为切入口。在具体的个案导入后，再由节目评论员对新闻事件进行点评，民生新闻力求揭示事实蕴含的意义和新闻背后的新闻，或者展望新闻事件的发展趋势，做出相关预测。然后，在节目的末尾或进行的同时，民生新闻采用热线电话或网络连线的方式与收看节目的观众进行互动。传达受众从不同的角度提出的各自的看法，从而使整个新闻事件的表述更为立体，舆论表达更为全面，为受众提供多方面的思考路径。

美国纽约大学新闻系的杰伊·罗森教授认为，"新闻记者不应该仅仅是报道新闻，新闻记者的工作还应该包括这样的一些内容：致力于提高社会公众在获得新闻信息基础上的行动能力，关注公众之间对话和交流的质量，帮助人们积极地寻求解决问题的途径，告诉社会公众如何去应对社会问题，而不仅仅是让他们去阅读或观看这些问题"①。很显然，通过特定新闻事件报道，民生新闻的受众不仅仅是欣赏了一个故事，更重要的是，民生新闻中的人物和事件对公民具体的民主权利的行使起到了示范作用，原本抽象的民众政治建设的理念和制度构建在经民生新闻报道后，被生活化、具体化了。

（二）民生新闻激发公众总体的参政热情，生成、强化了公众总体的公民意识

公民意识与公民紧密相关。所谓公民，抑或公民身份，根据社会科学上的定义，是指"个人在一民族国家中，在特定的平等水平上，具有一定普遍性权利与义务的被动及主动的成员身份"②，而公民意识是对这种公民身份的感知和认同。具体来说，公民意识就是指公民在民主政体的国家中对自己与其他社会成员在政治上处于平等关系的，即具有法定的平等权利和义务的主体地位的明确认识。它强调的是公民的一种主体（政治主体）的意识或政治角色的意识，而非顺从者或旁观者的奴隶或臣民意识。几千年来，中国占主

① 蔡雯．"公共新闻"：发展中的理论与探索中的实践：探析美国"公共新闻"及其研究［J］．国际新闻界，2004（1）：30-34.

② 雅诺斯基．公民与文明社会［M］．柯雄，译．沈阳：辽宁教育出版社，2000：11.

导地位的封建小农经济、封建专制政治制度和思想领域占统治地位的儒家文化导致了中国一直缺乏培育公民社会的土壤，封建社会造就的只是臣民、顺民和子民意识，与现代的公民意识不可同日而语。民生新闻以其亲民的报道内容和"平视"的报道角度，牢牢锁定了"受众本位"的传播理念，生成、强化了公众总体公民意识，激发了公众总体参政议政的热情，营造了民主的舆论环境。

首先，从节目内容选择来说，电视民生新闻将镜头聚集在百姓民生上，其新闻选择和报道均围绕百姓这一群体来展开，呈现普通百姓的生存状态、关注其生存空间是节目的目的所在，大至天灾人祸，小至柴米油盐均是其取材的范围。

以《南京零距离》《直播南京》和《法制现场》在 2007 年 4 月 1 日当天播出的 64 条新闻为例，当天突发新闻 20 条，其中包括大火、灾难、事故、盗窃、车祸等，占当天三档节目新闻总量的 31%；市民投诉 18 条，包括投诉出租车中介不正当收费、医患纠纷、小狗咬人、就餐卫生状况差等，占当天新闻总量的 28%；新闻专题 9 条，占当天新闻总量的 14%；资讯 4 条，说天气、交通，占当天新闻总量的 6%；趣闻 5 条，占当天新闻播出总量的 8%；其他如爱心故事、新闻追踪、新闻链接共 8 条，占当天新闻总量的 13%。节目内容几乎包含了百姓生活衣食住行的方方面面，主要还是普通公民自己的生存状态和生活空间的写真。

其次，从报道角度来说，民生新闻抛弃了传统的党政新闻"我说你听"、着重说教的"俯视"的新闻报道视角。它的新闻播报尽管仍旧按照常规新闻报道方式进行，但报道的角度跳出了我国新闻长期以来从宏观、政府的立场出发看问题的窠臼。新闻报道通常采取平民化的视角，站在百姓的立场上讲述实实在在的道理，讨论实实在在的问题。

以 2007 年 2 月 9 日《南京零距离》的一则新闻内容为例：

保安本来是维持治安、保护他人安全的，可我们接到一个电话——举报南京一家中外合资企业的保安，就因为一点点小事，把一位外地打工的送水工打得视网膜脱落，造成重伤……真不知道这里的保安是保什么的？

在叙述清楚事件的发生经过后，这则新闻的播报者站在平民的角度发出疑问，而并非像传统新闻那样，站在管理者的角度提出如何对此类事件进行管理和规范。从表面上看，这种平民化的新闻报道视角仅仅是增加了新闻节目的亲和力，但从更为宏观的层次来说，这种报道视角实现了公共话语权从精英人士向社会普通民众的倾斜，是对普通民众作为传播主体的肯定。普通民众的生活不仅作为新闻播报的主要内容在民生新闻中得以呈现，而且普通民众的意识和看问题的视角也一并得到了尊重。

这种对普通民众生活和民众视角的持续关注和报道起到了双重效果：一方面，经过新闻报道的事件不再仅仅是特定个人生活的琐碎片段，经过新闻报道的观点也不再仅仅是特定个人独特的想法，它具有引发社会公众关注和讨论的可能性，被上升到社会公共事件和群体意识的高度。根据保罗·拉扎斯费尔德（Paul Lazarsfeld）和 R. K. 默顿（R. K. Merton）的大众传播的功能观，大众传媒具有社会地位的赋予功能，"它能给所支持的事物带来一种正统化的效果"①。任何一种问题、意见、商品乃至人物、组织或社会活动，即使是民生琐事，只要得到大众传媒的广泛报道，也会成为社会瞩目的焦点，获得很高的知名度、显著性和社会地位。因此，经过大众传媒广泛报道的事件和意见有了在日常生活中所不可能具有的社会地位。这就使公众重新审视其自身以及发生在周围的日常琐事的重要性，审视自身以及他人的意见想法的重要性，对自己作为普通民众在社会和国家中的政治主体的地位和身份有了更加现实的感受和应有的认识。另一方面，民生新闻以平视的视角所传递的与底层民众生活息息相关的新闻事件和信息填补了平民话语权的缺失。如前所述，在电视民生新闻栏目中，底层百姓的话语开始大量出现在镜头前，人们开始站在普通民众的立场上，对关乎自己切身利益的各种事务发表意见。这种日益增多的对社会公共事务的公开表达，极大地拓展了社会公众的话语空间。由于电视民生新闻这个话语平台的存在，公民个人向社会传播的自主性得到了不同程度的满足，公众借助媒体来争取自我发言权，参与社会、国家公共事务的热情开始高涨，公民意识得以生成和觉醒。

（三）民生新闻拓宽了舆论表达渠道，使民众的政治参与得以实现

政治参与（political participation）亦称参与政治，是民主政治得以实现的重要手段。就基本内涵而言，民主政治应是由人民来决定政府的形式，管理国家的事务，规定政治的方式，换言之，权力的来源、授予、运作、更替、监督以及归宿都应落实到人民的意志之上。实践证明，人民直接行使国家管理的权力在技术上是无法实现的。在现实操作中，民主政治在民主政体中只能表现为人民参与政治。因此，普通民众的政治参与不仅是民主政治得以实现的保证，而且普通民众政治参与的实现程度也是评价民主政治发展水平的一个重要尺度，政治参与是政治民主的重要内容，也是体现政治民主现代化

---

① 郭庆光. 传播学教程［M］. 北京：中国人民大学出版社，1999：115.

水平的重要标准。

当前，我国正经历着社会经济结构的逐渐转型，经济的变革使社会各个群体出现了利益多元化的发展趋势。不同利益群体的存在增加了社会的政治参与需求，面对这种情况，仅仅依靠传统的政治参与途径已无法满足公众的政治参与需求。大众传媒作为"现代社会最具效力和最具规模的舆论性民意表达结构"①，部分满足了社会的政治参与需求。我国传统的大众传媒的报道内容，尤其是新闻节目因为报道视角过于宏观而忽视了普通民众的具体政治诉求。21世纪之初，民生新闻的诞生和发展为社会公众提供了一个崭新的政治参与渠道。公众通过收集、加工和报道社会中各种舆情民意，将之转化为舆论热点议题，引发行政决策者的注意，进而引发公共政策的制定或改变，民生新闻使普通民众的政治参与得以实现。这个过程分为两个阶段来实现。首先，民生新闻通过信息传播将特定公众的政治诉求转化为公共议题，引起政府决策部门的关注和重视。其次，民生新闻的持续报道使特定的舆论话题特别显著，并将公众议程转化为政府议程。

1. 民生新闻通过信息传播将特定公众的政治诉求转化为公共议题，引起政府决策部门的关注和重视

当前我国还处于社会主义初级阶段，社会中存在着种种不合理的社会现象，包括社会纠纷、贫困、犯罪、疾病等，但是并不是所有的问题都会被认为是公共政策制定中的重要事项而得到关注。只有当特定个人或小群体的问题已经引起公众和社会团体的普遍关注时，民生新闻完成了从特定社会问题向社会公共议题的转化，才能够引起政府相关决策部门的关注和重视。社会公共政策的制定，首先需要政策制定者对不理想的社会状态有一个基本认知，认为一些社会问题影响了社会的正常运行，需要制定相关的政策加以调整。美国社会学家乔恩·谢泼德（Jon Shepard）和哈文·沃斯（Harwin Voss）认为，"当一个社会的大部分成员和一部分有影响力的人物认为某种社会状况不理想或者不可取时，就会引起全社会关注并设法加以改变"②。大卫·阿什德（David Altheide）指出，"社会政策的制定过程……是一种企图对事态的时间、地点和方式进行界定的传播过程。社会政策是一种社会性地建构事实的企图，它首先提出一种要求，认为一些事情之间的相互影响、事件和环境构成了问

---

① 陶东明，陈明明. 当代中国政治参与 [M]. 杭州：浙江人民出版社，1998：104.

② 谢泼德，沃斯. 美国社会问题 [M]. 乔寿宁，刘云霞，译. 太原：山西人民出版社，1987：116

题，它们是能够被解决和改进的；其次，它提出一些改变的建议"①。

通常情况下，新闻将特定社会问题转化为公共议题的转换过程是通过大众媒体完成的。根据拉扎斯费尔德和默顿的大众传播的功能观，大众传媒具有社会地位赋予功能。"任何一种问题、意见、商品乃至人物、组织或社会活动，只要得到大众传媒的广泛报道，都会成为社会瞩目的焦点，获得很高的知名度和社会地位。"大众传媒对特定个人问题和社会问题的持续关注，能够将其直接推上社会问题的舞台，引起更多人的兴趣，得到公众的关注和讨论，进而成为公众舆论的话题。它可以通过对事件的集中报道，引起民众的关注，引导他们的认知方向，从而将一种社会现象建构为社会问题；它也可以作为民意的反映者来表达公众团体和个人的意见，来影响社会和政府对问题的态度。正如美国政策学家詹姆斯·安德森（James Anderson）在其《公共决策》一书中所言，一些问题可能会引起新闻媒介的注意，通过新闻媒介进行报道，这些问题很可能会成为政策议程里的内容。但如果没有新闻媒介的介入，这些问题就很可能长久存在而不能引起公众的注意，政府自然也就不会去考虑这些问题。

民生新闻以普通百姓的生命、生存、生活、生计等民生问题作为节目内容。民生新闻记者每天和社会普通民众接触，了解普通民众所遇到的现实问题及所思所想，并通过报道及时地把人们的活动、情绪反映出来，唤起社会舆论对某一民生问题的关注讨论，将具体的民生问题转化为公共议题，从而使政府决策层重视和采取有关措施，制定公共政策。在这方面，一个无法绕过的案例是，2003 年 4 月 25 日，《南方都市报》以《被收容者孙某某之死》为题，首次披露了孙某某惨死事件，这激起了舆论的持续关注和讨论，最终导致已施行近十年的遣返制度的废止。

2. 民生新闻的持续报道使特定的舆论话题显著，将公众舆论话题转化为政策议程

所谓的政策议程是指"某些社会现象或问题已经引起决策者的深切关注，他们感到有必要对其采取一定的行动，因此把这些社会问题列入政策范围这样一种政策议程中"②。不同于政策议程，公共舆论所讨论的往往是一些抽象的或不完全成型的问题，人们对问题及其影响的认识还比较模糊，不可能系

---

① 阿什德. 传播生态学：控制的文化范式 [M]. 邵志择，译. 北京：华夏出版社，2003：122.

② 张金马. 公共政策分析：概念·过程·方法 [M]. 北京：人民出版社，2004：324.

统地提出一些可行性方案或一些解决问题的办法。其最终目的无非使公众诉求能够在政策议程中获取一席之地。

政策议程的创建是一种极为复杂的过程，是各种力量交互作用和相互平衡的结果。美国学者罗杰·科布（Rager Cobb）提出各种社会问题进入政策议程的渠道和途径，其中之一就是"政策诉求由政府系统以外的个人或社会团体提出，经阐释（对政策诉求进行解释和说明）和扩散（通过一定方式把政策诉求传递给相关群体）进入公众议程，然后通过舆论施压的手段使之进入政策议程"①。

在现代社会中，有"第四种权力"之称的大众传媒成为公众舆论话题进入政策议程的有效途径之一。在现代社会，人们普遍会把媒介所凸现的事实认为是现实社会的重点，而且代表了民意。大众传媒能够使某些舆论话题突破其诞生的小规模群体，通过信息的大规模传播很快被大范围的社会公众所认同，由此形成强大的舆论声势，使舆论话题能够很快进入政策议程。除此之外，当决策者在进行政策问题的认定时，他们也会受大众传媒的议程设置功能影响，大众传媒突出报道的某些"议题"会影响公共决策者对各种政策议程的重要性的排列顺序，并最终促进公众舆论话题向政策议程转变。

民生新闻的诞生使新闻媒体对社会关注的程度日益增强，民生新闻的平民价值、报道民生问题的新闻理念使社会生活中普通老百姓的议论话题可以通过民生新闻的报道得以放大和凸显。通过民生新闻的报道，政府决策者可以充分感受到来自社会各阶层的公众舆论的强烈影响，面临采取怎样的治理措施，来解决民生问题的巨大压力。同时，这种压力又可以转化为动力，推动政府管理者顺应民主政治的历史潮流，充分发挥政治才能，及时收集、提炼和引导公众舆论，科学地把握我国政治体制改革时机和步骤，解决公众迫切需要解决的重大民生问题。以社会弱势群体的权益保护问题为例，对弱势群体的关注和援助是当前民生新闻报道中尤其需要关注的热点问题。通过新闻的宣传和报道，民生新闻不仅切实促进了许多弱势群体实际问题的解决，而且产生了很好的社会效应，形成了关注弱势群体的强大社会舆论氛围，体现了社会主义精神文明建设的成果。从这个角度来说，民生新闻对平民阶层乃至弱势群体的关注和报道，是政府决策者了解民情民意的重要集道，促进了社会矛盾和问题的解决，调动了普通公众接近媒体、表达政治诉求进行政

---

① COBB R，ROSS JENNIE-KEITH，ROSS M H. Agenda Building as a Comparative Political Process [J]. The American Political Science Review，1976，70 (1)：126-138.

治参与的积极性，促进了我国民主政治的建设和发展。

第二节 在民主政治建设舆论导向中存在的问题

近年来，随着民生新闻的普及和影响力的日益扩大，在民生新闻中表达出的民意不断得到呈现，在民意表达和民意综合方面，民生新闻起到了不可忽视的作用。

大众传媒发挥着各类信息的集散和播扬的社会功能，它只是信息集散的枢纽和中介，人们绝不能够把它当作政府决策部门，甚至是执法部门。它理应按照特定的社会角色功能，有所为，有所不为。但是，许多媒体的民生新闻越俎代庖，热衷充当调解人、仲裁者、执行人等社会角色，产生了错位的现象。

一、民生新闻自身的角色定位出现偏颇

由于定位不准确，民生新闻在新闻报道中常常会出现以下几类情况：

（一）替民做主，将自身定位为社会问题的仲裁者

在民生新闻中，记者进入事件之内进行介入式报道的方式屡见不鲜。所谓的介入式报道是指"报道者对所报道的新闻事实表现出明显的主观参与意识，通过对某一新闻事件或问题进行报道，有意识地对事件的发展态势施以一定的影响，最终促进问题的解决，或达到某种效果而采用的新闻报道方式"①。这种新闻报道方式在很大程度上挑战了新闻客观独立这一传统法则，当记者积极参与所报道事件的发生发展之时，报道事件本身在一定程度上，甚至影响了整个事件的进程。我们以 2007 年 9 月 10 日，《南京零距离》的"甲方乙方"播出的新闻内容为例：

辍学女孩娟娟的辛酸

新学期，当别的孩子欢欢喜喜上学的时候，娟娟却因为无法交学费，不得不辍学在家。之后，娟娟辍学背后的家庭矛盾随着媒体的曝光大白于天下。记者调查中发现，娟娟是与奶奶同住的。在娟娟母亲去世后，她的爸爸再婚不久就又生了个儿子，没多长时间，娟娟就被送往奶奶家生活，她的爸爸许诺每月支付她奶奶 200 元生活费，但一年下来，娟娟的爸爸仅仅支付老人 200

---

① 魏超．介入式报道的"负效应"[J]．青年记者，2003（11）：18-19．

元，并拒绝支付娟娟新学期的 400 元学费，导致娟娟无法像其他同学一样正常开学。在这条新闻的画面中，娟娟的爸爸、继母、奶奶一度争吵得十分激烈，"公说公有理，婆说婆有理"，根本无法达到一种商讨解决的氛围。媒体的特约调解员也介入了此事进行安慰、劝服。最终，娟娟的爸爸同意缴纳学费，并且同意之后再协商关于支付娟娟生活费的问题。

在这里，媒介的介入对事件发展的影响是显而易见的。如果没有媒体记者和调解员的介入，没有将娟娟的家人放置于聚光灯下，娟娟重返学校的机会不会来得那么快。可以说，媒体在此类事件中已经完全超越了事件旁观者和信息传递者的身份和地位，它的出现和存在推动乃至压迫事件的解决，完全可以说，它扮演了新闻事件的道德仲裁者和事件协调者。

这种现象并非罕见。在当前的电视民生新闻节目中，特别是对老百姓反映的问题和困难的报道中，记者的"青天"情结常常显露，他们不惜利用自身的影响，介入新闻事件中，或自告奋勇地充当纠纷的调解者，或自告奋勇地充当事件的审判者。

我们必须承认，此类节目的存在在一定程度上补充了基层法治和政府管理的缺席。但随之而来的问题是，媒体应该担当社会调解员的角色吗？它是否能担当得起解决具体社会事件的重任呢？大众传媒尽管具有"通过传递信息监视社会环境"①的雷达作用，但必须明确的是，民生新闻可以反映社会环境，执行环境监测者的功能，也可以反映社会矛盾和冲突等社会问题，执行舆论监督功能，但不能替代行政执法者和司法者行使权力，尤其不能越位去替代法官的职能，施行话语审判。一些民生新闻栏目进行报道的预设立场都是立足于民众的角度，把民众意志作为出发点和归宿点，但这种对新闻事实带有明显的倾向性评价、批评乃至话语审判已经使媒体偏离了客观公正的原有立场，而成了被报道新闻事实的某一方的"代言人"，这虽然在一定程度上确实可以加快事件的解决，但也会潜移默化地使受众模糊了媒体与政府、立法、司法的界限，从长远看，并不利于社会主义民主法治的建设和发展。

毕一鸣教授认为，"大众传播媒介在社会舆论监督中处于中介的地位，它可以代表舆论监督主体，但不能代替舆论监督主体"②，"如果媒介取代民意去督促，往往就造成了媒介的越位，特别是媒介的批评性报道，甚至会影响司

---

① 丁柏铨．中国当代理论新闻学［M］．上海：复旦大学出版社，2002：132．

② 毕一鸣．"让民做主"还是"为民做主"：论舆论监督中的媒介定位［J］．当代传播，2007（3）：14-16．

法程序，造成"媒介审判"现象"①。陈力丹也指出，"媒介监督的力量应当在于媒介自身的影响力，这是一种软性的监督，媒介的影响力是无形的，不拥有有形的权力"②。不难看出，无论是何种新闻形式，以谁为受众，媒体都仅仅是一个新闻制作发行机构，而不能等同于权力机关，它发挥作用的方式只能是通过新闻信息的传播，在社会上造成强大的舆论声势，促成事件的最终解决，但决不能做事件的审判者和仲裁者，否则将造成媒介的越位。

（二）片面强调、放大社会问题，忽视了自身的党性原则和客观立场

在我国，社会主义的国家性质决定了新闻传播的党性原则和客观立场。社会主义新闻事业作为党和人民的代言人，应该站在党和人民的立场上，反映我们党和国家的政治立场、政治主张和政治观点，宣扬社会主义制度的优越性。这就要求新闻传媒应着力宣扬社会的光明面，肯定人民创造历史的巨大成就。在对社会存在的非主流问题进行舆论监督时，新闻媒体也要坚持依法监督、科学监督、建设性监督的原则，坚持有利于社会发展和稳定的原则，任何批评和揭露都必须有利于党和政府改进工作，同时又要维护大局，把社会效益放在第一位。

现在的民生新闻存在很大的问题是过于倚重天灾人祸等突发性事件、灾难性事件的报道去吸引受众的眼球，提高自身的收视率。有许许多多的报道是重复的题材，甚至是在内容和报道手法上的"拷贝"。每天报道的内容大同小异，连标题和报道手法也惊人相似。以车祸为例，先是记者对事故现场描述，然后是当事人、交警和目击者的采访，最后少不了记者和主持人对司机朋友们"驾车小心"之类语重心长的劝告。如果每天都大量报道纠纷、车祸、违法、暴力等社会不和谐现象，受众的感官长期处于这样的熏陶中，必然对此类节目失去新鲜感和兴趣，在媒介所营造的虚拟的社会环境中，也会催生受众抵触、不安的情绪。与其形成鲜明对比的是，那些与公民生活状态相关的政策报道和对人间感情的题材报道相对较少。这无疑会降低普通百姓对美好生活的鉴赏力，使他们对生活的欲望逐渐减少，甚至失去对社会的信任，然后再不会去主动接近或关注这类新闻节目。无疑，这样的报道倾向是与媒体的党性和人民性相违背的，同时也违背了自身"弘扬社会主旋律"和"构

---

① 毕一鸣."让民做主"还是"为民做主"：论舆论监督中的媒介定位 [J]. 当代传播，2007（3）：14-16.

② 陈力丹.关于舆论监督的几个认识问题 [EB/OL]. 中国新闻传播学评论网，2006-01-14.

建和谐社会"的角色和任务。

二、受众的认知错位

大众传播的培养理论认为，人们对社会和事物的认知来自大众传媒潜移默化的信息传播过程。事实上，大众传媒对人们的影响不仅仅在于人们对客观世界的认知，还影响人们对大众传媒的角色和功能的认知。目前，民生新闻制作中出现的"媒体越位"现象和"媒体炒作"行为，直接造成公众对媒体功能的错误认知，如不少公众视民生新闻为"权力"机构，是申诉问题以求解决的正确渠道。一些人还把媒体看作自身成名的"捷径"，想尽办法吸引媒体关注，以求满足某种自我实现的需求。事实上，这些受众的错误认知源于民生新闻自身的某些错误引导，如果这种错误认知不能被及时纠正，反作用于民生新闻，将不利于民生新闻正确引导社会舆论，使其与民主社会建设的目标背道而驰。在以下的内容中，我们将结合实例阐释受众对大众传媒的角色和功能上的一些错误认知及危害。

（一）民意表达渠道≠问题解决渠道

南京市高淳区不久前遭遇了一次龙卷风袭击，袭击之后，花庙村中的支柱产业——蘑菇种植业遭受了重大损失。村民在危机发生后曾打热线电话向《南京零距离》求助，但反映了几次后仍没有受到重视。作者在和村民的访谈中发现，《南京零距离》一直是村民喜爱的节目之一，但这件事后，近八成的花庙村村民表示，他们对《南京零距离》很失望，对媒体也表现出了不信任的态度。

这些村民对媒体的角色认知往往滞后于市场经济中的媒介现实，停留在计划经济年代。误区之一，村民认为《南京零距离》应该为他们解决问题，因为媒体是政府部门，职责就是为人民服务。在这里，村民对社会主义市场经济条件下媒体市场独立经营者的角色和追求利润的特性完全没有认知。误区之二，村民认为媒体本身完全有能力解决他们所遇到的问题。村民没有意识到媒体并不是政府的职能部门，媒体手中并没有足以解决各种社会问题的行政资源。媒体发挥其影响力的途径只能是对各种社会问题进行曝光，引起各界关注，从而利用舆论压力促成事件的解决。

这种受众对民生新闻认知错位，一方面是因为受众的观念落后于现实社会的发展，另一方面，则源于民生新闻节目的越位所造成的错觉。随着大众传媒监督力度的不断强化，许多媒体不仅成了普通百姓反映民生问题的平台，而且成了他们解决民生问题的途径。记者越位代替行政者乃至司法者的行为，有时会使有关方面迫于舆论和曝光的压力，对事情的处理做出让步。这种在新闻舆论的压力下所做出的让步从表面看似乎推动了问题和矛盾的解决，帮助平民百姓伸张正义，但是，民生新闻直接干预各种冲突和纠纷，或者干脆派出记者为老百姓排忧解难，就会使社会中的广大平民形成了遇事便向传媒投诉来获得解决的惯性思维。这固然在一定程度上弥补了政府职能部门在基层管理上的缺位，但当群众越来越倾向于在遇到困难时求助于传媒，这表明他们开始不相信行政执法者和司法者，这就背离了社会公平秩序和法治化进程，对民主政治的建设产生了负面影响。

（二）传播渠道≠自我实现渠道

2006年三四月，杨丽娟追星事件的报道一下子让杨丽娟这个名字"名震全国"。在2006年3月，杨丽娟的父亲就找到了兰州当地媒体，要求曝光疯狂追星一事，杨父希望借助媒体的强大舆论压力来帮助女儿实现梦想，也就有了最早发在《兰州晨报》上的《兰州女孩杨丽娟苦追刘德华12年》一文，此后在全国引起了巨大反响。但事实终未能如愿，引发了之后的杨父自杀悲剧。像杨丽娟和其父亲这样的人希望借助媒体的力量来达成自己的个人目的，这样的事例并不在少数。江苏卫视《有一说一》曾经做过一期节目，报道了一名健美教练通过大众传媒公开求爱信，追求一位女明星。在卫视记者采访过程中，该男子语重心长教育女记者说，"像你这样，年纪也不小了，还没什么名气，应该想想办法啦"。看来，该男子的真正目的并非利用大众传媒接近偶像，而是醉翁之意不在酒，想利用大众传媒达成自己一夜成名的心愿。除此之外，很多人通过出格的"作秀"和表演力求引起媒体关注，成为公众明星出现在各种媒体上。

出现如此的"荒诞剧"，有人将矛头直接指向大众文化的"媒介化"所带来的对人的异化，人们对自身的认识和审美因为媒体的介入而发生改变。通过电视、网络、广播编织起来的"舆论场"，人们对自己的身份阶层定位也变得模糊和不纯粹起来，在大众传媒所营造的一种虚假的"平等感"促使下，受众去追求共同的时尚、共同的消费和共同的体验，而将现实生活中事件本身的合理、有实现的能力抛在了脑后。就杨丽娟事件而言，媒体通过新闻炒作营造的舆论环境给了杨丽娟美梦可以成真的假象，使她对现实生活中盲目追星的不合理性视而不见，在非理性的道路上越走越远，最终导致杨父自杀的悲剧。

有人这样形容杨丽娟事件中的媒体作为：媒体就像发现了一个有裸露癖

的病人，一边出资出力将这场"真人秀"的舞台从兰州搭到香港再搭到北京，一边又道貌岸然地反思与批判她的裸露行为伤风败俗，还偷着乐地数点各方看客的"入场券"收入。评价尽管刻薄，但尖锐地指出了杨丽娟类事件发生的深层次原因正是媒体为了提高发行量、收视（听）率，刻意选择"非正常"的事件或人物大肆报道，以满足受众的猎奇心理，吸引受众注意力。这也给了那些"渴望"借助媒体达成个人目标的人以希望，他们绞尽脑汁、想方设法甚至不惜以种种出格行为来吸引媒体的关注，从而促成了媒体和"作秀者"的默契合作，导演了这场"闹剧"。

第三节　在民主政治建设中提高舆论引导能力的思考

在中国共产党第十七次全国代表大会上，我们党明确提出了要"坚定不移发展社会主义民主政治"的目标。民主政治的内涵是十分丰富的，其中公众的民意表达、政治参与是至关重要的。尤尔根·哈贝马斯（Jürgen Habermas）指出："公众舆论是在社会秩序基础上共同公开反思的结果；公众舆论是对社会秩序的自然规律的概括，它没有统治力量，但开明的统治者必定会遵循其中的真知灼见。"① 因此，一个民主的社会必定也是一个尊重舆论、尊重民意的社会。民生新闻在引导民意表达、舆论发展、促进民主政治建设方面发挥着越来越重要的作用，但正如前文所述，民生新闻的发展也存在着各方面的问题，在建设民主政治方面还没有充分发挥应有的作用。这些问题的根源是多方面的，因此要根本解决这些问题也要有一种系统的观念，需要政府从宏观方面采取措施，对整个社会的民主政治建设的舆论环境加以治理和引导，也需要媒体进行配合，在民生新闻实务中提升自身业务操作水平，采取多种措施和手段，对社会舆论进行引导。

一、营造民主政治建设的舆论环境

如前所述，舆论总在一定的社会环境中滋生，社会环境也可理解为社会结构。作为与社会环境对应的舆论环境，我们通常把它看成一种能够感觉到的但较为模糊、笼统的精神环境。在这样的环境中，人们可以做出理性的思

---

① 哈贝马斯．公共领域的结构转型［M］．曹卫东，王晓珏，刘北城，等译．上海：学林出版社，1999：133．

考、明确的判断，并使之转化为改变现实的物质力量。

（一）加强公民意识教育，树立社会主义民主观念，增强公民利用民生新闻进行政治参与的意识和能力

一个国家政治民主的实现，需要有各方面制度的设计和安排，需要有各方面可供公民进行政治参与的现实资源的存在，但仅停留于制度层面是远远不够的，因为制度的设计和运作还在于人，因而必须将民主的价值融合进公民的人格系统中，转化为公民内在认知、情感和态度，以公民文化的形态出现在国家政治生活中。如前所述，如果没有公民意识、民主政治文化的充分发育，在民众缺乏民主价值的认同和政治参与能力的情况下，即便有了各种现代化的政治参与手段，公民仍旧可能以消极的态度对待国家政治生活，以情绪化的方式参与政治活动。所以，国家要解决这些矛盾问题首先要有一种宏观的、社会民主意识普及的视角。

当代中国公民的素质虽然较以前有了较大的提高，但是由于传统政治文化的影响，以及现实教育文化水平的限制，部分公民距离现代民主政治的要求还有一定的差距，尤其是一些社会弱势群体。如进城务工的农民，他们还没有完全学会按照大众传媒等制度化的程序参与政治生活，表达自己的利益诉求，因而他们往往会在维护自己的权益和争取公平待遇方面采取一些过激、非理性的行为，引发一些不良的政治社会后果。因此，国家要真正能够实现公民的政治参与，除了各种制度化的参与渠道的构建外，必须有针对性地加强对他们文化常识和政治技能的教育，增强他们的法治观念，提高他们的参政能力，使之成为政治上成熟的公民。否则，正如美国学者科恩所说，"如果没有以适当的精神用好这些设施的意愿，会所、票箱本身是不会为民主带来成功的"[1]。我国台湾学者江炳伦先生也认为，发展中国家政治建设的经验证明，"民主政治的基本条件首先在于民主教育的施行，因为民主制度并非意味着一部宪法和一些法则而已，而是与文化传统密不可分，所以，任何国家民主政治的建立，均需先经过陶冶和培养的过程"[2]。因此，我国民生新闻要想作为公民的一条政治参与渠道，传达社会公众的舆情民意，对民主政治建设发挥效能，政府就必须加强对公民的教育，特别是要加强对公民的法律教育、政治技能教育、民主意识教育，来提升公民的政治素质和政治参与的能力。

---

① 科恩. 论民主 [M]. 聂崇信，朱秀贤，译. 北京：商务印书馆，1988：109.
② 江炳伦. 民主与发展 [M]. 台北：时报文化出版企业有限公司，1985：266.

胡锦涛同志在党的十七大报告《高举中国特色社会主义伟大旗帜 为夺取全面建设小康社会新胜利而奋斗》中指出："人民民主是社会主义的生命。发展社会主义民主政治是我们党始终不渝的奋斗目标。""人民当家作主是社会主义民主政治的本质和核心"，要发展社会主义民主政治，就要"加强公民意识教育，树立社会主义民主法治、自由平等、公平正义的理念。"各种现代科技传播手段武装起来的民生新闻为公民构筑了现代的、多层次、多渠道的政治表达、政治参与通道，为公民在面向社会大众进行民意表达时提供了可能性。只有公民具有民主意识，变得关心政治、信任政治，并感到自己是社会中的一员，民生新闻这个政治参与渠道才有可能真正发挥作用。

（二）提高社会群体的组织化程度，实现个体意见的组织表达

正如第二章中所述，一个群体的利益诉求和权益维护，需要社会组织的建立和日益成熟化，并通过社会组织的社会行动来表达利益，争取权益，乃至参与相关公共决策，进行政治参与。社会中介组织的发育，是实现政府与社会的良好沟通、协助政府进行社会管理的基本需要。它能够促进群众的公共参与和利益表达，提高社会成员的社会行动能力。社会群体的利益诉求和权益维护，借助媒体的报道、专家的呼吁，往往更容易引起公众舆论的瞩目和政府决策机构的重视。

社会利益的组织化表达需要解决两大问题，首先需要特定的社会群体尤其是弱势群体得到组织化的发育。群体利益表达能力的薄弱，同时说明了其群体组织化的不足。从单位制解体以来，社会成员日益分散化，社会生活的发育逐步展开，群体日益多样化，而社会组织的发展则相对滞后。只有充分推动社会组织发展，才能更好地满足社会群体需求，带动社会群体的参与，因此，社会组织的发展也是民主政治参与得到良性发育的重要条件。我们以农民工在城市中的政治参与问题为例，在我国，所有的社会群体都有自己的代言组织或自我保护组织，唯独农民工没有自己的全国性的利益组织，当农民在家乡时，国家支持和推行的村民委员会作为农村的自治组织承当了基层政府的一定民意表达的功能，但是当个体的农民进入城市，脱离了农村的社会组织，其民意表达需要新的载体，要建立类似于农民工协会之类的组织充当其利益的维护者和代言人，使它成为沟通农民与政府、社会的中介组织，这样，农民工自己不仅是以个体的形式出现在民生新闻的舞台上，而且是以一种独立的组织形态进行组织化的政治参与和民意表达。

其次，社会群体得到组织化的发育的意义还在于完善社会组织的利益表达功能。特定的社会组织在通过各种途径收集、整合个体成员的意见诉求后，

还应该通过有效的途径实现这些诉求，途径之一就是面向包括民生新闻在内的大众传媒进行组织表达，形成舆论声势，引起决策者的重视。当前，我国尽管存在形形色色的社会组织，但是这些社会组织往往缺少和新闻媒介的主动交流和沟通，只能由新闻媒体的采访报道来加以反映。因此，当前我国各类社会组织代表组织成员面向各类媒体的代表利益，构建起相应的组织表达制度，是实现社会群体组织化发育，促进各个社会组织保护个体成员的利益的必然选择，也是提高个体社会成员民意表达的效率的重要途径。

（三）加强新闻法治建设和媒体从业者职业道德建设，创建和谐传播环境

如前所述，在民生新闻中存在着片面理解受众本位，迎合受众低级趣味的倾向，大量的"垃圾信息"堵塞了民意表达渠道。用传播政治经济学的原理加以分析，在以市场为导向的媒体经营体制下，按照利润最大化的原则，媒体通过对娱乐化新闻的选择，吸引了更多的眼球，创造更多的利润。但其深远的影响则使媒体得到了暂时的经济利益，使公众失去了决策参考的依据、政治表达和参与的渠道，公众利益受到了经济利益的严重侵害。我们认识到，新闻娱乐化与传媒商品化之间存在着必然的逻辑关联和现实的合理性，但媒体经济利益是通过牺牲公众利益而获取的。这时，我们就不得不重新思考这样的问题，新闻传媒应该以何为重，是成为负责任、恪守新闻道德规范的公共传播者，还是以市场为导向的经营者。

早在 20 世纪，美国报人约瑟夫·普利策（Joseph Pulitzer）就曾经说过："倘若一个国家是一条航行在大海上的船，新闻记者就是船头的瞭望者。他要在一望无际的海面上观察一切，审视海上的不测风云和浅滩暗礁，及时发出警告。"① 这句话尽管在某种程度上夸大了媒体的作用，但由此可见新闻工作的重要性，这是对上述问题的最好回答。不同于其他职业，大众传媒在社会分工中承担着特殊的社会职责，它是以传播手段向社会与公众提供新闻信息及其他各种服务，从而实现影响社会、引导舆论的职业。理所当然，其要发挥服务社会的作用，而不能成为个别团体谋取私利的工具。我国是社会主义国家，更要求大众传媒站在人民的角度，以社会效益而非经济效益为重。

我们要想使大众传媒的信息传播活动产生最大的社会效益，首先需要解决的就是传媒或记者的职业角色与现实物质利益的冲突，即作为服务社会的角色与作为市场竞争主体角色之间的冲突。这就要求政府部门从宏观的角度加以引导和管理，不仅要制定完备的法律对新闻报道中的违法违规加以制约，

---

① 斯旺伯格. 普利策传 ［M］. 陆志宝，俞再林，译. 北京：新华出版社，1989：89.

而且更要加强新闻从业者的职业道德教育，使社会主义新闻价值观内化为新闻从业者自觉遵守的行为规范。

近年来，新闻从业者职业道德失范现象表现突出，2006 年 5 月，国家新闻出版总署通报了《中国食品质量报》等 4 家报社记者站的记者以新闻报道为名、向基层单位和群众敲诈或诈骗财务的违法违规活动。其中，《中国食品质量报》记者自己伪造生猪注水销售的录像带，以"曝光"要挟敲诈某食品公司 30 万元；《中华工商时报》记者以批评稿"阅后见报"敲诈浙江省石油总公司 18 万元；《经济日报》记者以帮助"曝光"为名诈骗 1.8 万元；《中国工业报》记者以存在问题向某建设局索要 2 万元。2007 年 7 月，轰动一时的"纸馅包子"新闻造假事件更是给每个新闻从业者敲响了警钟。这些事件表面上看是孤立的，但事实上，都是传媒职业精神和工作规范缺失的现实表现。

关于记者的职业规范问题，很多学者一直以来主张应该建立一套科学的规章制度，借以规范那些游走于现有法律条文之外的非道德行为；还有一些学者认为，记者的很多职业规范问题其实与缺乏相关新闻法有不可分割的关系，主张建立新闻法以促成记者对自身行为的约束。无论是主张从道德自律角度出发还是主张建立新闻法，这些学者都是针对利益驱动所引发的传媒生存竞争，以及这种生存竞争所加剧的职业精神的淡化。在市场经济新形势下，传媒有了自身的利益，记者的采访"权利"含有一定的权力，记者就可能成为行贿的对象。若没有完备的新闻法律监督机制，这种"权力"有可能被记者用于以权谋私。但同时，传媒从业者的职业道德，是新闻记者职业理念和职业精神的内化，使每个记者在从业的过程中自觉担当起社会道义和服务公众的责任。特别是"零距离类栏目"，它的收视收听对象大部分是老百姓，所以其肩上所带有的传媒职业道德显得越发重要。

目前国务院的法规以及新闻出版总署、广电总局、工业和信息化部等有关广播电视播出与经营的行政规章已陆续出台。我们期待一套健全完善的广播电视自制与自律机制，并希望有效快速实施。我们更期待一部完善的"新闻法"早日出台，让我们新闻人和新闻事业有法可依。同时，政府也要在完善和加强传媒职业道德建设和行业自律上下功夫，加强对媒体和从业人员的监督检查，同时也可以借鉴国外一些成功的宝贵经验。通过行业自律，国家不断纠正媒体中出现的低俗化倾向，维护传媒业的良好社会形象。

二、提高民生新闻的舆论引导能力

舆论引导作用是衡量媒介新闻报道水平的重要尺度。事实上，群众对客观事物的看法，在很大程度上取决于我们对新闻事实报道的角度，从不同的角度报道同样的新闻事件，会给人们造成不同的印象，形成不同的判断，做出不同的反应。这就是舆论引导的基本含义，而这种舆论引导能力并非轻易获得的，必须从以下几方面不断努力。

（一）准确认知自身角色定位：纽带、桥梁、耳目、喉舌

我国社会主义的国家性质决定了大众传媒是党、政府联系人民的纽带和桥梁，它充当党、政府和人民的耳目喉舌。这就要求民生新闻必须坚持舆论引导的党性原则，更多地从正面宣传党的路线、政策和方针，以及社会主义建设的伟大成就。

目前，我国正处在社会转型期和经济转轨期，各种重要的政治、经济、社会事件及政策法规和百姓生活的关系越来越密切，群众生活中就蕴含着国计民生的大话题。新闻媒体作为党和人民的代言人，不能仅仅就事论事，陷入具体矛盾的个别解决，也要把新闻事件同整个社会环境、同党和政府的相关政策联系起来审视和思考，找准政府与百姓、政策与事件的关联点，力争做到报道的深入和透彻，努力为受众提供重要的、有用的信息。如《扬子晚报》配合党的十七大的召开曾刊发一篇报道：《为了兑现对155万人民的庄严承诺——兴化构建解决民生问题长效机制纪实》。在报道中，记者站在党和政府的角度，结合具体的问题谈了民生问题的解决途径，包括建立民生问题联席会议制度、畅通民情民生问题的绿色通道、完善民生问题的保障体系等。这篇报道响应了党的十七大报告对民生问题的高度重视，在民生问题的具体解决和落实上同党和国家的政策找到了关联点，在反映民生问题的同时也宣扬了党的相关政策。

同时，媒体对党和政府的方针、政策的宣传，对人民群众的舆论引导也要讲求正确的方法，坚持正确的舆论导向。在舆论引导中，媒体要坚持正面引导、事实引导的原则。也就是说，新闻宣传的舆论引导要多从正面讲，围绕一个目标，用全面的事例来引发大家的思考。这样不仅可以极大地弘扬正确的社会舆论氛围，彰显社会主义制度的优越性，而且也是对人民群众创造历史的伟大成就的客观反映和肯定，符合社会主义建设的客观社会现实。

当然，我们所要建设的社会主义社会并非"一团和气"，而是以承认差异、尊重差异为前提的生动社会，但又是努力使全体人民各尽所能、各得其所的和谐社会。有差异必有矛盾，有矛盾就难免发生冲突，因此，社会主义社会就是在不断产生矛盾，又不断克服困难的过程中发展、进步的。新闻节目作为社会的上层建筑，不可避免要对这些社会利益的冲突和不和谐做出反

应。以《南京零距离》为代表的民生新闻节目，突破了传统新闻节目"只报喜不报忧"的新闻模式，为新闻节目实现有效的舆论监督找到了一个新的突破口，从这个意义上来说，民生新闻是具有积极意义的。但如前所述，民生新闻不能总是以反映社会生活常态的纠纷投诉、天灾人祸、违法犯罪案件等负面事件作为新闻的主要内容，在作者统计的 2007 年 5 月 1 日至 2007 年 5 月 20 日的两周内，负面新闻占新闻总数近一半。这显然不能反映社会生活的客观现实。在这种情况下，民生新闻不仅背离了新闻坚持以正面报道为主的基本原则，而且也违反了用事实引导舆论的基本规律。

那么类似上述新闻题材应该如何处理呢？

首先，对于天灾人祸等社会突发性事件，其除非有社会警示和教育意义，否则不宜做反复报道。在南京电视晚间新闻节目中，每周都有某些南京市民由财产纠纷引发的问题。如遗产纷争、吵架闹事等，这些新闻中的人的不文明举止，经过电视曝光后，对广大市民确实有一定的警示作用，但对这些负面新闻的反复报道会使受众将社会中本来占据次要地位的一些问题过分夸大，看不到社会的光明面和主流状态。因此，民生新闻中的负面消息不宜集中报道，这是对受众心理正面强化的基本手段，有利于社会行为和意识的积极效应。

其次，对于违法犯罪事件等社会的阴暗面和需要改进的地方，民生新闻可以通过舆论监督进行报道，但这种报道的出发点是善意的而非恶意的，要抱着改进工作的态度依法监督、科学监督、建设性监督。江泽民同志在谈到舆论导向问题时指出，舆论引导要"有利于人们分清是非，坚持真善美，抵制假恶丑"[1]。媒体负有惩治腐败、弘扬正气、规范道德，建设社会主义精神文明的功能。民生新闻也需要通过新闻的传播揭露假丑恶，净化社会环境。民生新闻报道社会的丑恶现象，不应该只局限于痛快淋漓的揭露，不应该为了批评而批评。民生新闻对负面新闻的报道更应该从鞭挞丑恶出发，重在界定和引导，抱着指出缺点、解决问题、改正工作的科学态度，扶正祛邪，使负面新闻的报道在社会上产生正面的舆论引导效果。

最后，对于人民内部的利益纠纷，民生新闻则要结合实际进行具体处理，对于那些能够先行解决的矛盾和纠纷一定要等事件水落石出后再报道，以免刺激事态的进一步恶化。民生新闻如果为了保证新闻的时效性必须先于事情的解决报道，那么一定要客观报道出双方解决问题的诚意和态度，以免

①　新华网．在全国宣传思想工作会议上的讲话［EB/OL］．中国经济网，2007-06-17.

激化和加深矛盾。而对那些具有共同性、普遍性的目前还不具备解决条件，需要通过社会发展进步来解决的社会矛盾和利益冲突，民生新闻就要以建设性态度进行报道和解释，不能不顾客观实际，一味迎合民众的需求，火上浇油激化矛盾。民生新闻要在呼吁社会关注的同时，克服不理性的情绪宣泄，引导积极向上的社会舆论。

"舆论导向正确，是党和人民之福；舆论导向错误，是党和人民之祸。"①民生新闻媒体必须站在党和人民的立场和角度，责无旁贷地配合政府展开工作，承担起引导舆论、合理反映不同利益主体的意见和要求、化解社会各阶层之间矛盾的职责，从而不断提高全体公民明辨是非、鞭挞丑恶的社会意识和能力。

（二）传递深度民生信息

民生新闻作为大众传媒的一种新闻样式，就其内容而言，其用各种传播符号客观地传递社会大众真实的生活面貌，报道社会中的民生问题。它是平民百姓尤其是城市平民了解其周围生存环境变化情况的信息渠道。在民主政治建设中，国家要求新闻报道涉及民生长远利益的深度信息，避免陷入家长里短的市井生活中，而忽视了对未来生活的憧憬，以及民生、民主权利的追求。

1. 在民生新闻的选题上，关注真正的民生问题

民生新闻的题材，既包括"小民生"，也包括"大民生"。"小民生"，可以看作狭义的民生新闻，就是传统的关乎百姓衣食住行、柴米油盐、吃喝拉撒方面的消息，为百姓提供资讯和服务；"大民生"则是广义上的，包含着群众长远的民生利益，主要揭示"小家"和"大家"的关系。相对来说，"小民生"偏重展示老百姓的日常生活，努力在他们悲欢离合、酸甜苦辣的经历和境遇中挖掘戏剧性、趣味性和娱乐性；"大民生"则是在时代背景下，通过设置公共议题，由解决寻常百姓家庭琐事不断升华为化解社会矛盾，顾全"大家和小家"的关系等。我们如果说"小民生"强调的是生活内容的话，那么"大民生"则强调的是社会的视角。民生新闻应该以"小民生"为基础，突出实用性和服务性，还要以"大民生"为突破口，充分地发挥守望环境、舆论监督的新闻功能。

从当前的新闻报道中，我们不难发现，"小民生"仍然是民生新闻的主要内容，题材大多局限于社区、街道以及家庭生活，展现一幅世俗生活的全景

---

① 新华网. 在全国宣传思想工作会议上的讲话［EB/OL］. 中国经济网，2007-06-17.

图。但是，现下民生新闻在新闻内容的选择上走向了极端，那就是绝大多数新闻过于强调故事性、趣味性，而真正关乎群众民生的、具有新闻价值的内容则少之又少。新闻是群众欲知、应知、未知的事实报道，满足于街谈巷议、家长里短。新闻将陷入琐碎叙事的误区，题材平庸化颠倒了新闻事实主次轻重的关系，消解了新闻价值，遮蔽了新闻传播的"社会能见度"，同时也产生"新闻同质化"的负面效应。

民生新闻要关注真正的民生问题，在选题上就应该有针对性地将报道焦点集中在关乎群众切身利益的问题上，它不仅是发生在群众身边的事情，还应该放在社会变革的大背景下来加以解读。比如，在党的十七大召开期间，如果从老百姓的角度来报道一些关乎国计民生的政策的执行和普及情况，那么一些时政新闻也就成了民生新闻。同样，在经济类新闻方面，像证券新闻，媒体如果选择从广大散户的角度来进行报道，那么它也是民生新闻。民生新闻从民生角度对重大政策出台等热点问题进行阐释、报道，不仅向受众说明了相关政策，推进国家政策的宣传和普及，满足公众对国家政务的知情权，提升其对政府的信任度，也能够及时反映受众对这些政策的意见、建议乃至满意程度。我们的媒体长期以来都在自愿充当普通民众生活的代言人，将具体的政策与舆情民意相结合，体现了民意，反映了民生，从而促进了社会民主政治的发展。

2. 在报道方式上，挖掘新闻价值，进行深度报道

关注民生问题，民生新闻还必须联系各方面社会现实，增加新闻的信息量，挖掘新闻价值。在民生新闻中，很多新闻内容都存在着就事论事，浮光掠影地报道的弊病。如在《南京零距离》子栏目"甲方乙方"版块中，其间的新闻长度一般都在 10~15 分钟，内容主要以生活纠纷为主，像 2006 年 7 月 4 日报道的《多子，多福乎?》，讲述的就是两兄弟因财产分配纠纷而都不愿意赡养老母亲，两个女儿也因母亲的事与哥嫂闹翻，原来的一家人现在变成了陌路人，情节曲折，观众仿佛在看一个微型电视剧，只不过所有"主演"都确有其人而已。这则新闻只注重了如何将故事说好，却没有挖掘事件更深、更广的内容。比如，事情如何形成今天这种局面？为何血肉亲情终止于物质纠纷？同类事件是否还有？作为一个社会现象应该如何解决？

中国人民大学舆论研究所所长喻国明教授指出：一个具有"卖点"的传播产品，应该具有"好看""有用""重要"三个基本要素。"好看"只是躯壳，"有用"和"重要"才是构成传媒市场竞争力的灵魂。然而目前，大多数"零距离类栏目"徒有"好看"的躯壳，在信息的"有用"和"重要"性

上却远远不能满足受众的需求。我们要解决这个问题，必须把新闻与社会环境联系在一起思考，多角度、多层次地分析，使它产生更深刻的影响。在节目中，制作人不仅要重视事件情节的故事化，还要重视新闻背景材料的运用，增加信息量，并将新闻事实与背景材料相联系，与社会普遍情况相联系，与国家相关法律、政策相联系，通过分析，深度挖掘新闻的价值，只有这样才能发挥民生新闻对受众的教育和引导功能。目前，我国正处在社会转型期和经济转轨期，各种重要的政治、经济、社会事件及政策法规与百姓生活的关系越来越密切。在这种情况下，建设民主政治要求新闻在更大程度上实现老百姓的知情权和话语权，以提供生活决策和政治参与的条件。

（三）遵循舆论的形成规律，引导形成理性的公众意见

法国历史学家伊波利特·丹纳（Hippolyte Taine）认为："大众像个人一样有时会有错误的判断，错误的理解，但也像个人一样，分歧的见解互相纠正，摇摆的观点互相抵消以后，会逐渐趋于固定，确定，得出一个相当可靠相当合理的意见，使我们能很有根据很有信心接受。"[1] 也就是说，作为舆论主体的公众，他们只是普通的社会成员，可能会出现错误的判断，但舆论的形成则是一个经过各种观点的碰撞和融合后集中社会的理智的过程，他认为"可以用判断的过程证明判断的可靠……有多少不同的气质、不同的教育、不同的思想感情共同参与，每个人在趣味方面的缺陷由别人不同的趣味加以补足。许多成见在互相冲突之下获得平衡。这种连续而相互的补充逐渐使最后的意见更接近事实"[2]。因而，舆论因为其形成过程而应当得到尊重，这是整个社会民主化的基础。我国民主政治制度中，非常重要的一个制度就是民主集中制，所谓民主集中制，就是建立在民主基础上的集中，人人畅所欲言后再根据民意做出合理的决断，民主集中制就可以看成对理性舆论形成过程的规律的尊重和应用。因此，民生新闻在对社会舆论进行引导时，要尊重舆论这个形成过程，针对舆论的自发、混杂和舆论形成中可能出现的非理性现象，进行明智的引导。在舆论形成中，媒体让公众意见多一些独立思考而少一些盲目"跟风"，使这些意见增加更多的理智的成分，这应当是舆论导向的原本意义。但是如前所述，民生新闻在舆论引导过程中忽视了不同观点的交锋，忽视了公众舆论的理性形成过程。这就需要在尊重客观新闻事实的同时，对新闻事件的不同观点和看法力求平衡，并注重在传播过程中不断与受众交流和

---

① 转引自陈力丹. 舆论学：舆论导向研究 [M]. 北京：中国广播电视出版社，1999：12.
② 转引自陈力丹. 舆论学：舆论导向研究 [M]. 北京：中国广播电视出版社，1999：12.

沟通，随时更新认识的角度，防止偏激和极端的个人意见，引导不同的公众通过交流和沟通，逐渐形成广泛的民意倾向。

1. 坚持客观真实，摈弃主观随意

新闻舆论的兴起源于新闻报道的事实，而且事实在引起舆论、引导舆论的过程中一直起着主导作用。正是事实的这种主导作用才可能让社会意见走向清晰，社会意见才能成长为社会舆论，而事实具备主导作用的根由在于事实本身的全面客观及利害倾向。受众对事实的理解应该在事实的基础上进行价值评价，只有以事实为基础来探讨价值关系才能正确引导舆论，也才能找到解决问题之法。"对新闻的认识倾向应当由事实本身来决定，记者只能忠于事实所固有的内在指向，而不能用主观意向代替客观倾向。"① 事实的客观倾向规定着舆论的主体方向，社会意见争论的结果必然是朝着事实内在的规定方向发展。正是在这种意义上，作者认为事实主导着社会舆论的发展方向，社会主流舆论与事实本身的客观倾向在方向上是一致的。这就要求，民生新闻所传递的信息和意见都应该符合客观事实的真实情况以及发展规律，只有这样，才能坚持正确的舆论导向，保护和实现公众的知情权、参政权和监督权，为建设我国社会主义民主政治提供一个和谐的舆论环境。

民生新闻所报道的事实要做到客观准确，与事实本身相符合。这种客观准确并非简单的"不说假话"的意思，而是指民生新闻的报道不仅要做到确保新闻六要素和事实细节的真实，而且新闻工作者还必须以马克思主义的立场、观点和方法去认识和反映客观事实，保证新闻报道的深度拓展也必须符合真实性原则。也就是说，民生新闻对新闻事件背后的社会发展体系，即对新闻事件的深层原因的研究，也要真实，符合社会的客观情况和发展趋势。

这种真实性在操作上要求民生新闻记者不仅要向公众如实地展示新闻事件，使公众了解社会运行、政府政策执行等相关状况，为公众进行事实评价提供基本的信息基础，还要在详细地调查新闻事件的各个当事人，弄清新闻事件的基本事实的基础上，联系事件背景、社会现状等相关因素，向受众展示新闻事件在社会中的客观地位、宏观图景，而不能一味地轻信事实表象，妄下断言。民生新闻更不能偏听偏信，在事件没有调查清楚的情况下就乱下结论。在一些民生新闻节目中，一些记者见到消费维权就立刻想到"假冒伪劣、黑心商家"的大帽子，而不愿对其他的当事人进行实地采访；见到弱势者只会哀其不幸，而将其不幸的责任一味推给社会；对于市民在生活中所遇

---

① 刘建明. 宏观新闻学 [M]. 北京：中国人民大学出版社，1991：46.

到的一些水电煤气等方面的具体问题，也不是切实地采取分析解决问题的方式，而是将问题作平面化的张扬，非此即彼进行判断，忽略由这一问题应该引发的深入采访。这样的新闻，不但不能对舆论进行引导，还会将问题简单化，将不同的社会利益推向对立面，引发矛盾和冲突。

更为严重的是，对一些涉及民事纠纷乃至违法犯罪案件的报道，有的民生新闻媒介在犯罪嫌疑人的犯罪事实还在调查取证阶段便大肆报道，对审判结果妄下结论，利用媒介发言对当事人的所作所为予以定性，在社会上造成带有强烈倾向性的舆论声势，给其后的公正审判带来不利影响。民生新闻之所以受老百姓的普遍欢迎，有一部分原因是记者利用手中所握有的传播资源，站在老百姓的立场上对社会生活中的非常态事件予以报道，披露了某些不公平的社会问题，在公共舆论的威慑下，新闻事实的当事人有时确实也加快了事件的解决进程。但正因为如此，民生新闻的从业人员才应该更加谨慎使用手中的这种"权力"，否则，在事实未调查清楚之前就通过媒介加以定性和审判，造成公共舆论的盲动，不仅是对媒介权力的滥用，还是对社会公平的践踏。一个民主国家也必定是一个法治国家，更需要尊重司法的独立性，大众传媒在案件的公开审理前进行的定性判断，无论是否和事实相符，都是对国家司法权的逾越，都违背了一个民主国家的法治精神。

2. 保持观点平衡，评论实事求是

拉尔夫·巴尼（Ralph Barney）认为，"民主社会需要依赖大众传媒的新闻记者提供多元化的信息和意见"①。孙旭培也认为，在新闻的报道中，必须坚持"平衡原则"。多元化的信息和意见以及新闻报道的平衡其实都在强调新闻报道的同一个问题，就是新闻在涉及观点性的报道时，要坚持两点论，防止片面化和绝对化。具体地说，就是在突出报道一种主要因素时，媒体还要顾及其他因素，特别是相反的因素；媒体在突出报道一种主要意见时，还要注意其他意见，特别是相反的意见。② 社会现实是客观复杂的，由于社会各方都会从自身的角度和利益出发来思考和看待问题，对同一个问题的看法必然会纷繁而复杂，因此在民生新闻的报道中应当尽量兼顾各方的意见和看法，力求观点平衡，评论立场公正。

在民生新闻的实践操作过程中，评论应分为三部分，一是读者、视听众

---

① 沈浩. 新闻理念与市场理念：两种新闻制作理念在当代美国的交锋 [J]. 新闻大学，2002（2）：18-22.

② 孙旭培. 新闻学新论 [M]. 北京：当代中国出版社，1994：17.

的评论，代表着公众的声音，群众的意见。在民生新闻传递这些意见时，它
应尽量保证公众的观点多元化，有不同的声音，尽量兼顾社会上各个群体的
利益和诉求。一些民生新闻过于强调个别社会群体的利益，容易使节目中缺
少多元利益主体的对话与交流，尤其是缺少强势阶层与弱势阶层的沟通，这
在一定程度上制约了媒体反映公众意见的活力与客观真实的实效。二是专家
学者和精英人士的评论，对讨论的话题也起着引导、启迪和补充的作用。民
生新闻不应该总让专家学者的言论成为"一锤定音"的结论，而应允许公众
与之商榷与交流。三是民生新闻节目的评论，不应是好为人师的训导，而应
该引而不发，让群众自己去判断和思考。

在民主政治建设进程中，民生新闻保持观点平衡、评论公正是发挥舆论
引导功能的必要条件。在现有的国情之下，公众对生活、事务的看法表达的
意愿也越来越强烈。随着网络的普及，各式各样的意见都可以在网上看到，
但是这些公众的意见往往缺乏梳理，呈现出散乱和非理性的状态。民生新闻
信息传播的过程也就是其向公众解释政府的治国理政方略，引导公众理性思
考，对公众意见进行引导和梳理的过程。如果民生新闻在报道过程中，不能
用全面的观点来审视民生现象，失之偏颇，群众就会失去对媒体的信任。失
去了公信力的新闻媒介是谈不上舆论引导力的。此外，很多公民对政府的政
策内容和决策过程知之甚少，即使有表达的愿望，也不知道如何正确参与政
治生活，有效地表达自己的政治意愿。在这种情况下，敦促政务公开和鼓励
政治参与也成了民生新闻的重要任务之一。群众利用民生新闻发表言论，提
出意见和建议，从而影响政府的决策，有效地参与社会民主政治生活。

第五章

民生新闻在社会转型期中的舆论导向

当前我国正处在社会转型期，在建立社会主义市场经济体制过程中，市场开始在社会资源配置中扮演重要角色，资源配置方式和劳动产品分配方式的改变导致了各种利益分配格局的深刻变化。社会各个成员在经济体制转化过程中的地位不同、社会角色不同、能力不同，就导致社会资源的配置开始出现新的差距。伴随着这种社会转型和利益格局的分化，过去处在同一经济状态和社会地位的人，收入和贫富差距正在不断扩大。一部分人通过合法或不合法手段成为社会富裕阶层，一部分人开始滑入社会底层，成为相对贫困的群体。在社会转型和经济改革的过程中，各种思想流派、学说观点纷纷浮现，最终表现为社会转型期中的意识形态冲突。回顾改革开放几十年走过的历程，我们可以看到，伴随着经济利益格局的变化，意识形态的斗争和冲突非常激烈。总的来说，这都是正常现象。马克思曾明确指出，经济基础中的变化最终都会被反映到思想意识中，都会被反映在社会意识形态中。对中国社会转型期出现的意识形态冲突，新闻媒体要有正面和积极的评价，要进行恰当的舆论引导。

第一节　社会转型期的民生新闻

为什么以报道民生为特点的新闻形式一出现就引起了大家的关注，并引起学术界和新闻界的高度兴趣？为什么对充满了人文关怀的民生新闻会褒贬不一？又该如何解释电视民生新闻所引发的舆论现象呢？……这些恰恰都和民生新闻的产生所处的特殊社会背景有关，因为它正处在各种经济利益调整的社会转型期。

一、转型期社会环境对民生新闻的影响

"社会转型"是世界性的社会发展问题，在国外，对于社会转型（social transformation）的研究开始得很早，对于转型期的一些特征，著名学者伊凡·撒列尼（Ivan Szelenyi）和唐纳德·特雷曼（Donald Treiman）等曾将关注的重点放在政治资本、经济资本和文化资本三者之间的可转换性上。

中国社会的转型问题是在 20 世纪 90 年代被集中提出的。"社会转型"的含义，在我国社会学学者的论述中，主要有三方面的理解：一是指体制转型，即从计划经济体制向市场经济体制的转变。二是指社会结构变动，持这一观点的学者认为：社会转型的主体是社会结构，它是指一种整体的和全面的结构状态过渡，而不仅仅是某些单项发展指标的实现。社会转型的具体内容是结构转换、机制转轨、利益调整和观念转变。在社会转型时期，人们的行为方式、生活方式、价值体系都会发生明显的变化。三是指社会形态变迁，即"指中国社会从传统社会向现代社会、从农业社会向工业社会、从封闭性社会向开放性社会的社会变迁和发展"。三者侧重点不同，但是从他们的表述中可以发现，中国的社会转型具有多进程同时进行的特点。和其他一些国家近现代从农业社会向工业社会的单纯转型相比，中国的转型期问题更为复杂。在转型期，人们面对着社会结构的重新调整和巨大变动，承受着比平稳时期更大的压力，也面临更多的困惑和各种矛盾。在这种特殊的社会背景下，我们必须有针对性地做好转型期舆论引导工作。

有研究学者按照转型期社会热点问题产生的原因，把当前存在的各种矛盾分为三种类型。①

第一类矛盾是改革以前积累下来的。第二类社会矛盾和社会问题是历史发展的事件。第三类矛盾是改革所引发的矛盾，也就是说这些矛盾与改革有关，如果没有改革，这些矛盾或许有可能不会发生。第三类矛盾又可细分为两种类型，第一种类型，改革不是矛盾产生的根源，但改革引发了这些矛盾或加速了这些矛盾的表现。如目前人们普遍议论的职工下岗问题即失业问题，从深层次分析，在计划经济时代，中国的失业问题就已经存在，表现为企业效率低下和隐性失业。产业结构调整导致了失业问题也是经济长期发展的需要，因此改革并非导致失业问题的根源，以效率优先的改革只不过是加速了失业问题的显性化。第二种类型，改革就是矛盾产生的根源。如收入分配不

---

① 梁鸿. 中国社会转型期的社会保障特点与贡献［J］. 人口世界，2009（2）：6-10.

平等以及贫富差距等问题的出现。从本质上讲，如果没有改革，也许就不会产生这些矛盾，但回过头来，如果不进行改革，矛盾可能会以另一种方式表达，如过度公平而缺乏效率，导致集体贫困。从理论上讲，社会转型期的矛盾并不完全由改革而引起，甚至可以说大多数问题不是由改革引起的。然而，让老百姓理性地、深刻地对矛盾加以分类，并得出恰如其分的评价，老百姓不仅认识到矛盾的现象，而且能知晓矛盾的根源，这显然是不切实际的。对普通老百姓而言，其所认识到的是现时所有的矛盾都不可避免地与改革联系在一起。

记录时代进程，报道当天重要事件的新闻节目不但不可能回避社会热点问题，而且这部分内容很有可能会成为新闻关注的焦点。人们对社会热点问题的关注，也正是很多群众关注新闻的重要原因，"因为人面对日益复杂莫测的社会变化，如果不了解同侪的看法，得到他人的指导，几乎无法生存和发展"①。面对这些转型期的热点问题，人们应该如何理解和处理面对转型付出的各种代价，如何进行心理调适、处理各方面的利益关系，正是舆论引导发挥作用的地方。"公众总是需要从大众媒介或其他信息渠道获得维持心理平衡和生存需要的信息，不论传播者主观上是否意识到在引导，引导实际上始终存在。各种大众媒介深深地渗入公众的生活中……"② 因此，民生新闻在社会转型期进行舆论引导，是社会和受众的需要，更是其作为大众媒体的责任。

可以说，民生新闻的新闻选择是时代的选择，社会转型期特殊的背景为民生新闻的诞生提供了时代机遇；社会转型期出现的一些矛盾和问题，也为民生新闻提供了丰富的素材。受众对转型期社会热点问题的迫切关注，为民生新闻在反映转型期社会热点的同时获得高收视率打下了基础。

二、转型期媒介环境对民生新闻的影响

民生新闻的兴起，除了社会背景，还和媒介环境的发展变化有关。安徽民生新闻《第一时间》主编方永明曾提出民生新闻兴起的五大原因：第一，民生新闻的发展符合中央关于深化新闻改革的新思路；第二，以人为本的科学发展观和"群众利益无小事"的指导思想，为民生新闻的发展提供了政策支持和理论依据；第三，民生新闻的发展满足了受众对知情权和话语权的渴求；第四，民生新闻的发展是媒介竞争的产物；第五，民生新闻是市场经济

---

① 陈力丹. 舆论学：舆论导向研究 [M]. 北京：中国广播电视出版社，1999：189.
② 陈力丹. 舆论学：舆论导向研究 [M]. 北京：中国广播电视出版社，1999：190.

下"新闻立台"战略的新选择。其中,后三个原因都和媒介环境的变化有关。

大众传媒自身的发展需要促成了民生新闻的诞生,也对它的发展走向产生了重大的影响,主要表现在以下几方面。

(一)新闻价值观的多元化

随着大众传媒的产业化发展,新闻价值观趋向多元化。新闻节目不再仅仅强调重要性、显著性、指导性,开始有部分节目从实用性、趣味性、知识性、接近性入手,来确定自己的节目风格。新的新闻价值观念、新的新闻报道题材、新的新闻报道形式开始出现。在这众多的新起之秀中,民生新闻成为一颗夺目的新星。民生新闻的采写过程中,记者和编辑们的新闻价值观回归至"民生"和"百姓",强调新闻要"贴近实际、贴近生活、贴近群众",要从普通百姓的视角去选择和解读新闻事实。受众在传播系统中的地位有所上升。

(二)传媒产业化、市场化

大众传媒产业化的要求,使新闻也渐渐具有了"市场"的属性。受众的需求得到前所未有的重视,只有吸引足够多的、有一定购买力的受众,才能把"聚集在电视机前的观众"出售给广告商,获得制作费用的补偿和额外的利润。因此,好看、有趣,受众关注这些评价标准,渐渐也开始影响媒体新闻的风格,提高受众对新闻的信任度,获得更好的经济利益成为媒介新闻的另一个重要任务。民生新闻的平民视角、民本取向正是顺应了传媒自身发展的这一需要。

(三)市场竞争要求差异化发展

传媒机构内部激烈的竞争,促使一些版面、一些栏目在"变"中求生存,在差异化竞争中求发展。在会议新闻的报道大同小异的情况下,媒体必须开辟新闻素材的取材范围。甲新闻节目和乙新闻节目抢新闻已经激烈到抢具体某个社区甚至街巷的新闻。我们可以看到民生新闻中大量对"街头巷尾"事件的报道。"社区行""街道活动推广"也正是和电视新闻节目推广品牌、扩大受众群的竞争需求相关。在这样的背景下,民生新闻的风生水起也就不奇怪了。

其实,对照国外和"民生新闻"最接近的"公共新闻"的概念,考察其兴起的背景,我们也不难找到它的背景与民生新闻兴起背景的某些相似处:为了重塑传统新闻媒体与社区民众的联系,提高媒体的公信力,改善媒介环境的考虑,以期获得更好的社会效益,在与网络等新兴媒体的竞争中占得先机。它同样提到了电视新闻自身的竞争带来的重大影响。

第二节 舆论导向调查——以南京地区电视民生新闻为例

党的十七大报告中，"加快推进以改善民生为重点的社会建设"第一次作为单独章节出现在党代会的报告中。胡锦涛同志提出，"必须在经济发展的基础上，更加注重社会建设，着力保障和改善民生，推进社会体制改革，扩大公共服务，完善社会管理，促进社会公平正义，努力使全体人民学有所教、劳有所得、病有所医、老有所养、住有所居，推动建设和谐社会"①。党和国家领导人把民生问题提到了一个新的高度。以"平民视角、民生内容、民本取向"为特点的电视民生新闻，通过舆论引导，推动社会顺利完成转型，在促进和谐社会建设方面责任重大。

目前电视民生新闻在舆论引导方面做得究竟怎样？转型期社会上最关注的热点问题与电视民生新闻关注的焦点问题是否基本吻合？在转型期这个特殊的历史阶段，电视民生新闻在舆论引导方面究竟有哪些成功的经验，还有哪些地方做得不足？这是本节要着重研究分析的地方。为了有量化研究的依据，我们采用文献分析法和内容分析法。文献调查可以借用已有的材料在数据的统计整理中发现问题，并节省重新调查的大量人力财力物力，内容分析则由电视民生新闻传播效果以及转型期社会的复杂因素构成。前文中提到，在复杂的转型期社会，人们难以单靠个人经验或家族传承来认识社会，大众媒介为受众提供了更广泛的视野与大量的社会信息。转型期社会，人们对知识和信息的获取，对社会环境的认识理解也受到电视民生新闻的很大影响。电视民生新闻如果传播的内容，以及提示的拟态环境、进行的舆论引导不能够正确反映现实，缺乏客观性和公正性，就会引起我们的认识和判断的失误，并引起各种各样的社会问题。内容分析正可以检验电视民生新闻"所提示的'拟态现实'与客观现实之间的一致程度，防止媒体歪曲现实的某些倾向"②。

研究对象数据主要来自三方面：一是采用简单等距抽样的方法，采集南京地区各家电视台电视民生新闻的节目播出单，做内容的文本分析；二是电视民生新闻具体内容的文字资料（文本记录）；三是 AC 尼尔森南京地区收视

---

① 胡锦涛.高举中国特色社会主义伟大旗帜 为夺取全面建设小康社会新胜利而奋斗：在中国共产党第十七次全国代表大会上的报告［EB/OL］.中国政府网，2007-10-15.

② 郭庆光.传播学教程［M］.北京：中国人民大学出版社，2002：285.

率调查的部分数据。

一、电视民生新闻舆论引导现状

1994 年 1 月 24 日，江泽民同志在全国宣传思想工作会议上就指出：我们的宣传思想工作，必须以科学的理论武装人，以正确的舆论引导人，以高尚的精神塑造人，以优秀的作品鼓舞人，提到了舆论引导的问题。1996 年 9 月 26 日，他在视察人民日报社又发表重要讲话，指出舆论导向正确，是党和人民之福；舆论导向错误，是党和人民之祸，再次强调了舆论导向的问题。

"新闻媒体影响舆论，最基本的手段是反映事实，最终的目的是引导舆论，通过引导舆论引导人的思想，从而有效地对社会实施控制。新闻媒体可以通过新闻评论等手段直接发表意见，引导舆论。但是，最基本的、最常见的手段，还是通过新闻报道来反映舆论，引导舆论。新闻媒体面向大众，用带有强烈倾向的报道与言论，来影响公众情绪，塑造公众的思想和观点，把公众的意见引向与媒体的立场相一致的方向，引向与媒体的控制者的立场相一致的方向，最终形成巨大的社会力量，对既定的社会秩序起到巨大的破坏或推动作用。"① 选择哪些事实进行报道，以什么角度来报道，是电视民生新闻进行舆论引导的重要手段之一。本节中将深入节目本身来进行考察，主要采用文本分析法，截取南京地区几个有代表性的新闻节目 4—6 月的节目播出单，并按照简单等距抽样的原则从中抽取若干样本。首先，对一档电视民生新闻节目进行历时性的纵向抽样，考察一段时期内电视民生新闻内容形式上的特点以及舆论引导的得失；其次，进行共时性的横向抽样，考察同一地区同一天内，分别比较相似时段电视民生新闻与其他新闻报道内容的重合与差异，以及各档电视民生新闻节目之间关注点的重合与差异，来确认关注焦点是由事件本身新闻性造成还是民生新闻的特殊关注角度造成，其对当天的重大新闻是怎样进行引导的；最后，考察连续三个月的电视民生新闻连线内容，以弥补简单抽样可能造成的片面性和偶然性，进一步验证结论或者得到新的证据。

需要说明的是，电视民生节目本身并不是主要依靠文字传播的，大量的信息是通过视觉形象、音效、音响、人声等传播的，单对当日电视民生新闻的文字进行统计尚不能概括其舆论引导的全部特点，所以在本节中也从"表

---

① 廖永亮. 舆论调控学：引导舆论与舆论引导的艺术 [M]. 北京：新华出版社，2003：26.

现的形式"对电视民生新闻的视觉听觉表现手段进行了分析说明，来作为文本分析的补充。

（一）对某一档电视民生新闻节目的纵向抽样

我们采用简单等距抽样的方法，每5天选取一个样本，以2007年4月为对象，抽取了6天《南京零距离》的节目，发现电视民生新闻表现出以下特征。

1. 题材广泛，贴近百姓生活

民生新闻的题材非常广泛，贴近民生。内容呈现了三多三少：与普通百姓日常生活直接相关的新闻量增多，党政新闻和会议新闻的数量较少；以平民视角来做的微观新闻较多，以宣传部门指导的宏观新闻较少；外地新闻和国际新闻减少，趣闻增多。

传统的衣食住行，除了"衣"之外，食（如《黄瓜上的花是"嫁接"的》《今年的龙虾有点冷》）、住（如《屡查屡犯 房产违规销售屡禁不止》）、行（如《城东干道通车 有车族更加方便》）都有所涉及。衣着一般作为时尚类电视节目的选题，因此，基本上电视民生新闻在选材的范围上涵盖了一个普通受众日常生活中可能会经历的各方面。在具体新闻事实报道的角度选择中，如公路新近通车，从百姓出行便利、缓解拥堵的角度来考察这一事件的社会意义，而不是模式化地对城市建设的"政绩"宣传；"动物"新闻和趣闻也在节目中占到一定比重，2007年4月26日出现了5条，其中3条从不同角度报道了南京某小区一只叫"蝴蝶"的流浪狗以及她刚生下不久的两只小狗遭到几位居民虐待，其中一只小狗当场死亡，母狗和另一只小狗则被烧伤，好心的市民将小狗送到宠物医院救治的事情。记者还进行了"新闻追踪"，这在民生新闻出现前是不可思议的。题材的微观化，使60分钟的电视民生新闻拥有了源源不断的素材。

从新闻中人称的使用上，民生新闻大量采用第一人称，拉近与受众的距离。我们统计4月该电视民生新闻具体节目发现，新闻标题中屡屡出现家庭成员的口头称谓，如"哥"（称"的哥"而不是"计程车司机"）、"大爷大妈""爸爸""妈妈""儿子"等，并出现了"老百姓""居民"等字样。我们知道，"爸爸"必定是对子女而言的特殊称谓，即使一个人具有父亲的身份，外人也不可能称呼其为爸爸；而"儿子"也同样如此，它是一个家庭称谓而不是社会称谓。其中，记者显然是站在当时双方（或多方）中某一方的视角，以当事人的眼光角度而不是旁观的第三者的角度来呈现整个新闻事件的。新闻中采用了大量的第一人称，这和传统新闻要求站在第三者旁观角度也有很大不同。这时候的观众不再是站在局外观看的、不相干的人，而更容易因"代入感"的作用，想象自己是和新闻人物共同经历目前的事件的人：如果新闻中的"我"遇到的事情发生在自己身上，自己又该怎么办？一下子就进入新闻的情境中。

节目通过拉近与受众的距离，提高在受众中的亲和力，可以实现有效的舆论引导作用。媒介对舆论的引导，首先需要在传播者的头脑中形成一个关于说服过程的大致的进程框架。詹尼斯和霍夫兰在关于说服过程的经典示意图中提到，这个过程分为四个阶段，其中媒介、作者（编导者或制作者）与自己的受众之间的关系，特别是媒介、作者自身的威望和影响力如何。同样的信息，由于发出信息的媒介在社会中的地位不同、作者的身份不同，效果也会不同。所以说，电视民生新闻在内容上贴近百姓生活，用人称的变化拉近与受众的距离，是运用舆论引导技巧的良好范例。

2. 运用同期声和频繁的记者出镜，营造强烈的现场感和感染力，通过画面引导受众自己得出结论

电视民生新闻的表现形式十分丰富，有主持人的口播、电视下方的游走字幕、消息和短新闻、长新闻、深度调查、追踪报道以及 SNG 卫星连线等。在游走字幕中，除了简短的文字新闻，常见的内容还有各种收视调查、养生保健资讯、投诉问题反馈、有奖竞猜、节目预告等。在节目的时长上也不是一刀切，而是错落有致、长短相间，内容决定长度，单则新闻的长度差别较大，短的仅仅 53 秒，长的有 10 分 01 秒，相差 11 倍多。消息、短新闻、长新闻都在节目中出现过，而专题调查如"甲方乙方""法治现场"等也在电视民生新闻中占有一席之地。

我们考察新闻的具体内容发现，"传销又玩新花样"等具体新闻报道中，大多都采用了先用口头导播，然后同期声、配音交替多次出现的结构方式。记者则作为目击者在新闻现场出现，带着观众去看去听，引导观众看到新闻事实，并自己得出某种观点结论。

从语言风格来说，电视民生新闻采用大量简洁的口语取代咬文嚼字的书面语言，尽力营造亲切平易的主持人形象。主持人对当日新闻事件发表简单评论的时候，采用的语言接近邻家大叔大婶的家常话。记者现场出镜中或许还夹杂着方言和体验式的话语，在某电视民生新闻节目中出现这样的画面：女记者站在还冒着黑烟的居民楼前，说"刚刚这里发生了火灾，消防队员正在扑救。我们来看看现场的情况究竟如何"。镜头里出现了沮丧的业主，刚刚从火场下来的消防员……记者走进狼藉的室内，站在污水中跳着脚告诉观众，

火刚刚被扑灭，脚下的水温大概有五六十度，非常烫脚。以体验的方法，在现场同步报道，让受众身临其境。受众仿佛现场目击者一样，经历着整个新闻事件的进程。这时记者再发表自己的看法，受众会认为这与"自己得出"的结论一致而乐于接受，这也是电视民生新闻在舆论引导上做得比较成功的部分。

3. 新闻故事化、情节化，通过选题策划与编排组合加强舆论引导效果

民生新闻注重讲述技巧的应用，抓住观众对新闻事件结果的好奇心，通过情理合一的方式不知不觉就让受众接受新闻制作者的观点和态度，达到舆论引导的目的。记者之间流传着一种"如果你不知道怎么做一条好新闻，那么至少要学会怎样讲一个好的故事"的说法。电视民生新闻所涉及的百姓日常生活中的事件，很多是具有高度的戏剧性的。转型期本身带来的矛盾，又让不少新闻事件冲突鲜明、柳暗花明，为电视民生新闻提供了故事性的叙述方法。它们有的采用倒叙的手法，先讲述令人震惊的结果，再娓娓道来这些事情发生的原因和经过；有的设置了大量的悬疑，紧扣观众心理，让人欲罢不能。

有一些民生新闻，单个看可能意义一般，但组合在一起却能形成 1+1>2 的效果。单个的新闻事件，带有一定的偶然性，而一组相关的新闻，则说明了一类问题或者某种趋势，也能在舆论引导上形成强烈的攻势。选择策划则是有目的地选择新闻事件，甚至通过记者主观制造的"媒介事件"来引导舆论。

电视民生的编排组合在舆论引导上还有另外一层含义。以往电视新闻的排列方式，是按照头条开始的，重要性几乎依次递减，而一些电视民生新闻却取消了头条的概念，是通过编排组合构成一定节奏的段落，以广告或者宣传片等为间隔。每个部分都有自己的小高潮，最精彩的新闻分散到各个段落中。观众看到一条有力度的批评新闻，在精神比较亢奋和激动的时候，可以出现一条趣味性的新闻，缓解心理上的紧张情绪。若干条相对比较温和的新闻出现后，往往突然又出现一条当天比较醒目的新闻，又一下子抓住了观众的视线。因此，观众永远不知道最精彩的内容什么时候会出现而充满了期待感，一张一弛的节奏也使得观众有时间来消化和思考电视民生新闻中事件的意义，和其中新闻评论的寓意。这样的编排组合，掌握着观众收看的节奏，并且影响着受众的心理状态，从而把握了舆论引导的主动性。

（二）对某一天电视民生新闻节目的横向抽样

电视民生新闻的重复化、琐碎化一直是最受学者诟病的方面。电视民生

新闻之间的重复性究竟达到了什么程度？新闻的重复是电视民生新闻才有的问题吗？即使是同一题材，只要报道的方式评论的角度不同，就可能产生完全不同的效果？在同一新闻事件中，各电视民生新闻节目又是如何保持自己的"独家性""独特性"的呢？我们依然以 2007 年 4 月为研究对象，每隔 5 天抽取该月上半月同一天《南京零距离》《直播南京》《1860 新闻眼》的节目，比较它们的异同，发现：

1. 同一地区，电视民生新闻的内容和非电视民生新闻内容有一定重合

《1860 新闻眼》从建立初就提出了"公共新闻"的口号，在南京地区晚间新闻收视率中占有一定的份额。我们用它和《南京零距离》做对比，可以看到在同一地区，因为当天发生的重要新闻事件是一定的，所以重点新闻的重合有时候是不可避免的，因此，新闻报道以及评论的角度就显得格外重要，它是区别两家电视台对同一新闻报道差异的重要因素。从记录到的《1860 新闻眼》和《南京零距离》同一天新闻内容来看：4 月 1 日，相似或者雷同的新闻有 2 条，分别为《一位百岁母亲的特殊生日》/《大屠杀幸存者迎来百岁寿辰》与《险！绞肉机咬住手指》/《绞肉机"咬"伤伙计手》，后者从标题看就出现了惊人的相似，都出现了"绞肉机""手"，动词皆使用了"咬"。从新闻的署名记者或通讯员来看，姓名不同，可见是各台记者分别采写的。2 条新闻的署名记者《南京零距离》各为 1 名，《1860 新闻眼》各 2 名。4 月 6 日也有 2 条相似的新闻，分别为《袖中藏玄机 偷走松子仁》/《袖子里藏"机关"摄像头下显原形》和《警惕：利用银行自动取款机诈骗又抬头》/《当心银行 ATM 自动取款机上的诈骗陷阱》，后者标题也几乎一样，一个说"当心"，一个说"警惕"，而核心则都是"银行自动取款机"上的"诈骗"案件。4 月 11 日，出现了 3 条，分别是关注网络游戏新规的《反"沉迷"游戏措施将出炉》/《未成年人网游超时强制下线》和关注公务员考试的《公务员报考：冰火两重天》/《一些郊县公务员出现"零报名"》，对于春游师生发生车祸一事，它们则分别都给予了一定的重视，在《1860 新闻眼》中连续出现了 2 条报道，而在《南京零距离》中也跟随事件进程，在第一次报道后，用卫星连线的方式报道了情况的最新进展。对于本地的重大新闻，我们可以看出，各节目的重视度都比较高。从同一条新闻重要性的判断和报道方式来看，有的新闻时长非常接近，例如，《公务员报考：冰火两重天》的 1 分 34 秒与《一些郊县公务员出现"零报名"》的 1 分 45 秒；也有因报道视角不同体裁不同，新闻时长存在巨大差异的，如《未成年人网游超时强制下线》的时长将近是《反"沉迷"游戏措施将出炉》时长的 2.5 倍。

2. 同一地区，各档电视民生新闻内容的相似度要高于电视民生新闻与本地其他电视新闻节目

我们抽取 2007 年 4 月 18 日和 2007 年 6 月 18 日两天，南京地区两档电视民生新闻节目的内容发现，它们彼此之间内容重合的概率高于上面电视民生新闻与非电视民生新闻之间的。这两档电视民生新闻节目都是晚间播出，播出时间也差不多，都在 18∶00~19∶50 播出。2007 年 4 月 18 日，有 6 条新闻标题或者内容相似，对动车组的报道，这些报道不约而同都采用了"记者体验"的方式。一方面，这和电视民生新闻本身强调体验感现场感的特点有关，另一方面，也在事实上造成了新闻的"撞车"。因为重复和竞争的存在，若干家电视台新闻事实如果出现差异，必定不是有"假"，就是有"错"，若记者编导不认真核实屡次出现这种情况很容易在受众中失去威信，在舆论引导时失去权威性和可信度。当天，《直播南京》出现了车祸新闻，虽然另一家电视台标题不同，但是就内容上来说，也出现了车祸的报道。这种看似不同但属同一性质的新闻的情况下一节中会详细讨论。

表 5-1　4 月 18 日　节目相似度统计

序号	《直播南京》	《绝对现场·南京零距离》
1	智斗歹徒中学生高考有望加分	"见义勇为"学生高考是否加分？
2	建邺"1·20"抢劫杀人案成功告破	1·20 抢劫杀人案告破
3	电话连线："1·20"案件两名犯罪嫌疑人情况	
4	总统府修缮发现神秘"暗门"	总统府修缮发现神秘"暗门"
5	记者体验：上海"飞"到南京时速 200 千米	南京到上海 1 小时 52 分　记者体验"早班车"
6	站台见闻："子弹头"成大明星乘客变"追星族"	
7	新闻链接：中国铁路第六次铁路提速成绝唱	"市内公交"（动车组将售站票）
8	编后：火车"跑得快"更要"坐得起"	
9	电话连线：5100 万是怎样被盗的？	银行被盗 5100 万　警方发布红色通缉令

表 5-2　6 月 18 日　节目相似度统计

序号	《直播南京》	《绝对现场·南京零距离》
1	中考英语试卷更加"人性化"	中考今日结束 中考生估分不能走极端
2	夜班敲门 推销还是另有所图	深夜推销产品惹人疑　市民心生疑惑
3	汉口西路今起单向通行	汉口西路今起限时单行
4	五脏器衰竭患者奇迹生还	六脏器衰竭竟起死回生
5	甘熙宅第修缮竣工	甘熙故居整修后重新开放
6	车祸发生后……	反道骑车不应该 砸车伤人更不值

3. 对于相同的新闻内容，电视民生新闻通过节目顺序的编排和制作专题的方式来强调差异

从 2007 年 4 月 18 日的统计中，我们可以发现即使是类似的新闻事实，通过编排和制作专题的方式，完全可以确立自己的独特性。新闻报道通过制作编辑以后，用新闻链接等方式增加新闻的立体感和厚度，通过新闻事实的编排组合能够达到集束式的效果，突出新闻的重要性。例如，"1·20"抢劫杀人案，一档电视民生新闻节目进行了简单报道，而另一档则增加了电话连线，突出了现场感并及时跟进新闻进程。对于动车组的运行，显然是当天的重头，两者都编发了 2 条以上的新闻，并且都是前后相连，增强效果。有意思的是，从记者署名上我们可以发现，分属不同电视台的媒体对同一条新闻事件的前后相连的两则报道，却都分别采用了同一个/两个人做两条的形式来完成。也就是说，表 5-1 中的《直播南京》的第 5、第 6 条是同一个人做的，而《绝对现场·南京零距离》中的第 5、第 6 条也是同一个做了 2 条，且都是连续的。不同的是，《直播南京》还增加了新闻链接和编后，进一步增强了新闻的立体感，后面还由这一新闻事实衍生了另一条新闻，《火车提速汽车"接招"：不比速度比服务》，而编后《火车"跑得快"更要"坐得起"》更鲜明表达了编辑部的观点，树立了节目独特的品格。

编排还能有效地确保电视民生新闻的"新鲜度"和"首发效果"。虽然内容有重合的地方，但是并不是在顺序上一一对应的，甲节目先播了这个，乙节目先播了那个，正因为新闻内容接近，谁先播至关重要。民生新闻通过编排就可能抢在另一档类似节目播出前先编发，以及及时撤换掉其他节目已经播出、自家没有新意的新闻，从而确保电视民生新闻的可看度和独特性。

（三）连续三个月电视民生新闻卫星连线内容

SNG 卫星连线也是南京地区众电视民生新闻一个重要的构成环节。分析卫星连线新闻的内容，我们可以从一个侧面来反映其对新闻事实的选择倾向。

早期，因为 SNG 转播车价格昂贵，传统新闻只有发生地方重大新闻或者召开重要会议的时候，才使用卫星连线的方式来播报新闻。在电视民生新闻中，SNG 的使用观念发生了巨大的变革：经常可以看到百姓家遭遇火灾，街头发生车祸这样的事情也出动 SNG 来进行报道。例如，在高速公路上发生车祸拥堵，南京某电视台正好巡游到此的 SNG 车第一个发现并立刻播报了这条新闻，提醒要通过这个路段的车辆注意减速避让或者绕行。按照传统观点来说，这未免小题大做，但是这恰恰体现了电视民生新闻的全新传播理念：只要和老百姓生活息息相关的，就是重要的，老百姓关注的，就是我们关注的。能够为百姓安全出行提供便利及时的消息，就是一次成功的报道，这是非常值得肯定的。

我们收集了 2007 年 4—6 月三个月江苏城市频道《绝对现场》的所有 SNG 连线新闻，经过统计发现，民生新闻中出现的 SNG 卫星连线的频率已经非常高，有些月份出现的 SNG 的天数超过了一半：4 月有 12 天出现 SNG 连线，5 月有 16 天，6 月为 13 天，甚至有一期节目出现了 3 次连线。这些报道涉及的内容非常广泛，既包括了六合下冰雹这样的自然灾害方面的信息，也包括了春游学生遭遇重大车祸最新情况报告，以及某路段拥堵的现场体验，等等，还有一些和观众互动的环节，例如，送大奖（欢乐送）、电视台的新闻嘉年华会、选秀决赛现场等。通过这些内容，我们可以看到电视民生新闻对普通人生活的方方面面的关注，把最先进的技术应用到和百姓相关的信息上来，对百姓关注的南京地区发生的最新新闻，不断进行追踪，在新闻现场进行报道。如 2007 年 6 月 20 日，当天的连线只有一次，我们仔细观察那一期的新闻发现，在前面报道了一条 1 分 20 秒的汉中门路面塌陷、有关部门正紧急抢修排险的新闻。当天的 SNG 是对此事件最近情况的追踪：《汉中门塌陷地段正在修复》，由此可见，电视民生新闻已经有意识地将最先进技术的手段和制作手段调配到与百姓相关信息的报道上去。

和电视民生新闻整体内容反映出来的情况惊人类似的是，在民生新闻 SNG 连线过程中也出现了内容琐碎化的现象：火灾盗窃事件的压倒性比例让人怀疑是否过于"小题大做"。我们在统计中也发现，在抽取的这三个月的数据中，火灾频频出现，4 月前三次连线全部被火灾"占领"，还有车祸，居然出现了 11 次，将近占到这 4 个月 SNG 连线总量的 1/4；轻生事件也多次出现……是否百姓生活中火灾、车祸、轻生的发生比率真的这么高呢？现场直播进程的新闻事件，除此就没有别的更重要的了吗？甚至出现了有观众说，我爱看《××新闻》，因为以前看人吵架还要下楼到小区里看，现在看人吵架打开电视就清清楚楚地看到了。电视民生新闻如果做到这一步，无疑是降低了自己的品格，不能不说是节目的一种悲哀。

二、电视民生新闻舆论引导存在的问题

经过对某一档电视民生新闻历时性的纵向抽样，对某一天电视民生新闻节目的共时性的横向抽样，以及连续三个月电视民生新闻卫星连线内容的统计，我们发现，目前的电视民生新闻存在着一些共同的问题。

（一）重复的同质化竞争

电视民生新闻的重复性的问题包括两方面，一个是新闻事实的简单重复；另一个是同一类性质问题的反复报道。在上一节中，我们对比同一地区同一天的电视民生新闻之间和电视民生新闻与其他新闻节目间的重复率可以发现，新闻事实发生重叠难以避免，而且这也不是电视民生新闻所独有的问题，真正存在问题的"重复性"是对同一类新闻事件的反复报道。正如一些电视民生新闻面临这样的尴尬：一个小区停水停电具有新闻性，那么同一天另一个小区停水停电是否依然有作为新闻采制播出的价值？同一天，甲居民家发生火灾被报道，那么乙家和丙家发生火灾也需要同时报道吗？凭什么选择甲而不是乙和丙？类似的新闻，第一天报道了，第二天还报道的价值究竟在哪里？

（二）琐碎的流俗化倾向

对生活中各种事实有选择性地进行报道，是电视民生新闻进行舆论引导的重要方法，但是有些电视民生新闻节目把关注的目光放在邻里纠纷、家庭纷争甚至街头吵架上，受众在电视民生新闻荧屏上接受的"拟态环境"出现了变形失真。在1998年下半年和1999年上半年，中国人民大学舆论研究所在北京地区进行的两次受众收视情况调查都显示，在吸引观众非常重要的5个节目特质中，49%的被调查者认为"报道紧扣社会关注的热点"最重要。电视民生新闻关注的热点是否能扣合转型期的社会热点呢？从抽样的数据来看，热点问题有所反映，但是比例失调的问题不容忽视。或者说，真正的社会热点不是没有报道，而是被淹没在大量其他信息中了。

（三）主观与片面的弊端

这主要体现在一些电视民生新闻主持人的评论上。电视民生新闻大多采

用直播的形式，而主持人有时候会对当天的新闻即兴发表一些议论，或者在节目中接进观众的热线电话、短信消息。有些主持人在没有了解具体新闻事实的情况下，仅凭一个电话，或者当事人的一面之词，就对另一方大肆批评攻击；有的主持人为了迎合一些观众的口味，不惜"语出惊人""哗众取宠"，产生不良的舆论导向。

片面性还出现在一些新闻事件报道过程的虎头蛇尾上。在一家电视民生新闻报道的某地发生的杀人抢劫案中，宣传片不断强调"抢劫绑架 亡命匪徒""猖獗歹徒 过来就砍"，在整个法制案件的报道中，记者口述具体案发过程，当时晚上的情况多么恐怖，充满血腥和暴力的现场情况，受害人回忆的犯罪嫌疑人袭击细节……并通过音乐等手段渲染了当时的气氛。到最终事件结果方面，民生新闻却只是出现了一个抓捕镜头并提了一句"等待他们的将是法律的严惩"就匆匆结尾，犯罪嫌疑人究竟得到什么审判，对于这样的案件市民应当如何防范只字不提，满足的是观众对案件情节的猎奇心理，"违反犯罪必受严惩"的主题。一则涉及转型期各地政策差异的新闻，事件是一位积极献血的青年得了白血病，从献血量来说已经达到了"免费用血"的标准，但是因为献血地不同，各地政策不同，而不能累计，造成该青年在用血的时候无法享受到原来的优惠标准。新闻中虽然说到了"献血者"不后悔自己当初的行为，当地机构也出于人道主义给予了一些经济补偿，但是新闻仅仅提出了这样一个尴尬的事实，对造成这些问题的原因没有进一步细究，解决该类问题谁该负责，又该如何更好促进各地政策差异之间的衔接也没有采访专家给出建议，让人在不胜唏嘘同情的时候不免产生疑虑：究竟无偿献血规定的权利能否得到保障呢？如果不注意，这则新闻就容易引导舆论走向反面。

采访中对某一方的偏重也会造成舆论导向的误差。正因为是民生新闻，所谓"清官难断家务事""家家有本难念的经"，事件有时候不存在谁对谁错，站在不同的角度上就会得出不同的结论。而转型期的社会大背景则加剧了这种摩擦产生的可能性，人们在观念上、经济利益上、道德标准上经历着前所未有的冲击。记者如果偏听偏信，很有可能对另一方造成不公，进而运用失实的新闻进行错误的引导。可喜的是，有些节目已经在规避这类问题的发生，如《南京零距离》中有个栏目"甲方乙方"就是请当事双方来陈述自己的观点，最后请律师或者专家进行评点，引导观众正确认识该类问题。

（四）负面新闻的比例失当

在上一节的统计中可以看出，诈骗、火灾、车祸在电视民生新闻出现的比例之高，引人注目，有时在节目中的比例超过了10%。电视民生新闻是在转型期的社会背景下产生的，它对人们进行舆论引导能够有效地安抚社会情绪，缓解社会矛盾，促进社会和谐。电视民生新闻目前的确是有意识地对事件的内容、题材、角度进行了选择，但是在对事件比例的控制和与转型期社会热点的吻合度上依然不尽如人意。转型期确实会出现一些脱节、错失，但选取新闻就需要考虑它们在整个社会中出现的比率以及重要程度。这个比率，需要传播者的严格把关。

三、电视民生新闻舆论引导出现偏差的原因

在改革开放这么多年的转型期中，我们可以看到，伴随着经济利益格局的变化，意识形态的斗争和冲突非常激烈。马克思曾经明确指出，经济基础中的变化最终都会反映到思想意识中，都会被反映在社会意识形态中。因此，诞生于社会转型期的电视民生新闻在舆论引导方面也遇到了前所未有的挑战，出现了重复的同质化竞争、琐碎的流俗化倾向、主观与片面的弊端、负面新闻比例失当等问题。造成这些问题的原因有很多，它们和转型期的特点紧密相连，概括起来可以分为以下几方面。

（一）认识偏差造成的导向问题

在社会稳定时期，对于各种社会现象，人们有充足的时间来了解，对于周围环境的变化，人们也有足够的时间去适应。但在转型期，各方面的情况都在发生急剧变化，一些制度建设和各种改革措施需要一段时间才能完全到位，人们为了能在复杂的转型期迅速准确认识社会，对大众媒体的依赖性更强。所以，电视民生新闻对转型期舆论引导显得格外重要，媒体的认识偏差会使其舆论导向出现重大偏差。例如，某电视民生新闻对财经股票类新闻的报道。本来作为"生活资讯"无可厚非，经济生活毕竟是转型期群众生活的重要组成部分，但新闻中报道某某从多少万元起家，在短短时间内获得上百倍的收益，甚至利用金融制度在改革中不甚完善的漏洞，一夜暴富，获得几十万元的财富……而且新闻中的态度是"羡慕"的，并告知受众"机会只有一次，不可复制"。它表面上看是一则不错的新闻，但容易造成"不劳而获，钻经济制度空子"的"暗示"，助长社会浮躁心态。

（二）节目追求"轰动效应"造成的导向问题

前文中提到，有些民生新闻主持人没有了解具体新闻事实仅凭一个电话或者当事人的一面之词，就对另一方大肆批评攻击，"语出惊人""哗众取宠"，在采访中对某一方偏重，对新闻事件报道过程虎头蛇尾，这和一些节目

盲目追求"轰动效应"是分不开的。

电视民生新闻在转型期的市场经济社会中面临激烈竞争,没有收视率的、不受广告商青睐的节目就会出现生存问题。电视民生新闻一方面要和传统新闻节目争夺时间,另一方面还要与其他电视民生新闻争夺空间。我们在前文中已经描述了,一地具体某一天有重大新闻价值的事件会被各新闻节目反复播报,如何同一题材做出新意、提高收视率成为电视新闻彼此间竞争的关键之一。有些节目为了追求"轰动效应",不惜夸大其词,"语不惊人死不休",往往就容易造成导向的偏差。

在前面的抽样中,我们还发现,电视民生新闻出现了大量的雷同的题材,如火灾、盗窃、邻里纠纷等。第一天报道了,第二天可能还会出现类似内容,甲民生新闻报道了,当天可能乙民生新闻也进行报道,长此以往受众就会产生"审美疲劳",如果没有新的东西出现,原来民生新闻带来的新鲜感也会慢慢消失。因此,这导致有些节目为了追求"轰动效应",不惜对一些"偏""奇""怪""假"的题材进行报道,不惜加大负面新闻的比例来"吸引眼球",从而造成舆论导向的偏差。

(三) 市场利益诱惑下的舆论引导偏差

美国舆论学研究者查尔斯·萨尔蒙(Charles Salmon)和西奥东·格拉泽(Theodore Glasser)曾研究过舆论与市场理念、社会理念的关系,虽然背景是资本主义市场经济条件下媒介对舆论的影响,但对我们分析转型期电视民生新闻的舆论引导问题也有一定的借鉴。

他们认为,在市场领域,媒介活动以利益为转移,因而自由是被否定的;公众只有被听的权利,发表的意见本身也成了一种"财产";表达自由只能鼓励个人的自我决定(因为互相的竞争不可能存在真正集体的"舆论");媒介代表一定的利益,因而实际上个人无法参与其中;意见一致性的显现通过竞争达到,因而这种"舆论"只能是利益一致的表现,不一定反映实际的意见。他们倾向于认为媒介是公共机构在社会领域的活动,并认为在这个领域通过公众表达的满足和对话才真正形成舆论。

这就告诉我们"由于市场领域的特殊利益决定着媒体的选择,因而当大众媒介以社会公共机构的身份引导舆论时,决不能以其在市场的利益为导向,而必须以社会利益为导向"①。在转型期中的电视民生新闻,也同样面临市场利益的诱惑。它需要获得一定的收视率,需要把聚集在电视机前的观众作为

---

① 陈力丹. 舆论学:舆论导向研究 [M]. 北京:中国广播电视出版社,1999:253.

商品出售给广告商。它若听凭经济利益指挥,仅仅考虑"本台""本节目"的得失,进行舆论引导时往往就会被广告商牵着鼻子走,出现问题。

也正因为"市场领域的特殊利益",电视民生新闻节目的制作需要考虑成本,需要日播大量节目,记者编导也会考虑新闻操作的简易方便以及做片子获得个人收入的"比价",所以出现了重复的如同"通稿"般的新闻,容易拍摄的街巷新闻频频出现……一些电视民生新闻采访市民的背景,我们只要留意,就会发现是比较固定的几个地方,甚至多次就是在电视台门口的大马路上。不少电视民生新闻目前已成立专门的部门来做专题,但总体来说深度报道还比较少。民生新闻对新闻事实缺乏深入分析,缺乏全面了解,这是舆论引导出现偏差的原因之一。

(四)记者编导职业素质的发展跟不上电视民生新闻的发展速度

电视民生新闻出现截至 2006 年仅仅才 5 年时间,从一家电视台的一档节目发展到全国范围内超过 60 档,并且不少节目在所在地区的收视率排名中名列前茅,发展的速度是惊人的。电视民生新闻的记者编导的培养却是需要一个过程的,培养一个新闻专业的大学生至少需要 4 年。目前很多电视民生新闻的主持人是从其他新闻节目中转过来的,或直接社会招聘而来,把握电视民生新闻的特点也需要一个认识的过程。

对于社会现象的评论,主持人或者编导由于自身业务能力的不足,虽然有良好的愿望,却往往事与愿违,达不到理想的舆论效果。前文中提到南京地区某电视台民生新闻,曾报道了南京某小区居民的虐狗事件,2 只流浪狗遭到小区居民的殴打和火烧。主持人还对此发表了评论,对虐狗的行为人进行了严重的指责。这本来没有问题,应该要保护动物,但是,意想不到的情况在新闻播出后出现了。新闻对事件的发生地进行了详细的报道,虐狗者详细的居住地情况未经处理出现在画面上,也出现了当事人的特写画面。结果,对这一事件的关注,从节目的网络讨论版延伸到现实,有好事者在网站上详细公布虐狗者的姓名、家庭住址、单位住址、电话号码、手机号码、社会职务等。有部分对小狗命运感到同情的观众,看到这些隐私信息后,采用上门骚扰、谩骂、涂油漆的方式,甚至冲击当事人所在的单位,频繁拨打其单位办公电话进行骚扰,扰乱了一个单位正常的办公秩序,甚至侵害了他人的正当权益。这显然不是主持人的初衷,造成非预期效果的原因是多方面的,主持人评论的语言过激或者画面处理时对涉及隐私的信息未做技术处理,往往会在新闻播出后给当事人、给社会带来巨大的困扰。本案例舆论引导的本意是让人们爱护动物,但结果将社会舆论引向完全不同的方向,演变成对个人的"网络通缉",这种结果侵犯了当事人的隐私,带来预期以外的效果。

(五)转型期道德观念的剧烈变迁造成的导向问题

我们如果说经济利益对节目的诱惑,以及新闻职业素质,可以比较容易鉴别,那么更深层次的原因还有转型期的剧烈变迁本身给舆论引导带来的巨大挑战。

市场经济不是真空,等价交换不是经济生活的唯一原则。转型期道德观念的问题,荣辱观的问题,在舆论引导时显得格外重要。从社会主义计划经济向市场经济的社会转型,引发了道德观念的巨大变化,人们的道德心理和行为方式,也经历着从"依赖顺从"到"独立自主"等的变化。然而在现实生活中,各种非道德的舆论也明显增多,人们似乎变得更自私了,各种经济诈骗行为增多。社会道德变化的主导方面是积极的,但面临的各种非道德舆论也必须予以正视和疏导。较多的非道德舆论是正确引导舆论的必要前提。"经济结构的变化自然要引发对于以往道德的重新审视,其中包括对某些陈旧道德的否定。"①

道德观念的改变与社会变迁相比要缓慢得多,因此舆论引导的难度也更大,例如,2006 年 11 月发生在南京的"彭宇案"。南京多家电视民生新闻节目都报道了这一事件。南京一男子在有目击证人的情况下,在公交站台扶起了一跌倒的老太太,老太太在被送到医院后指认该男子是撞倒自己的人,并要求其赔偿医药费,法院最终一审判决该男子赔偿老太太医药费 4 万多元。抛开事件中至今存在争议的"究竟有没有发生身体碰撞"不谈,就这一事件而言,如果在"助人为乐"和"见死不救"之间进行选择,前者显然更符合舆论引导的标准。而事件中究竟谁应该负主要责任,新闻也应当听取双方的意见和证据后再进行判断。但是,新闻播出后社会舆论的方向和预期的并不完全一致。在这些民生新闻节目的互动平台之一——网络讨论版上,我们可以看到,舆论几乎一边倒同情彭宇,人们发表的大量留言则充斥着"好人不能做","再看到老人倒在路边应该自行离开而不要多管闲事",甚至出现了对事件判决的无根据猜测。这就和原来舆论引导的目的背道而驰了。

---

① 陈力丹. 舆论学:舆论导向研究 [M]. 北京:中国广播电视出版社,1999:284.

第三节　民生新闻在社会转型期的舆论引导

民生新闻贴近百姓、通俗易懂，很受群众欢迎，而且普遍取得了较高的收视率。有了这样的受众基础，民生新闻在引导舆论方面是可以大有作为的。社会转型期特有的各种问题，既是电视民生新闻的重要素材，又对民生新闻引导人们更好地认识解决矛盾，缓解社会压力，促进社会和谐提出了特定的要求。"中国社会正处于深刻转型时期，各种利益正进行着调整，难免出现一些磕磕碰碰。要建设和谐社会，通过传播领域的改革开放，按照传播规律提升行政权力对媒体的有效调控，就有可能最大限度地化解一些不必要的矛盾。因此，一个政府想要影响和赢得民意，必须充分了解传播方式的变化，建立相应的传播机制，利用管理和政策手段调控转型方向，开放现代媒体带来的软资源，制造舆论，设置议程和框架，从而形成自己的'软力量'优势。"① 同时，在社会转型期，民生新闻所关注的各项"民生问题"也正是党和政府高度关注的。正如温家宝指出，"认真落实关系民生的各项政策。加强劳动监察执法，确保企业用工合法有序和农民工工资及时足额发放。妥善安排好受灾群众和困难群体的生产生活。全面落实房地产调控政策，大力推进廉租房制度建设，着力解决困难群众的住房问题，努力控制房价过快上涨。抓紧完成医药卫生体制改革总体方案。深入开展产品质量和食品安全专项整治"②。社会转型期是一个过程，不可能一蹴而就，民生的改善和建设同样如此。民生新闻需要注意"过程性"的问题，用发展的眼光看待问题。因此，转型期民生新闻要格外注意做好舆论引导工作，它可以反映民生，关注民情，聚合民意，帮助人们调适转型期的社会心理，从而推动社会转型与社会和谐。

一、转型期民生新闻更要强调舆论引导

汪凯先生认为，"在新闻实践工作中，'热点引导'则成为与'典型宣传''舆论监督'所并列的三大任务。近年来，一个可喜的变化是，对社会转型所带来的大多数热点问题、热点事件和与之相关的社会舆论，大众传媒采取了积极的'引导'，而不是故意忽略或回避的处理方式。而这种变化的基础

---

① 王海林．喻国明：媒体是一个国家发展的软实力［N］．新京报，2005-05-11（14）.

② 温家宝主持召开国务院常务会议［EB/OL］．光明网，2007-10-25.

正是对社会舆论的重要性和合理性的承认"①。舆论工作在任何一个社会中都是不可缺少的。新闻节目都有舆论引导的功能，但民生新闻由于更加贴近群众生活，所以在营造"拟态环境"、施加"引领作用"方面，能够发挥更加有效的作用。很多受众都会通过民生新闻报道的社会现象来认知自己所处的社会大环境。

首先，从上文的论述可以看出，它的内容形式贴近百姓的日常生活，党政报道减少，而关于百姓衣食住行的报道的比例显著提高。在传统的新闻报道中，政府活动、会议新闻是非常重要的组成部分，往往占据头条，但是它的内容对百姓日常生活经验来说，是有距离感的。民生新闻的内容大多是老百姓身边的事，他们是再熟悉不过的了。民生新闻通俗、平易的表达方式也显得具有亲和力，是日常生活的一种有选择的再现。也就是说，它所提示的"拟态环境"更加逼真，受众因为熟悉而更容易产生亲切感、现场感，从而更相信民生新闻的真实性，这样的新闻报道效果就使舆论引导能够更好地发挥作用，也更容易达到传播者预想的效果。

其次，民生新闻在特殊的转型期社会背景下，各种热点问题、矛盾会层出不穷地产生。怎样抓住主要矛盾和带有普遍规律性的问题，它们作为报道的对象和重点，也是决定引导舆论效果的重要因素。正如李普曼那句著名的论断：新闻和真相不是一码事（truth and news are not the same thing）。新闻的功能是强调一件事情，而真相的功能却是让那些隐藏的事实浮现出来。由于种种局限，世界已经变得太复杂，即使是正直的、受过良好教育的人也难以完全了解。强调什么，选择什么，在转型期新闻报道中显得尤为重要。如前所述，民生新闻如果选择事实的比例不当，或者重点出现偏差，很可能弄巧成拙，反而造成预期以外的效果。通过我们的调查发现，媒介所营造的"拟态环境"虽然逼真，却和转型期社会的真实情况依然存在一定的差异，甚至有变形和失真的现象。我们发现，在统计民生新闻报道的内容某类事件出现的频次时，它所呈现的发生比例和真实社会中事件的发生比例是失调的。这种偏倚的报道会给人造成错觉，从而误导社会舆论。

舆论引导的重要力量是新闻事实，事实胜于雄辩，但简单地罗列事实，并不能反映事实的本质和真相。李普曼把平均水平的受众比作在体育盛事中坐在最后一排的耳聋观众，他们不知道发生了什么事情，为什么发生，以及应该发生什么事情。他们生活在一个自己看不见、不了解，也不能指导公共

---

① 汪凯．转型中国：媒体、民意与公共政策［M］．上海：复旦大学出版社，2005：223．

事务的世界里。他说，"有人相信，假如拥有全部权利的市民能被教会更多的事实，假如他们能对更多的事情感兴趣，假如他们能听到更多的讲座、阅读更多的报告，那么他们就能逐渐被训练"① 能指挥公共事务，然而很不幸，"整个假设是错误的"。特别是在转型期，各类问题为什么会发生，是结构性矛盾还是偶发性事故，是该找政府部门解决还是呼吁社会的公平与正义，这些都是民生新闻需要研究的引导艺术，不仅要让受众了解到发生了什么，还需要指出解决这些问题的正确途径。

二、民生新闻在社会转型期中的舆论导向

我国社会转型是一个多种进程相互交织的过程，因此需要结合自己的国情和新闻实践，来探讨舆论引导的具体方法。前面提到，当前电视民生新闻比较突出的问题有重复的同质化竞争、琐碎的流俗化倾向、负面新闻的比例失当等。如何解决当前存在的这些问题，做好转型期的舆论引导，正是民生新闻特别需要引起重视、注意改进的问题。

（一）营造正确认识转型期社会主义市场经济规律的舆论氛围

首先，需要营造有利于社会主义市场经济建设的积极舆论，纠正各种不利于推进转型期改革发展的错误认识。

前文提到，我国社会转型过程，是社会主义市场经济建设过程，市场开始在社会资源配置中扮演重要角色，资源配置方式和劳动产品分配方式的改变导致了社会转型期利益格局的变化。特殊的转型期社会也带来了意识形态上的碰撞和冲突，社会观念呈现多元化，公众的选择余地更大了。转型期的特殊社会心理导致那种"以传者为中心"的传播格局也发生了变化，符合传播规律的、注重与受众交流的、润物细无声式的舆论引导方式更容易被受众接受。另外，社会节奏加快，市场经济瞬息万变，人们也越来越依赖媒介来获取更多的信息，认识周围的环境，从而适应市场环境给自己的社会生活带来的种种影响。

正确认识社会主义市场经济，我们还需要用全局的观点来审视日常生活中的经济现象。这就应该把"国计"与"民生"联系起来加以认识，而不是割裂开来进行分析。那种把"国计"和"民生"对立起来，认为眼前的细微小事才是"民生内容"的观点，无疑束缚住了民生新闻自己的手脚，也只有将"国计"和"民生"联系起来加以认识，才能实现舆论的正确引导。民生

---

① 陈力丹. 舆论学：舆论导向研究［M］. 北京：中国广播电视出版社，1999：222.

新闻不仅让群众了解到新闻事实，也使大家明白事情发生的前因后果；不仅让群众看到自己的切身利益，也能关照社会的全局利益。民生新闻让大家领悟，为什么有时候必须牺牲局部利益来保全长远利益和全局利益，只有这样沟通民情，疏解民怨，才能进一步有利于社会稳定。

（二）扩大正面报道，提高舆论引导的水平

民生新闻承担着一定的社会责任，通过舆论引导能够在受众中形成良好的、积极向上的合力，协调解决社会矛盾，从而调动一切积极因素，形成社会和谐人人有责、和谐社会人人共享的生动局面。它应当成为社会的"减压阀"，而不是"增压器"，对政府的工作只能帮忙，不能添乱，自觉为党和政府分忧解愁。特别对一些正面事件、人物，民生新闻要通过新闻报道来加以刻画。譬如，民生新闻《谁为30位特殊孩子的春游打开方便之门》《绝症新娘引来爱心如潮》都是关注了生活中的真、善、美，产生了比较好的社会效果。

首先，扩大正面报道要注意提高传播技巧。民生新闻可以发挥自己"贴近民生"的优势，来加强正面引导舆论的效果。对于政府出台的各项政策，召开的各种会议，民生新闻要精选和老百姓密切相关的内容加以报道。一次某市两家电视台都播报了有关政府工作报告的新闻。一家电视台几乎是直接转播了政府工作报告的全篇内容，只是精简到大纲而已；另一家电视台的民生新闻，编导则选择了和受众日常生活非常密切的一些内容，如市政建设、道路拓建等，重新编排，从普通老百姓的角度来解读这些信息，在一些难于理解的部分，还采用了动画、图表等方式来演示，让人一目了然。显然后者更容易引起受众公鸣。传播技巧还可以通过电视语言的组合应用来增强舆论引导的效果，采用声音画面的优化组合，引入SNG卫星连线发挥电视现场感的优势，还有电视屏幕下方滚动字幕的方式与观众产生互动，即使是反馈信息、预告下一节的内容等。这些提高节目的可看性。民生新闻通过扩大节目受众的方式，来增强自己对舆论引导对象的影响力，形成更大范围的关注和议论。

其次，扩大正面舆论引导，需要重视受众的反馈并及时做出反应。舆论是个动态的、连续的过程，而且这个过程始终和人的社会活动相互作用。这个动态过程和交互作用是客观存在的。可见，舆论的形成过程呈现动态机制。这个动态机制给舆论调控提供了客观基础。舆论调控就是要通过对舆论传播的动态机制的调控，使舆论和人（受众）的关系趋于最和谐的状态。民生新闻引导舆论不是一个单向的过程，社会舆论同样会对电视民生新闻产生一定的影响，因此与受众的互动交流就显得尤为重要。这恰恰也是民生新闻的优势之一。绝大多数的电视民生新闻都开辟了新闻热线、短信参与，甚至节目的网络讨论版等反馈途径。在与受众的交流互动中，民生新闻的制作者可以第一时间跟踪到新闻事件的动态，并据此来调整舆论引导的方式和角度、力度等。新闻追踪、投诉反馈（如《石头会说话》栏目）等，是民生新闻对新闻动态进行跟踪报道的常见形式。

最后，扩大正面报道，可以紧紧抓住生活中正面典型事件和人物，深入挖掘其内涵，持续关注，树立一个良好的榜样，从而推动社会风气的优化。例如，一条报道南京某体彩站工作人员，面对 500 万元无人认领的彩票，依然坚持自己的道德原则，努力寻找中奖者的民生新闻，记者没有满足于简单的报道，而是进行了深入挖掘。通过对新闻事态的追踪，并对受众反馈中社会舆论对"他是不是傻子，值不值得"的困惑，记者主动进行舆论引导，挖掘出事件背后巨大的人性光辉，发扬了诚实守信的荣辱观，从而引发了全行业向该员工学习，号召市民学习他的诚实精神的良好社会效应。

扩大正面新闻报道，不是回避问题，更不是"报喜不报忧"，减弱民生新闻的环境监测功能，而是要杜绝一些节目目前存在的哗众取宠现象，不以轰动效应或收视率作为唯一的追求目标

（三）坚持社会效益第一的原则

在社会转型期，民生新闻应当正确处理媒体利益和社会效益的关系，不能仅仅因为经济利益，就丢失了自己的社会责任和职业操守。

在实行企业化管理和运作的新闻机构中，民生新闻同样有自己的利益诉求。譬如，电视台制作民生新闻节目，把它作为"产品"传播给广大的受众，又把聚集在电视机前的受众作为"商品"出售给广告商，完成节目价值的回归与补偿。但是，电视民生新闻不能因此推卸自己的社会责任，特别在聚合引导舆论、促进社会和谐方面，其可以发挥积极的作用。民生新闻既要实现自己的经济利益，也要承担起相应的社会责任，两者都不可偏废。公众媒体如同社会个体一样，它对社会所承担的权利和义务都是相辅相成的。事实上，任何人都不可能完全舍弃自我利益而只要他人利益，也不可能完全舍弃他人利益而只要自我利益。因为自我利益和他人利益是不能完全分离的。每一个人都会根据自己的理性直觉而在自我利益与他人利益之间做出一个较为平衡的选择。当然，在实际操作中，民生新闻处理好媒体利益和社会效益之间的关系，会产生一定的矛盾，但是，"坚持社会效益第一"的原则是不能转移的，因为它是媒体的社会主义性质所确定的。

（四）努力提高新闻工作的职业素质

民生新闻做好舆论引导工作，需要不断提高从业人员的新闻素质，提高编辑、记者、主持人对这项工作重要性的认识。

国家要提高民生新闻的舆论引导水平，必须建设一支高水平的从业人员队伍，对民生新闻从选题到报道再到策划编排全程进行把关。国家不仅要强调队伍的年轻化、知识化、专业化，还要加强工作人员的思想政治、道德品质、职业精神教育。

随着新闻事业的大发展，我国新闻媒介出现了"滥"和"散"的问题。在作风上，有一些采编人员仍然浮在上面，不愿深入基层、深入群众，文风上还存在某些问题。某些自由撰稿人、流浪记者根据道听途说内容写新闻，任意歪曲夸张，甚至杜撰假新闻，社会上出现一些低格调、近黄近黑的文章。在新闻职业道德方面，有偿新闻、弄虚作假、剽窃抄袭等现象存在。2003 年，山西繁峙矿难出现了 11 名记者收受贿赂"有偿不闻"事件，这是一次大型的记者集体受贿事件，影响极其恶劣。不久前，北京电视台"纸馅包子"假新闻，引起了社会各界的广泛关注。为此，中央宣传部、国家广电总局、新闻出版总署发出了通报和批评。这起虚假新闻败坏了国家声誉，损害了广大人民群众的切身利益，严重毁坏了新闻媒体的形象和社会公信力。近年，我们发现"假新闻"大多出在涉及民生问题的新闻报道中。这类假新闻名义上都是关注民生，实质上直接损害了民生，也误导了社会舆论。

在政治素质方面，新闻人才队伍也存在一定的问题，他们缺乏应有的政治敏锐性和责任感。2004 年 9 月，"别斯兰人质"事件发生后，某电视台进行观众有奖问答，其中有一题为"别斯兰人质"事件中有多少人遇难。这种做法引起了俄罗斯方面的强烈不满，造成了很不好的政治影响。这种事情是可以避免的，关键就要看新闻工作者的政治敏锐性和责任感是否过硬。

在业务素质方面，有一部分新闻工作者的业务水平一般，其知识结构还停留在单一新闻知识背景上，而其他学科背景的知识甚少。关于我国新闻工作者的专业特征，近年的有关调查表明，从专业训练的背景上看，绝大多数新闻工作者曾就学于社会、人文学科。在具有大专及以上学历的被访者中，91.5% 的人所学专业为社会、人文学科，其中，30.6% 的人为新闻专业（含广播电视专业），还有 4.7% 的人为外语专业，56.2% 的人为其他文科各专业。此外，毕业于理工农医专业的人占我国新闻工作者总数的 7.8%。另外，我国的新闻工作者呈现出一种普遍年轻化的趋势。虽然，年轻记者可以给新闻工作注入更多的新鲜血液和活力，可缺少的是丰富的实际经验。所以，我国的新闻工作者发展正处于由一般新闻工作者向名记者、名编辑、名主持人、名评论员转变的阶段。新闻工作者数量巨大，可实际需要的新闻人才数量却有限，人才结构上存在着断层，缺少的是一定数量的有 15 到 20 年实际经验的具有多学科背景的综合型专业人才。

（五）用发展的眼光关注民生改善

社会转型期的另外一个特点就是它是一个流动性的发展过程。人口的流动，言论的流动，阶层之间的流动，各种制度的改善与发展……转型中付出的种种代价，利益的纠纷反映到电视民生新闻中，就变成百姓日常生活中遇到的各种困惑与问题。在这些问题中，有些可以立刻解决，有些却是结构性问题无法立刻解决。因此，民生新闻需要用发展的眼光来关注民生改善，具体问题具体分析地进行舆论引导。

民生新闻应当以发展的眼光来引导受众认识社会转型带来的结构性问题。对于转型期出现的结构性问题，民生新闻应当有全局的高度与发展的眼光，应向受众解释清楚问题产生的原因，以及问题可能的发展趋势。比如，医疗改革涉及百姓的切身利益，某一问题的出现，是由医院的职能错位导致的，还是医生个人的问题，或者是改革过程中出现的问题，民生新闻需要深入分析原因，才能正确地进行舆论引导，而不能简单地为某个社会群体或个人代言，宣泄不满，引导受众在社会转型过程中关注自己利益，而不是由记者主持人一厢情愿地代替他们诉求权利。在简单报道事实时，民生新闻对转型期结构性问题的原因趋势深入报道，也有助于受众更好地认识规避未来可能会遇到的问题，从而有一定的心理准备，有利于社会的心理稳定。

民生新闻要用发展的眼光关注民生改善，还包括因社会急剧转型引发的道德观念改变、争议的引导。经济生活中的现象，最终都会在意识形态中得到反映。在舆论引导中，民生新闻应当清晰指出是非对错，树立正确的荣辱观，从而引导社会舆论健康发展。例如，2007 年 8 月 21 日《南京零距离》《孟非读报》栏目，结合中国外交部当天在其官方网站发布的《中国领事保护和协助指南（2007 年版）》，对出国的公民特别提醒：要求出国人员在国外时要遵守当地的法律，尤其在公共场所不要大声喧哗，碰到法律问题时不要用钱贿赂来得以解决等，当谈到不要让自己的陋习走出国门时，主持人结合自己的经历，列举了刚刚有机会跨出国门的一些受众在外国公共场合大声喧哗，在禁止摄影的地方强行拍照，贪小便宜拿走飞机上的餐具等不文明现象。有观众质疑说，"你究竟是不是中国人"，主持人没有一味迎合，而是进行善意的引导说，"知耻而后勇"，必须看到自己的不足，有勇气去改进，才能取得长足的进步。《扬子晚报》在一则报道中，反映"尊老敬老"的主题，就取得了很好的社会效果。究竟该如何敬老？我们的社会究竟还需不需要敬老的传统？针对这个问题，记者不仅报道了新闻，还采访了市民，并且在节目中表达了尊敬老人、注意文明用语的导向。

民生新闻用发展的眼光关注民生改善，要正确认识转型期中出现的腐败和渎职现象，学会抓住主流，做好舆论引导。比如，《南京零距离》3月的报道：《伤心手术》，一家医院涉嫌为赚钱乱做心脏支架手术，危害市民健康；《××区发展局涉嫌参与违规开发房产》，几十位市民购买了无证房产上当受骗；《××运政也玩钓鱼执法》，包括南京司机在内的众多司机被骗到某地，扣车罚款。对于这些问题，民生新闻应当通过舆论引导的力量，告诉观众如何维护自己合法权益，督促相关部门认识到自己的问题。民生新闻通过舆论的作用，让不良现象、不作为的情况得到社会的批判，促进整改，最终推进整个社会的民主进程。

民生新闻用发展的眼光关注民生的改善，就应该引导受众把关注点放在解决问题的过程中，不能一味提出各种问题，来难为管理部门。民生新闻从百姓遇到的问题中寻找原因，从解决问题的角度来进行舆论引导，应该告诉人们解决问题的方法，或者至少是目前我们针对问题采取了哪些措施，还可以采取哪些措施。"解决了问题，等于是'釜底抽薪'，舆论也就无从发生了，老百姓对党和政府，或者说消费者对于生产厂家的某些意见自然就没有了。"① 转型期，一些问题是结构性的，一些问题则非常复杂，有各种历史原因，不可能立即解决，需要一定的时间。我们如果紧盯着问题不放，不仅可能造成社会心理的动荡不安，还不利于问题的解决，甚至有时为了仓促解决付出了巨大的代价，造成了严重的后果。因此"当问题发生的时候，有两种舆论引导的方法：一种是解决问题；另一种是转移热点，因为解决问题需要时间，所以就设置一个更能够得到大家关注的议题，让大家的注意力转移到该议题上"②。等到时机成熟的时候，民生新闻再回过头来做追踪报道，既有利于在动态中追踪事实发展情况，根据事件的发展动态进行舆论引导，又给受众一个完整的交代。

历史的经验反复告诉我们，在社会变革的转型期，舆论的引导显得尤其

① 韩运荣，喻国明. 舆论学原理、方法与应用［M］. 北京：中国传媒大学出版社，2005：117.

② 韩运荣，喻国明. 舆论学原理、方法与应用［M］. 北京：中国传媒大学出版社，2005：117.

重要，它能够为社会发展、进步提供一个良好的舆论环境。正如同 1996 年 9 月 26 日，江泽民同志在视察人民日报社时所说的：舆论导向正确，是党和人民之福；舆论导向错误，是党和人民之祸。所以，我们应该十分重视民生新闻在社会转型期的舆论引导工作，不可轻忽自己所承担的这项社会责任。

第六章

民生新闻在和谐社会建设中的舆论导向

"息纷争，促和谐"，其自古以来就是人类社会不断追求的理想境界。中国传统文化中的"和谐"思想在经历了孕育、萌芽、形成和发展的漫长历史过程后，已经构成完备而别具特色的理论体系，形成内容丰富、独树一帜的中国古代"和谐"思想文化，并在中国传统文化中占据了主流地位。作为中华民族优秀传统文化的重要内容，"和谐思想"成了中国文化的基本精神与价值追求目标，也为社会发展与进步提供了可借鉴的思想源泉。回溯中华文明的漫漫长河，传统和谐思想在维系社会稳定、促进社会和谐、推动社会发展的历史进程中，发挥了不可或缺的重要作用。在构建社会主义和谐社会的今天，我们对和谐思想进行一番梳理，探讨新闻舆论与和谐社会文化之间的关系，这无疑具有重要的启迪和借鉴意义。

第一节 "和谐社会"的文化意蕴和基本构想

构建社会主义和谐社会这一命题的提出，是中国共产党从中国特色社会主义事业的总体布局和全面建设小康社会的全局出发提出的战略任务，是中国共产党人又一重大的理论创新。这既是对马克思主义关于社会主义社会建设理论的丰富和发展，对共产党执政规律、社会主义建设规律和人类社会发展规律认识的深化，也是对我国优秀传统文化中"和谐"思想的汲取与借鉴。

一、马克思恩格斯关于和谐社会的科学构想

马克思主义创始人马克思、恩格斯在继承前人思想成果的基础上，创立了科学社会主义理论，这一理论包含了对未来社会的科学构想，勾画了未来美好社会的蓝图，这幅蓝图蕴含着丰富的社会和谐思想。

（一）建立社会主义制度的和谐关系是历史发展的必然趋势

马克思、恩格斯认为，资本主义创造的文明成果虽然超过了以往一切社会，但是，资本主义是在种种不和谐的矛盾中产生和运行的，它仍然是片面发展和严重失调的，其中充斥着社会不平等和两极分化，存在着尖锐的阶级对抗，其社会发展以牺牲工人阶级和其他劳动人民的利益为代价。马克思、恩格斯在批判资本主义不和谐的同时，通过对人类社会发展规律的分析，提出了只有用共产主义代替资本主义，才能真正实现社会和谐的观点，这是因为人类社会的发展是由低级向高级不断发展的过程，是由不和谐向和谐不断发展的过程。资本主义社会作为人类社会发展进程中的一个阶段，它的产生、发展处处受社会基本矛盾的支配和制约。资本主义社会生产力和生产关系的矛盾、经济基础和上层建筑之间的矛盾，违背了社会发展的客观规律，必然会产生极度的不和谐。而要消除这些矛盾，我们就必然遵循社会发展的客观规律来建立社会主义制度。"社会主义的本质，是解放生产力，发展生产力，消灭剥削，消除两极分化，最终达到共同富裕。"① 社会主义制度由不完善到比较完善要经历一个长期的过程，但毫无疑问，这个制度已经显现出了它的和谐性和优越性，表现出强大的生命力。

（二）唯物辩证法揭示了"人与人、人与自然、人与社会和谐统一"的思想

马克思、恩格斯运用唯物辩证法揭示了人与人、人与自然、人与社会的辩证关系。他们认为"每个人的自由发展是一切人的自由发展的条件"②，就是说，每个人的发展不仅不妨碍他人的发展，而且是他人发展的条件，这就从根本上回答了人与人之间是一种相辅相成的和谐关系。在马克思的论述里，人与自然是一对和谐的关系实体。一方面，人在人与自然的关系中占主体地位，自然界在物质、能量、信息交换的过程中，也体现出人与自然的互动关系；另一方面，在人确定了自身在人与自然关系中的主体地位的同时，却不能否认自然对于人的"优先地位"，因为"人是自然界的一部分"，并且"人靠自然界生活"。马克思指出："社会是人同自然界的完成了的本质的统一。"③ 为此，马克思、恩格斯提出了人与社会和谐统一的思想。他们认为，

---

① 邓小平．邓小平文选：第3卷［M］．北京：人民出版社，1993：373．

② 中共中央马克思恩格斯列宁斯大林著作编译局．马克思恩格斯选集：第1卷［M］．北京：人民出版社，2012：422．

③ 中共中央马克思恩格斯列宁斯大林著作编译局．马克思恩格斯文集：第1卷［M］．北京：人民出版社，2009：187．

人和社会是不可分的，人是社会的主体，社会是人的存在方式和存在形态。人的发展与社会发展也应该是和谐统一的。人的发展与社会发展是同一个过程的两个层面，同时与社会的全面可持续发展又是相互促进的。社会发展与人的全面发展的和谐一致是马克思、恩格斯关于未来和谐社会的重要思想，也是马克思主义追求的价值目标。

（三）历史唯物主义揭示出了生产力与生产关系、经济基础与上层建筑相适应、经济和社会协调发展的思想

马克思、恩格斯认为，人类社会是在生产力与生产关系、经济基础与上层建筑的矛盾运动中不断发展的。生产力与生产关系、经济基础与上层建筑相互制约、相互作用。生产力的发展状况决定生产关系的性质和发展变化，生产关系对生产力具有反作用；经济基础的发展状况决定上层建筑的性质和发展变化，上层建筑对经济基础具有反作用。生产关系一定要适合生产力发展状况，上层建筑一定要适合经济基础发展状况，这些规律是人类社会发展的基本规律。这种矛盾发展又不断统一的运动过程就是社会调适的过程，最终体现为和谐。但是，这种和谐不是绝对的、永恒不变的，随着生产力的发展和经济基础的变迁，又会由适应变为不适应，由和谐变为不和谐，其矛盾通过自身的调整来解决。马克思、恩格斯关于未来理想社会还蕴含了经济和社会协调发展的思想。他们认为，人全面而自由的发展，有赖于经济和社会的协调发展，只有在生产力不断发展和高度发达的基础上实现了经济和社会的全面协调发展，才有可能实现每个人的全面而自由的发展。

（四）人的全面而自由的发展是和谐社会的本质规定

在《共产党宣言》中，马克思、恩格斯第一次向全世界宣告了共产主义的伟大理想："代替那存在着阶级和阶级对立的资产阶级旧社会的，将是这样一个联合体，在那里，每个人的自由发展是一切人的自由发展的条件。"[①] 这里所说的"每个人的自由发展"，主要是指人的各种能力充分发挥，人的多样性需求不断得到满足，人的社会关系日益丰富，人与自然和谐共生，人的自由个性充分发展。未来和谐社会的核心就是在自由人的联合体中实现人的全面而自由的发展。这里的"人"既是指社会中的每个人，也是指社会全体成员。所谓"自由"，主要是指人们将摆脱那种终身固定于某种职业分工、使人的才能受到束缚抑制的桎梏，每个人都可以结合社会的需要和自己的兴趣、

---

① 中共中央马克思恩格斯列宁斯大林著作编译局. 马克思恩格斯文集：第 1 卷 ［M］. 北京：人民出版社，2009：53.

特长，自由地选择和变换工作，全面地发挥自身的能力，既为社会做出最大的贡献，又使自己成为真正全面发展的新人。所谓"全面"，主要是指人的各项素质和能力的全面养成和提高。他们所说的人的全面自由发展包括两层含义：个人的全面发展与人类整体的全面发展的和谐统一；人的全面发展与人的自由发展的和谐统一。在马克思、恩格斯看来，人的自由全面发展的实现，就是人自身的和谐发展。人自身的和谐发展是人的理想目标，人的充分发展、最大限度的发展，是人发展的一种最理想的状态，人想要完全达到这个状态需要经过一个不断提高、不断完善的渐进过程。共产主义为人的发展创造充分必要的条件，只有实现共产主义，才能真正实现人的全面自由发展。

马克思、恩格斯关于和谐社会的构想，无疑为我们今天构建社会主义和谐社会指明了方向，且具有重要的理论价值。

二、中国传统文化中的"和谐"思想

我国传统文化的智慧宝库有着大量的和谐思想资源，是中国特色社会主义和谐文化建设的宝贵精神财富。文化是人们的生活方式或生存样态的反映。和谐的文化可以调节人与自然、人与社会、人与人、人与内在自我的关系。一个社会缺少了和谐的文化，就会充满紧张、冲突和争斗，人们的道德水准和价值观念也会相应受到影响。反之，一个社会建构起和谐的文化理念，则可以为社会的发展提供精神和道德上的支撑，可以提升人们的道德水准，培养健康向上的价值观念，并最终实现构建和谐社会的历史使命。

（一）和谐思想的起源与发展

在中国文化中，"和"与"谐"同义，而"和谐"在古代是以"和"的范畴出现的。作为古典哲学的核心范畴之一，"和"的思想经历了孕育、萌芽、形成和发展的历史过程，构成了完备而别具特色的理论体系。①

"和"字意义丰富，常被解释为温和、和缓，和谐、协调，结束战争或争执等意义②，总让人产生美好和希望的感觉。"和"字历史悠久，三千多年前的甲骨文和金文中就出现过"和"字。《说文解字》中解释："和，相应也。"意为声音相应和谐，音乐只有大小乐器发出的声音达到和谐，才能使人产生愉悦的感觉，正所谓"故和声入于耳藏于心，心亿则乐"。③ 以音乐的声调为

---

① 管向群．中国传统和谐思想探源［N］．光明日报，2005-12-27（8）．
② 辞海编辑委员会．辞海［M］．北京：商务印书馆，1989：1959.
③ 王金鑫，周勇．解读中国古代的"和谐"思想［J］．政工学刊，2005（7）：51-52．

特征的"和"就这样产生了，它强调通过人为的调剂达到统一和谐的状态。在这一基本含义的引发下，"和"字的含义进一步发展，在《尚书》中，"和"字被广泛运用到家庭、国家、天下等领域中用以描述这些组织治理良好、上下协调的状态。

从春秋战国时期开始，中国古代的思想家开始把"和"字的喻义延伸到古代哲学范畴，认为"和"是事物存在发展的规律，即不同事物之间的和谐一体，强调统一、协调而不是对立、斗争，认为矛盾双方统一，方可达到最佳的生存发展状态。"声一无听，物一无文，味一无果"（《国语·郑语》）亦即所谓五味调和则百味香。

"和谐"思想的发展对古代社会也产生了深刻的影响，古代社会认为和谐的社会才是最理想的社会形态，古人常用"和"与"谐"来描绘美好的社会，如孔子的"为政应和"与《左传·襄公十一年》描绘的"八年之中，九合诸侯，如乐之和，无所不谐"等。"和"与"谐"已被赋予了一种特别的社会政治含义，用以表达一种政治清明、人民安居乐业、没有天灾人祸的理想社会。① 中国历代的思想家都对"和谐"的概念和意义进行过阐释，如孔子所言的"致中和"、道家主张的"合异以为同"、董仲舒宣传的"天人之际，合而为一"等思想。这些充分表明，和谐思想滋润了我们民族的伦理精神和生命智慧。和谐思想不断丰富，最终形成了中华民族优秀的"和合"文化，并对中国古代社会的进步产生了积极的影响。

（二）和谐思想的主要内容

中国传统文化博大精深、源远流长，和谐思维是中国传统文化的基本理念、核心与精华，生生不息，历久弥新，不仅闪烁着东方式独特哲学智慧，还显示出独特的理论价值，推动了社会的进步。这些和谐的思想主要体现在处理人与自然的关系、人与自身的关系、人与他人的关系、人与社会各方面的关系上。

1. 天人合一：人与自然的和谐发展

中国古人很早就认识到人与自然应保持和谐，由人与自然关系的认识产生的天人合一思想，是中国古代学者共有的文化"根"意识。② 中国"天人合一"观念源远流长，自古有之。在原始时期，由于受生产力的制约，人们

① 胡发贵."和为贵"的文化传统与和谐社会建设［J］.南京林业大学学报（人文社会科学版），2006（1）：10-13.

② 许结.中国文化史论纲［M］.南京：江苏教育出版社，2006：3.

一直处于自然界力量的支配中，农业生产过于依赖自然气候条件，并由此对自然产生了敬畏，把"天"即自然作为人类命运的主宰者。因此中国文化一开始就体现出"天人"关系的和谐统一，即"人"必须与"天"相一致、协调、和睦，它肯定了人与自然的统一，指出了人与自然互相依存的关系。如春秋时期，郑国大夫子产说："夫礼，天之经也，地之义也，民之行也。天地之经，而民实则之。"（《左传·昭公二十五年》）他认为礼是自然界的必然法则，人们必须按照自然法则行事。孔子有些论述虽然没有直接讲"天人合一"，但他强调和谐，强调中庸之道，还谈到"天人合一"的美好景象。

汉代儒家代表董仲舒第一个自觉探讨了天人关系，形成了天人感应论。他在《春秋繁露·深察名号》中明确提出了"天人之际，合而为一"的观点，指出人只有在顺应自然规律中才能获得活动的自由，才能使个体和社会得以保持存在、变化和发展。① 天人合一的观点还被许多思想家文人提到，强调人要认识、掌握自然规律，人和自然要和谐发展，这些和谐思想对当时封建社会的农业生产起到了巨大的促进作用，对生态保护也具有一定的积极作用。

2. 以和为贵：人与人的和谐发展

中国传统文化以人为本位，以和为最高价值，在人与人的关系上，主张"以和为贵"、宽和处事，从而创造人际和谐的社会环境。② 儒家认识到，社会最重要的是人际关系的和谐。孔子很强调"人和"，把"和"作为人生理想的最高准则，孔子说："君子和而不同，小人同而不合。"（《论语·子路》）孔子的学生有若提出"礼之用，和为贵。先王之道，斯为美，小大由之"（《论语·学而》）。

孟子也提出了："老吾老，以及人之老；幼吾幼，以及人之幼。天下可运于掌。……言举斯心加诸彼而已。故推恩足以保四海，不推恩无以保妻子。"（《孟子·梁惠王上》）他并提出了"天时不如地利，地利不如人和"（《孟子·公孙丑下》），孟子的人和观，在历史上产生了深远的影响。

墨子认为"和合"是处理人与人关系的根本原则，强调人与人之间要互助兼爱，提出："……即欲人之爱利其亲也，然即吾恶先从事，即得此。若我先从事乎爱利人之亲，然后人报我以爱利吾亲乎……投我以桃，报之以李，即此言爱人者必见爱也，而恶人者必见恶也。"（《墨子·兼爱下》）他认为人们之间兼相爱，处处替别人着想，这样人与人之间的关系自然会处理好。

---

① 李泽厚. 中国思想史论［M］. 合肥：安徽文艺出版社，1999：323.
② 张岱年，方克立. 中国文化概论［M］. 北京：北京师范大学出版社，1994：187.

如何处理好人和，古代的思想家还提出了很多的建议，如孔子提出："君子义以为质，礼以行之，孙以出之，信以成之。"（《论语·卫灵公》）他强调诚信的重要性，其目的是重视建立和谐的人际关系、有序的社会秩序、和谐的人际环境。这些思想都成为当时封建社会的主流思想，推动了封建社会的发展。

3. 刚健有为：人与社会的和谐发展

在处理人与社会关系上，中国古代思想家强调"自强不息""刚健有为""厚德载物"。这里"刚健有为"主要强调个人对社会的责任感和历史使命感。《周易·系辞下》说："天地之大德曰生。"天体运行，健动不止，人的活动乃是效法天，故应刚健有为、自强不息。这种对社会的责任感和使命感激励着有志之士不断努力，在我们民族兴旺发达时期有重大的积极作用。

中国传统文化中与刚健自强有着密切关系，或者说作为刚健自强思想之重要表现的是坚持独立人格思想。孟子认为"大丈夫"应有"富贵不能淫，贫贱不能移，威武不能屈"（《孟子·滕文公下》）的气概，表现了自尊自重，高尚的气节，这实际上指明了一个人在社会中应持的价值取向。

4. 厚德载物：人与自身的和谐发展

古代思想家十分注重个人自我身心的和谐，从一定意义上说，就是个人的修养问题，通过个人道德意识和品质的提升，来达到自我的完善。孔子说："富与贵，是人之所欲也。"（《论语·里仁》）他强调"欲而不贪"，主张人的身心之间的和谐，保持平和的心态看待名利。孔子提出了"不学礼，无以立"（《论语·季氏》），强调人应该遵循一定的道德规范，要求人们自觉根据社会道德原则和规范来培养自己的道德品质，提高自身的道德修养，把自我的修养变成自觉的内在需要。孟子提出"亲亲""仁民""爱物"等主张，不但对亲人、人民实行仁爱，而且要扩展仁爱，由己及人、由人及物把仁爱精神扩展到宇宙万物。平和的心态和个人道德修养的提升有益于人们身心健康和精神愉快，有助于人们融入社会和建功立业。

古代强调身心的和谐还有"厚德载物、兼容并包"的处事态度，就是要以宽广的胸怀、以开放的眼界兼容并包，以平和、和善的心态和真诚友善的态度行事、律己、待人，以宽容、理性的态度看待社会现象和处理各种矛盾问题，以饱满的热情和良好的精神面貌投入社会实践中。这种良好的心态和平和的行事态度对社会的发展无疑是具有进步作用的。

（三）和谐思想的主要价值

中国传统的"和谐"思想作为中国传统文化的精华，既古朴典雅，又内涵丰富，虽然包含了一些封建社会的消极成分，但其积极、科学的一面不仅对当时古代社会的进步和发展起到了推动作用，还对现今人们的生活、工作、处世以及社会的发展都有着深刻的现实影响。

首先，古代"天人合一"思想指出了人与自然和谐发展的关系。天人合一思想对我国长期以"高投入、高消耗、高排放和低效率"为特征的粗放型经济增长格局具有重大的警示意义，伴随着经济的快速发展，环境污染、资源紧缺等问题，已经成为社会和谐稳定的重要诱因，因此我们必须更加注重人与自然的和谐相处，更加注重经济社会的全面发展和全面协调的可持续发展。这可以为我们全面树立和落实科学发展观，统筹人与自然的和谐发展，实施可持续发展战略提供重要的思想借鉴。

其次，"以和为贵"的思想为当代提供了一种处理矛盾的方法，"和"是建立在差异性基础上的和，即不同事物之间的和谐一体与和解。中国今天选择和谐发展之路，借鉴古代的"和为贵"思想，对构建和谐社会该如何正确处理和协调不同社会阶层、社会群体之间的利益关系有着十分重要的借鉴价值。在尊重多元的前提下，我国以和为基础，注重各种因素的平衡与协调，将矛盾引向缓和与化解，倡导求同存异，主张双赢共存，这种辩证的发展观与古代和谐精神具有一致性和发展的连续性。

再次，刚健有为和修身养性等和谐思想为当代提供了一定程度的道德启迪。当前一些社会成员诚信缺失、道德失范，这是影响社会和谐的问题之一。[1] 传统和谐思想讲究个人道德意识和品德的提升，主张身心和谐，个人品德和修养的提升也是和谐人际关系形成的一个重要的基础。众所周知，我们构建社会主义和谐社会一个重要的内容，在于构建诚信友爱、彼此友善的人际亲情与友情，这对全民族思想道德素质的提高、良好的道德风尚的形成均有着重大的借鉴意义。

最后，古代的和谐思想为人们提供了一幅美好的社会蓝图。当"和谐"思想被古代思想家和封建统治者重视，并逐渐被作为治国的指导思想时，"和谐"思想就变成了和谐的社会理想。西汉时期《礼记·礼运》中描绘的大同社会就是典型的代表，它描述："大道之行也，天下为公。选贤与能，讲信修

---

[1] 中共中央关于构建社会主义和谐社会若干重大问题的决定 [EB/OL]. 中国政府网，2006-10-11.

睦。故人不独亲其亲，不独子其子，使老有所终，壮有所用，幼有所长，鳏、寡、孤、独、废疾者皆有所养。男有分，女有归。货恶其弃于地也，不必藏于己。力恶其不出于身也，不必为己。是故谋闭而不兴，盗窃乱贼而不作，故外户不闭，是谓大同。"它描绘了一个人人平等、人与人之间讲诚信、讲仁爱、求和睦、没有阴谋和奸诈、各得其所的和谐理想社会。不难看出，先哲所想象的理想社会，是利益协调、人情和睦、人人各得其所的和谐的社会。传统理想社会中注重社会稳定和民生，注重解决社会贫富分化、增进人与人的和睦和关心弱者等思想，虽然在很大程度上是一种理想，但作为一种思想资源，其对当代中国的和谐发展，显然具有积极的借鉴意义。① 这些思想资源对社会无疑是具有正面意义的，对社会主义和谐社会建设也起到一定的积极作用。在一定意义上，今天社会主义和谐社会的理念是对古代社会理想中的一些合理成分的继承与发展。

三、社会主义和谐社会的基本构想

中华民族的优秀传统文化是我们赖以生存和发展的根基和命脉，它具有强大生命力和长远的价值。我们在全面构建社会主义和谐社会的同时，离不开传统文化的思想资源，其中优秀的"和谐"思想为我国社会主义和谐社会构建提供了很多可资利用的重要思想资源。

（一）构建社会主义和谐社会，符合历史发展的规律

作为美好的生活理想和价值追求，和谐社会历来是人们追求的美好目标。在中国古代史上，许多政治家、思想家、革命家都曾设计过和谐社会的美好方案，其中影响最大的是《礼运·礼记》一书中描绘的"天下为家"的小康社会和"天下为公"的大同社会。特别是儒家"天下为公"的"大同社会"理想，影响深远，近代太平天国农民起义领袖洪秀全设计出了一个"务使天下共享，有田同耕，有饭同食，有衣同穿，有钱同使，无处不均匀，无人不保暖"（《天朝田亩制度》）的和谐社会蓝图。著名思想家康有为提出建立一个"人人相亲，人人平等，天下为公"（《大同书》）的理想社会。这些和谐社会的构想，都表达了古人对理想社会的美好愿望和追求。

古代和谐社会的理想反映了当时社会的共同愿望，但由于受到历史条件和阶级立场的限制，中国古代朴素和谐社会思想的代表人物大都站在统治阶

---

① 胡发贵．"和为贵"的文化传统与和谐社会建设 [J]．南京林业大学学报（人文社会科学版），2006（1）：10-13．

级的立场上，没有触及封建统治阶级的根本利益，他们对社会和谐的认识想象多，依据少，没有形成完整、系统、严密、科学的理论体系，更缺少实现的客观条件。历史在不断发展、进步，这就需要后人继承其精华，改进其不足，在追求和谐道路上继续前进。

胡锦涛同志指出："实现社会和谐，建设美好社会，始终是人类孜孜以求的一个社会理想，也是包括中国共产党在内的马克思主义政党不懈追求的一个社会理想。"① 我们今天所建设的社会主义和谐社会并不是一般意义上的和谐社会，我们的和谐社会在马克思主义的指引下把中国传统的"和谐社会理想"和"马克思的科学社会主义理想"结合变为现实。社会主义性质决定了生产力和生产关系、经济基础和上层建筑的矛盾是非对抗性的，社会和谐是中国特色的社会主义的本质属性，也是我国社会主义现代化的总体目标。中国共产党人对中国传统和谐思想的继承与创新，反映了全国人民的共同愿望。我们构建的社会主义和谐社会完全符合人类历史发展的客观规律。

（二）社会主义和谐社会提出的背景及内涵

在封建社会的时代背景下，"小康""大同"的和谐社会只存在于理想中，我们党之所以今天提出构建社会主义和谐社会战略任务，是因为我们已经具备建立社会主义和谐社会的相关条件。

第一，社会主义国家的经济制度和政治制度决定了我国生产力和生产关系、经济基础和上层建筑在本质上是相适应的，它们之间的矛盾属于非对抗的矛盾，党和人民的根本利益是一致的。人民内部的矛盾可以通过民主、协商的方法得到合理的解决，从而达到一种和谐的状态，这为社会的和谐奠定了最重要的制度基础。第二，随着改革开放以来的不断发展，我国社会生产力水平明显提高，综合国力大幅度提高，人民生活总体上实现了由温饱到小康的历史性跨越，我们已经具备了建设和谐社会的物质基础。第三，在马列主义、毛泽东思想、邓小平理论和"三个代表"重要思想的指引下，全党全国各族人民共同奋斗的道德思想基础日益巩固，我们已经具备了凝聚人心、团结奋进的精神条件。第四，党在领导社会建设的过程中，不断探索总结社会建设的经验，一方面党的执政能力不断提高，另一方面社会建设的能力不断提高，为构建和谐社会提供了坚强的政治保障。

---

① 胡锦涛. 在省部级主要领导干部提高构建和谐社会能力专题研讨班的讲话［EB/OL］. 中国政府网，2005-02-19.

任何社会都不可能没有矛盾，人类社会总是在矛盾运动中发展进步的。①随着经济发展和改革深化，我国目前已经进入改革发展的关键时期，经济体制深刻变革，给我国发展进步带来了巨大的活力，也必然带来各种各样的问题。比如，贫富差距拉大、区域发展不平衡、民生问题突出，面对矛盾如果回避和掩盖只会造成矛盾的激化和社会的动荡，我们应积极地正视矛盾，通过各种手段化解矛盾，进而逐渐走向和谐的状态。

党的十六届六中全会，全面分析了当前社会的形势和任务，研究了构建社会主义和谐社会的若干重大问题，作出了全面构建社会主义和谐社会的决定。从理论上说，和谐社会就是全体人民各尽其能、各得其所而又和谐相处的社会，用社会学的术语来表达就是良性运行和协调发展的社会。②

（三）社会主义和谐社会的美好蓝图

古代的"小康"和"大同"世界，反映了封建社会人们的最高理想，也反映了广大人民群众对美好生活的向往，但是在阶级压迫的封建制度下，和谐社会的理想根本无法实现，也只能是空想。我们现在建设社会主义和谐社会的目标，同现阶段建设中国特色社会主义的目标是一致的。我们所要构建的和谐社会，不是一种社会形态，而是一种社会状态和价值追求③，是政通人和、国泰民安的社会状态，也是我们党治国理政的理想，是我们看到的一幅美好的蓝图，其主要表现在以下几方面。

1. 和谐社会是在法治保障下，民主得到充分发扬的社会

在社会主义和谐社会蓝图中，人民是国家的主人，享有丰富、广泛的民主权利。公民的民主意识不断提升，积极参与国家的政治、经济、文化生活。人民公仆深入群众、廉洁自律、恪守宗旨、爱岗敬业、执政为民。在党的领导下，社会主义法治不断健全，在法律的保证下，社会主义各项事业有条不紊地进行。

2. 和谐社会是公平正义、共同富裕、保障体系完善的社会

一个理想的社会首先是一个公平正义的社会。在社会主义和谐社会蓝图中，公平正义有着完善的制度保障，在完善制度的保障下，社会成员的人权得到充分的尊重和保障。在按劳分配和多种分配方式并存的经济发展基础上，在共同富裕的目标下，社会分配更加公平。社会有着完善的救助制度，对不

---

① 中共中央关于构建社会主义和谐社会若干重大问题的决定 [EB/OL]. 中国政府网，2006-10-11.

② 社会学视野中的和谐社会 [N]. 人民日报，2004-11-30 (14).

③ 张艳涛. 和谐社会的文化意蕴 [J]. 求是，2005 (8)：34-37.

能维持最低生活水平的社会成员由国家和社会给予一定的物质援助，使所有社会成员没有后顾之忧。

3. 和谐社会是社会成员诚信友爱、融洽相处的社会

在社会主义和谐社会的蓝图中，诚信友爱作为和谐社会的精神内核，是和谐社会做人的基本准则，也是和谐社会做事的基本准则。社会成员的道德意识和道德水平不断提高，形成了一个平等友爱、融洽和谐的人际环境。在这样一个平等友爱、融洽和谐的人际环境里，人与人之间相互尊重、相互关心、相互帮助、相互协调、相互促进，推动着社会经济的发展，也推动着个体自我价值的实现。

4. 和谐社会是社会成员创造力得到充分发挥的社会

在和谐社会下，人才、劳动和知识得到充分尊重，社会成员一切有利于社会进步的创造愿望得到充分尊重，一切积极因素得到最广泛、最充分的调动，各行各业的人们的创造活力得到充分激发。"天行健，君子以自强不息"，社会成员的自我发展能力不断提高，并且这种发展能力在政策上、制度上得到保证，一切劳动、知识、技术、管理和资本的活力竞相迸发，一切创造社会财富的源泉充分涌流，全体人民各尽所能、各得其所又和睦相处。

5. 和谐社会是社会秩序良好、人民安居乐业的社会

在良好的社会秩序下，人民群众安居乐业，社会组织各司其职、各尽其能，公平与正义能够得到及时伸张，社会矛盾就能及时得到调节和化解，有着不同利益与要求的群体和个人各得其所、和谐相处。人民群众能够通过法定程序表达自己的利益诉求，通过合法手段维护自身的合法权益。

6. 和谐社会是人与自然和谐相处的社会

社会主义和谐社会是讲求人和自然和谐发展、注重环境发展的社会。社会经济逐渐变为集约型增长，资源利用率显著提高。人民生活富裕，其物质、文化需求能够得到充分的满足。在发展经济的同时，社会主义和谐社会能够处理眼前利益与长远利益、局部利益与整体利益等关系，注重生态环境的保护，并不断改善环境，使社会成员生活在一个环境优美的绿色家园中。

社会主义和谐社会正确处理了人与自然、人与社会、人与人各方面的关系，社会主义和谐社会的社会主义制度和党的领导得到广大人民群众的衷心拥护，全体人民各尽所能充满活力、各得其所，利益关系得到有效协调，依赖法律和道德逐步消除社会对抗和社会冲突，物质、精神、文化科学发展，

实现人、社会和自然的良性循环。① 这实际上是指明了和谐社会的文化价值取向和道德精神的发展方向。"民主法治、公平正义、诚信友爱、充满活力、安定有序、人与自然和谐相处"是社会主义和谐社会的重要特征，这充分体现了"以人为本"的科学内涵，反映了社会主义国家全体人民的共同心愿。在中国共产党的领导下，在全体人民的共同努力下，一个富强、民主、文明的和谐社会必然展示在人们眼前。

第二节　和谐社会氛围中的民生新闻

我们构建的社会主义和谐社会是对我国优秀传统文化中"和谐"思想的汲取与借鉴，它强调的是一种和谐的社会状态和价值追求。一个社会是否和谐，很大程度取决于全体成员有无共同的理想信念、道德规范、价值取向，这是构建和谐社会的思想基础和精神动力。

和谐文化离不开传播，新闻媒体作为文化聚合、播散与传承的主要渠道，是人们认识社会的主要途径，也是意识形态的重要阵地，对和谐社会的构建发挥着重要作用。我国新闻媒体作为党的事业重要组成部分，"我们国家的报纸、广播、电视等是党、政府和人民的喉舌"②。新闻事业的这一根本性质，决定了它为社会主义和谐社会建设提供舆论支持，进而形成与加强社会共同认可的价值观念与文化心理。因此，构建和谐社会需要新闻传媒以客观、公平、公正的理念塑造社会理性的思考与人文关怀的氛围环境，需要新闻传媒传承优秀文化，塑造健康、文明、公正的舆论环境，在传媒自身发展和实现自身社会责任上找到最佳契合点。

自从 2002 年《南京零距离》推出后，南京地区的电视民生新闻节目纷纷涌现，这一现象在随后的一两年内逐渐升起一股浪潮，蔓延到了全国城市。现在，全国各地电视台纷纷推出的电视民生新闻栏目已不下 200 家。以民众的人生诉求为基本出发点，"平民视角、民生内容、民本取向"的民生新闻现象受到了广泛的关注。

20 世纪，西方大众传媒批判理论触及大众传媒意识形态传播的生活化问

① 沈阳市党的建设研究会课题组，韩玉奇. 构建社会主义和谐社会理论的基本内涵、基本特征、基本要求和基本任务 [J]. 沈阳干部学刊，2006（5）：10-17.

② 中共中央宣传部. 毛泽东邓小平江泽民论思想政治工作 [M]. 北京：学习出版社，2000：175.

题。法兰克福学派的理论就以为：大众传媒时代，传媒对受众"所进行的思想灌输不再是宣传"而是靠传播一种"比以前好得多的生活"①。这表明大众传媒时代传媒的意识形态已由过去的观念型说教式变为了生活型，它对社会舆论的引导也由说教变成了隐蔽。在和谐社会蓝图中，电视民生新闻应以其"平民视角、民生内容、民本取向"为人们描绘一幅美好的和谐社会蓝图，让人们正确认识社会，把握好和谐文化的传播，激发人们建设和谐社会的愿望，为营造和谐社会提供精神动力。

民生新闻主要以民众的生存状态为主要报道内容，这种生活现实就直接反映出了社会的和谐状况。

一、民生新闻——"和谐蓝图"的描绘者

民生新闻通过事实报道反映出的社会现实，既有促进和谐的积极因素，也会有腐蚀社会的消极现象。新闻报道就应该激浊扬清，明辨是非，描绘最新最美的社会蓝图。这主要从以下几方面做出努力。

（一）以人为本，民生新闻的发展理念与和谐社会构建的内在要求协调一致

2002 年以《南京零距离》为代表的民生新闻开播后，其深受广大观众的喜爱，收视率不断提高，并以卓然不俗的业绩引起全国的关注，在全国引起了"民生"热潮。民生新闻在短时间内得到了百姓的接受和认可，成为媒体提升竞争力的新亮点。有学者甚至把它归结为"中国电视的第三次革命"。②

民生新闻是什么？这自然是一切研究首先面对的问题。从现有资料看，这个问题并未解决。有许多业内人士和专家学者试图对民生新闻的定义进行归纳。

民生新闻就是以民众的日常生活为主要内容，以民众的人生诉求为基本出发点，以民众的生存状况为关注焦点，以民众的视角表现民主价值和人文关怀的理念，从民众的生存空间开拓资源的新概念新闻。③

民生新闻就是关注普通人的生存和生活状态，以及与他们切身利益息息相关的衣食住行及其所思所想所感的新闻。④

---

① 马尔库塞. 单向度的人［M］. 刘继，译. 上海：上海译文出版社，1989：12.
② 李幸，刘荃. 传播媒介的历史之光［M］. 南京：南京师范大学出版社，2001：附录.
③ 朱寿桐. 民生新闻概论［M］. 北京：中国社会科学出版社，2006：4.
④ 薛国林，牟晓伟. 民生新闻的叙事观念［J］. 新闻与写作，2006（1）：38-39.

民生新闻其实并没有明确指向性。民生新闻，与其说是一种新闻样式、新闻体裁，倒不如说是一种新闻操作的理念，是在操作上对新闻本质的回归或还原，即它是一种针对新闻媒介和记者实践活动的价值取向。①

民生新闻，就是对最新的有关人民大众生计来源、生活质量、生存状态、生命安全及其相关心态的事实的报道。②

从以上民生新闻的定义分析来看，我们不难看出民生新闻就是反映老百姓生活状态的新闻，它的内容源于人民群众的日常生活，反映的内容涉及日常生活的各个层面。民生新闻服务的对象也是人民群众，充分体现了"以人为本"的理念，即以民众的人生诉求为出发点，以民众的生存状态为关注焦点，以民众的视角表现民主价值和人文关怀的理念，体现了党的"贴近实际、贴近生活、贴近群众"的原则，这也与中国共产党一直以民众的利益和要求为自己的指导原则不谋而合。

民生新闻一直追求"以人为本"的理念，与构建和谐社会"以人为本"的内在要求是一致的。构建和谐社会的终极目标是人的和谐，和谐社会是以"人"为前提的一种社会文明模式。以"民主法治、公平正义、诚信友爱、充满活力、安定有序、人与自然和谐相处的社会"为特征的社会主义和谐蓝图充分体现了"以人为本"的科学内涵，社会主义和谐社会正确处理了人与自然、人与社会、人与人各方面的关系，和谐社会涉及政治、经济、法律、文化等不同层面，每一层面都必须以人为本。而社会中的人又是不能没有文化的洗礼的，文化为人们提供科学知识和特定的价值系统，调节着、干预着人的行为，培养着、激发着人的内在力量。③ 民生新闻作为文化的载体或传播者，它的价值取向如何，不仅直接影响它本身的存亡得失，也直接关涉建设和谐社会的成败。

（二）贴近生活：民生新闻的关注视角与和谐社会的构建过程紧密相连

和谐的背面是矛盾冲突，和谐社会并不是一个没有矛盾、没有冲突的社会，和谐本身就是一个不断发展的动态过程，和谐社会的构建是一个不断化解矛盾、减少社会冲突的持续过程。和谐社会的构建需要过程和时间，需要方方面面的共同努力。首先在记录和谐社会发展的构建中，民生新闻发挥着极大的作用，如民生新闻日播的特点，可以对社会事件跟踪报道，拥有专门

---

① 高贵武．民生新闻的价值取向和现实走向［J］．新闻与写作，2006（3）：16-17.

② 辛文．民生新闻［J］．新闻与写作，2006（4）：14.

③ 李延文．论全面小康社会的文化支持［J］．新西部（下半月），2007（1）：64-67.

的采编队伍、部门等，从而真实地记录着和谐社会构建过程中每天的进步。民生新闻的内容源于人民群众的日常生活，反映的内容涉及日常生活的各个层面，吸引了大量的受众，其塑造的信息环境更真实可信。当前转型期下的我国社会正处于工业化、城镇化、市场化的历史阶段，就业、分配、社保和医疗卫生的体制和机制相应处于急剧变化之中，失业增加，分配不公，看病难、看病贵等问题，是广大人民群众议论较多和意见较大的突出矛盾。这就需要民生新闻不能回避这些矛盾，而是要关注和贴近这些民生问题，通过客观的报道让受众正确认识社会，让人们理性对待社会中存在的问题和矛盾。社会在不断发展，报纸、广播、电视、互联网等传播手段也在不断进步，人类已经步入信息时代。在信息时代中，人们被信息包围着，更被传播信息的技术手段包围着，人们依靠媒介传播信息，生活在媒介拟态（模拟、虚拟）的环境中，这种拟态的生存环境就是由象征性符号建构的文化。①

马歇尔·麦克卢汉（Marshall McLuhan）说"媒介即讯息，媒介是人体的延伸"②，人类使用的物质媒介蕴含着丰富的人文精神，媒介自身就传播着一种文化观念。媒介因其自身的特性对人类的精神、行为、文化产生影响。这种由新闻媒介根据现实世界营造的"拟态环境"时刻影响着人的心理世界，人们习惯接受并没有直接接触参与的"感性世界"的信息，这些信息影响着个人意见和舆论发展的方向。新闻媒介给受众塑造的信息环境，很大程度上影响着受众对这个社会的看法。新闻媒体塑造的"信息环境"涉及人与自然环境的关系、人与社会的关系、人与自身心理的关系，换句话说，新闻媒体塑造和谐的"信息环境"也就是塑造了相当和谐的文化环境。

（三）和谐发展：民生新闻的积极导向与和谐社会价值取向相得益彰

我们在上文中阐述了大众媒介塑造的"拟态环境"。马克思在《资本论》中谈到了"自由报刊是人民用来观察自己的一面精神上的镜子，而自我审视是智慧的首要条件。……自由报刊是观念的世界，它不断从现实世界中涌出，又作为越来越丰富的精神唤起新的生机，流回现实世界"③。他不仅谈到了媒介是人们自我观察之镜，还认为媒介作为"镜子"能够影响现实世界。那么民生新闻作为一面人民观察社会的镜子，在和谐社会构建下应给受众描绘一

①　秦志希，夏冠英，徐小立，等."媒介文化研究"笔谈 [J].武汉大学学报（人文科学版），2005（4）：494-503.

②　麦克卢汉.理解媒介：论人的延伸 [M].何道宽，译.北京：商务印书馆，2000：33.

③　中共中央马克思恩格斯列宁斯大林著作编译局.马克思恩格斯全集：第1卷 [M].北京：人民出版社，1995：179.

幅什么样的景象呢?

"以人为本"的和谐社会蓝图与民生新闻"以人为本"理念的一致性,要求民生新闻作为一面真实、全面、客观描绘和谐社会的图画的镜子。社会充满尊老爱幼、见义勇为、乐于助人、文明礼貌、遵纪守法等内容,人们必然会对这个社会产生自豪的情绪,这种情绪有利于公众友善宽容、自信向上的社会心态的形成,从而达到人们心理的和谐。我们社会客观存在很多不和谐的因素,比如,有失社会公德的现象的确存在,而社会中尊老爱幼、乐于助人等美德同样是社会的主流,媒体应该如何利用有限的信息资源,给受众提供什么样的信息,这本身就是舆论导向的问题。

在构建和谐社会背景下,民生新闻的导向应与和谐社会价值取向相一致,民生新闻要关注人民群众的生存环境、生存状态、生活需求,增加人们对这个社会的理性认识,同时通过具体事例让人们切实感受到构建社会主义和谐社会给自己、给社会、给国家带来的好处,并提高人民对和谐社会的幸福感和责任感。民生新闻彰显民主法治、公平正义、诚信友爱、充满活力、安定有序、人与自然和谐相处的美好蓝图,使和谐的价值取向深入人心,让和谐成为社会成员的一种信仰和理想,支撑起人们的精神世界,给人们建设和谐社会的力量。

二、民生新闻:和谐思想的践行者

和谐文化,有灵魂,也有载体。文化作品是人类精神文明的重要组成部分,也是和谐文化的重要组成载体。① 在"市场经济"高度发展的今天,媒体的市场化程度也在不断提高,市场规律使"观众看什么,我们就得生产什么"的准则逐渐生效。民生新闻作为一种文化作品满足着人民日益增长的精神文化需求,作为一种文化作品,其中蕴含的人生观、世界观和价值观会影响人们的看法和行为,最终影响的是人的精神层面。文化离不开传播,而特定文化又对传播行为提出规范与评价,文化与传播在某种程度上具有同构关系。② 这要求和谐社会建设进程中的民生新闻媒体要做和谐思想的践行者。

(一)民生新闻中的天人合一

在第一节中,我们介绍了"天人合一"的思想。"天人合一"的观点强

---

① 孙周秦. 构建和谐社会必须建设和谐文化 [J]. 天水行政学院报, 2007 (4): 107.
② 秦志希, 夏冠英, 徐小立, 等. "媒介文化研究"笔谈 [J]. 武汉大学学报 (人文科学版), 2005 (4): 494-503.

调人要认识、掌握自然规律，人和自然要和谐发展，这些和谐思想对生态保护具有一定的积极作用。人与自然和谐相处是社会主义和谐社会的基本特征之一，构建社会主义和谐社会，要正确处理人与自然的关系。人与自然的和谐，是和谐社会的必然要求，确保人与自然的和谐，是构建未来和谐社会的重要价值理念。民生新闻要通过贴近实际、贴近生活、贴近群众的优势，把人与自然和谐发展的理念传达给受众，使"天人合一"成为受众的价值取向。

民生新闻应首先通过具体的新闻内容加强对公民的环境教育，培养环境保护观念、环境安全意识，通过环保教育，使公众不仅关心自下而上的生活环境，还能主动参与环保，依法保护自身权益。其次，民生新闻能够对社会中出现的破坏环境、浪费资源的各种现象进行曝光和评论，更好地借助群众和舆论来进一步关注环保问题，解决环保问题。当前很多民生新闻对各种水污染的企业进行暗访和曝光，对生活垃圾处理不当、噪声污染、公民环保意识欠缺等现象进行报道，加强了人们对环保的认识，培养了社会成员的环境保护观念和安全意识。

（二）民生新闻中的以和为贵

古代传统文化把"和"视为一个重要的价值理念。当代社会"以和为贵"的价值观是和谐文化的核心，能够潜移默化地影响着人们的思想和行为准则。

以和为贵，首先建立在差异性的基础上，我们要承认和允许差异存在，用辩证的思维认识问题，对待事物。现代社会人们的生产、生活、思想、行为方式多姿多彩，生活方式出现多样化，也带来了思想接受和选择的多样化。同时，社会的发展也使我国的社会阶层逐步发生变化。和谐社会的"和"不是"一团和气"的"和"，社会各阶层都有其位置，各自不同的利益、诉求、权益都应得到表达。表达、沟通、疏导，建立一个多层次的、充满善意的话语平台是当前民生新闻所要肩负的责任。

民生新闻不仅要关注不同群众的民生，反映不同阶层的意愿，使不同阶层群众的生产生活问题都能够纳入政府的"视野"中，还要讲究和而不同，不仅善于求和，还要善于求异、存异，为社会各阶层、各群体营造和谐相处的平台。

在今天社会利益格局分化加剧的背景下，社会逐渐显现的和正在激化的各种社会问题、社会矛盾与社会冲突成为影响社会和谐的重要因素。民生新闻应正视社会中出现的各种矛盾，要把"以和为贵"的思想内化到新闻当中，以和为基础，注重各种因素的平衡与协调，将矛盾引向缓和与化解。

当前很多民生新闻内容涉及婚姻家庭、邻里关系、群众与职能部门关系，民生新闻的贴近性优势在处理人际关系方面发挥着重要的作用。民生新闻中包含"以和为贵"的思想，可以提升人们的精神境界，缓解人们压抑、不安、失望等不良情绪，调节人们的情感和心理，实现人自身和谐，并且在此基础上加强人们之间的沟通，促进人际关系的和谐，促进人与社会和谐、人与自然关系的和谐。

（三）民生新闻中的刚健有为

中国古代"刚健有为"和谐思想强调个人对社会的责任感和历史使命感。这与和谐社会蓝图下社会成员充分发挥创造力，全体成员各尽所能的要求不谋而合。公民思想道德是责任感的基础。民生新闻作为和谐社会构建的一分子，一是其本身要具有社会责任感和历史使命感，二是其导向上要坚持道德上正确的主张和真理，坚持公平正义的原则，具有愿为他人做出奉献和牺牲的精神。

美国著名记者普利策有句名言："倘若一个国家是一条航行在大海上的船，新闻记者就是站在船头的瞭望者，他要在一望无际的海面上观察一切，审视海上的不测风云和浅滩暗礁，及时发出警告。"① 对传媒来说，这句话正点出了它所负担的社会责任意识。民生新闻强调民本意识、民生情怀，也反映了"民心"和"民声"，人民群众的精神生活和心理生活同样是新闻资源的富矿，他们的道德观念、法律意识、民主精神以及日常生活中的所思、所想、所感等，蕴含着丰富的新闻价值。民生新闻体现的"刚健有为"思想对构建诚信友爱、彼此友善的人际亲情与友情，对全民族思想道德素质的提高、良好道德风尚的形成有着重大的借鉴意义。

当前很多新闻栏目推出了"诚信公民"的选拔活动，通过实际行动打造一个"人人思和谐、人人谋发展"的平台，这对增强公民诚信意识，加强社会公德、职业道德、家庭美德、个人品德建设，发挥着道德模范榜样的作用。还有很多民生新闻栏目不回避社会中的有失功德行为，对这种现象进行批判和评论，从一个侧面对社会责任感的提高有着促进作用。

（四）民生新闻中的厚德载物

中国传统的"厚德载物"思想强调要以宽广的胸怀、开放的眼界，兼容并包，以平和、和善的心态和真诚友善的态度行事、律己、待人，以宽容、理性的态度看待社会现象和处理各种矛盾问题，以饱满的热情和良好的精神面貌投入社会实践中。我国已进入改革发展的关键时期，经济体制深刻变革，

---

① 斯旺伯格. 普利策传 [M]. 陆志宝，俞再林，译. 北京：新华出版社，1989：89.

社会结构深刻变动，利益格局深刻调整，思想观念深刻变化。① 面对社会转型中的种种变迁，一些人产生各种不良情绪，于己于人于社会都是有害的。

民生新闻在处理人与人、人与社会、人与自然等关系问题上可以坚持真善美的价值取向，引导人们用自觉、理性、融通的态度对待矛盾冲突。民生新闻加强人文关怀和心理疏导，引导人们正确对待自己、他人和社会，正确对待改革给自己带来的困难、挫折，克服浮躁心理、不平心理、逆反心理、仇富心理等不良社会心理，努力提高人们的心理调适能力，从而使人们身心健康，促进社会和谐。

第三节　民生新闻引导舆论创造社会和谐

民生新闻的发展中存在很多问题，但是民生新闻所追求的"以人为本"理念和"三贴近"的原则，无疑是正确的，是值得提倡的。正是因为民生新闻产生了广泛的社会影响，所以由此而引起的各种舆论现象，我们也必须足够重视。舆论导向关系着社会的稳定，如果对一些社会问题进行了不真实的报道，就会对社会和谐稳定产生负面影响。党的十七大上突出强调了以民生为重点的社会建设，民生新闻就需要运用新闻的影响来调适各类社会关系，解决各种社会矛盾，正确发挥舆论引导的作用。

一、理论认识：服务社会主义核心价值体系

把握好舆论导向，实质上就是把握好观念的传播，一个国家，一个民族，要想按照既定的目标前进，必须建立完善的观念体系，有自己的信仰、人生观、价值观、道德观，作为思想保证和精神支柱，来保持和增强它的凝聚力、战斗力和创造力，巩固和增强民族自尊、自信、自强精神。② 从舆论导向上来说，民生新闻应有一个核心的服务理念，使一个国家、一个民族按照和谐社会的目标前进。

社会主义核心价值体系是和谐社会的灵魂，也是和谐文化的根本，是形成全民族奋发向上的精神力量和团结和睦的精神纽带，为构建社会主义和谐

---

① 中共中央关于构建社会主义和谐社会若干重大问题的决定 [EB/OL]. 中国政府网，2006-10-11.

② 李晓霞. 把握社会新闻的舆论导向 [J]. 新闻天地（论文版），2001 (3)：9-10.

社会提供重要保证。社会主义核心价值体系包括马克思主义指导思想、中国特色社会主义共同理想、以爱国主义为核心的民族精神和以改革创新为核心的时代精神、以"八荣八耻"为主要内容的社会主义荣辱观。社会主义核心价值体系是维系社会健康协调运转的精神纽带、推动社会不断发展的精神动力、指引社会前进方向的精神旗帜。① 我们只有深刻认识和正确把握社会主义核心价值体系，才能保证社会主义的正确方向，才能抓住社会主义价值需要、价值创造和价值实现的关键，也才能在文化建设和意识形态建设中突出重点、抓住根本。民生新闻作为构建和谐文化的重要载体应该服务社会主义核心价值体系，并围绕社会主义核心价值体系牢牢把握以下几个导向。

（一）倡导和谐理念，使和谐成为共同的理想和行为准则

倡导和谐理念，培育和谐精神，民生新闻必须依靠全民的共同努力形成强大的社会舆论。民生新闻从内容到形式在人民群众中都有传播文化、引导舆论的巨大优势，民生新闻应在正确认识新闻传播特有的社会功能和社会必要性的同时，发挥自己的传播优势，首先应从思想认识上给予高度重视，在报道中贴近实际、贴近生活、贴近群众，为受众描绘一幅和谐社会的美好前景图，进而激发广大干部群众建设和谐社会的积极性和创造性；其次要广泛深入宣传构建社会主义和谐社会的重大意义、科学内涵、重要原则和主要任务。民生新闻通过报道为构建和谐社会鼓劲，使人们正确地认识和谐社会的建设能够为国家、社会、个人带来的好处，并以积极、健康、向上的主流舆论去影响社会和群众，让和谐的理念深入人心，成为人们共同的理想和目标，鼓舞群众为这个目标而努力，使和谐成为人与人、人与社会、人与自然的行为准则。

（二）倡导社会主义荣辱观，培育文明风尚

以"民主法治、公平正义、诚信友爱、充满活力、安定有序、人与自然和谐相处"为特征的和谐社会，对社会中的社会成员提出了极高的道德要求，与和谐社会发展相适应的社会主义荣辱观作为一种与和谐社会发展相适应的道德观始终为和谐社会提供健康向上的价值支撑和价值导向。民生新闻构建和谐社会的历史进程本身也是弘扬社会主义荣辱观的过程，践行社会主义荣辱观的过程，也就是用正确的道德观念来正确处理各种社会关系，从而不断

---

① 韩震. 社会主义核心价值体系是构建和谐社会的精神支柱 ［N］. 光明日报，2007-08-28（9）.

营造社会和谐氛围的历史过程。①

　　树立社会主义荣辱观，民生新闻要发挥比较重要的作用，一个是民生新闻理念中应体现社会主义荣辱观，可以用典型的正面事件来教育人，使全社会学有榜样、赶有目标。另一个就是让人民群众看到新闻媒体高举社会主义荣辱观旗帜，加强舆论监督，揭露、批评有悖于社会主义荣辱观的言行和现象，帮助人们抵制假恶丑。除了继续阐述正确荣辱观，批判有悖于社会主义荣辱观的言行和现象，民生新闻还应当把社会主义荣辱观长久自然地渗透到新闻的价值取向之中。

　　民生新闻应以最贴近受众的方式，宣传社会主义的基本道德规范，真正把社会主义荣辱观长久自然地渗透到新闻的价值取向之中，促进良好社会风气的形成和发展，以实际行动，来激发人们对树立社会主义荣辱观的信心。

　　（三）倡导先进文化，为和谐社会提供良好的文化素质条件

　　先进文化是人类文明进步的结晶，是人类社会向前发展的精神动力和智力资源。新闻媒体作为传播先进文化的主要渠道，民生新闻要充分发挥自己的贴近优势，将社会主义先进文化广泛深入人民群众的思想意识与文化空间中，把民生新闻媒介建成宣传科学理论、弘扬社会正气、塑造美好心灵、倡导科学精神的文化传播阵地，提高先进文化传播的能力，更好地满足人民群众日益增长的精神文化需求。

　　时代发展的先进文化能够使人们适应时代要求，促进社会进步与发展。在构建社会主义和谐社会的背景下，民生新闻应该通过具体的新闻内容，发挥舆论导向作用，加强宣传教育，用各种方法培养人们的民主意识、法治意识、人文精神，通过提升人的文化层次，促进人的全面发展，为构建和谐社会提供良好的文化素质条件。

　　在民生新闻的发展中，我们还必须坚持马克思主义在意识形态中的指导地位，遵循的具体原则就是马克思主义新闻观。民生新闻要牢牢把握社会主义先进文化的发展方向，弘扬本民族的优秀文化传统，培育和谐精神，进一步形成全社会普遍认同的共同理想信念和道德规范，打牢全国各族人民团结奋斗的思想道德基础。

二、操作层面：民生新闻加强舆论引导的具体措施

　　有了明确的舆论引导目标，民生新闻就需要在实际操作中牢牢把握引导

---

①　邱国安. 社会主义荣辱观与构建和谐社会的内在联系［J］. 学习月刊，2006（20）：52.

的方法和重点，并根据舆情民意有针对性地报道事实、说明事实、揭示真理。

（一）全面调查民生状况，准确报道新闻事实

"没有调查就没有发言权"，民生新闻对民生状况的了解必须是深入、准确的，绝不能根据浮光掠影的表面现象就妄下结论。民生新闻比较重视新闻时效，新闻时效似乎与准确、全面了解事实，是一对难以调和的矛盾。新闻报道的基本原则，首先必须是客观、真实、准确，如果在追求最高时效的同时，还兼顾最准确、最真实、最客观的报道，这就是民生新闻过硬的基本功。

1. 拓展报道的广度

目前，大多数电视民生新闻盲目追求"好看"，而在信息的"有用"和"重要"性上远远不能满足受众的需求。出现这样的情况，与我们对民生新闻的认识有关，不少电视人认为，民生新闻说的是些鸡毛蒜皮的事，不需要说出什么道理，也说不出道理来。① 任何媒体要想引导舆论就必须先正确反映舆论，简略地说，事件是客观的，新闻首先应如实地反映客观事件。在舆论引导中，许多事实是非单一的，包含多重的层面、多种因素，所以在新闻报道中，媒体要增加新闻报道的广度，由点到面，从不同角度，多范围对事件进行全面的分析、报道。

2. 挖掘报道的深度

民生新闻从诞生开始就伴随业界专家的指责，专家认为其内容"低俗、琐碎"，其报道内容也多集中在百姓周围的小事上。在前两年南京地区的新闻大战中，人们每天都可以在屏幕上见到市井生活中乞丐、醉汉，骂街、车祸等，内容表浅庸俗，民生新闻没有对各种现象展开分析和评价，结果观众看过就忘得一干二净，何谈社会影响。

新闻媒介与社会舆论关系密切，它对社会舆论的形成具有深刻的影响力。人们常常将新闻界视为舆论界的代名词，因为新闻往往是整个社会舆论的表现者、引导者、组织者。② 民生新闻要想进行舆论引导首先就是要真实地反映舆论，坚持舆论传播的事情真实可靠。事实是最有说服力的，广大受众最相信事实。媒体不能听风就是雨，或者还没有进行详细深入的调查，新闻节目已经出来了。现象具有表面性、肤浅性，民生新闻如果不对事件进行深入的探索和追究，新闻事件后的本质真实就无从探求，就不能形成健康、向上的社会舆论。

---

① 李文东. 电视民生新闻解读 ［D］. 成都：四川大学，2005.

② 胡钰. 新闻与舆论 ［M］. 北京：中国广播电视出版社，2001：215.

胡锦涛在"七一"重要讲话中指出："群众利益无小事，凡是涉及群众的切身利益和实际困难的事情，再小也要竭尽全力去办。"① 可见，"鸡毛蒜皮"的小事不能忽视，但是应该怎么报道？这是民生新闻应该考虑的问题。比如，报道孩子上网离家出走，可以深入孩子的教育，以及网络的危害和未成年人的保护等问题；民众去酒店用餐要收取开瓶费，民生新闻报道这样的新闻可以深入饮食行业的霸王条款中，由点到面，充分发挥民众的利益主体力量。只要与百姓利益相关，百姓还是能够信赖、支持媒体的。民生新闻只有进行社会性的深度报道，把新闻事件的前前后后都弄清楚，才能发掘出新闻事件背后隐藏的本质。

3. 坚持唯物辩证法

任何事物都有两面性，民生新闻在分析新闻现象时，一定要坚持唯物辩证法，不能够就事论事，有闻必报。或者说，我们要注重信息的平衡，要对新闻事实中起主导作用的、具有新闻价值的、发挥正面导向作用的事实，进行恰如其分、恰到好处的报道。比如，在报道先进人物时，我们要全面报道一种新的趋向，不能回避面临的困难和前进的曲折性，报道新的成就，不能遮盖存在的问题。这样的报道符合生活本身，使事件更加可信。我们坚持唯物辩证法还要注意正面信息和负面报道的比例，把握平衡。广州地区某电视台开办了《社区新闻》栏目，大部分内容是批评、负面报道，甚至是揭示一些丑陋的人和事，苦心经营多年，观众却越来越少，收视率只有一到两点。广州电视台曾经的副台长涂布说："我们很多新闻专题发表了很多篇批评报道、负面报道，反而收视率上不去，相反有一些主流新闻，对老百姓有用的信息发布一条两条收视率明显上扬。"② 可见，民生新闻一定要坚持唯物辩证法，注意正面信息和负面信息的比例，不能全是正面的赞扬，会使人产生怀疑，也不能全是批评，让民众对和谐社会丧失信心。

（二）发挥"中介"作用，谨防"越俎代庖"

新闻媒介在社会信息系统中有纽带和桥梁的作用，在党和政府联系群众的关系中发挥"中介"和"枢纽"的作用，既能够"上情下达"，也可以"下情上传"。

1. 做好思想沟通和信息沟通

新闻是对事实的报道，是一种以记者的观察和发现为中介的事实报道。

---

① "三个代表"重要思想指引我们前进［N］. 人民日报，2003-07-02（4）.

② 杨飚，姚劲松. 广播电视的社会责任重在践行［J］. 中国广播电视学刊，2006（3）：7-9.

民众通过新闻媒体关注和了解现实生活中一些和自己切身利益相关的社会事项，这些事项涉及政治、经济、文化生活的诸多方面，是新闻媒体的基本责任和义务。在民主社会中，人民群众的知情权是所有权力和权利的基础。在新闻传播领域，我们党关于"执政为民"的主张最为关键的一点，就是使我们的新闻传播工作充分体现对人民群众知情权的尊重与保障。

长期以来，党和政府的新闻媒介都十分重视舆论的导向作用。舆论导向固然重要，但是，我们如果不能把保障人民群众的知情权放在首要的位置，不尊重人民群众的自觉选择和判断为第一前提，那么，这样的舆论导向究竟有何种价值是大可质疑的。① 民众通过媒体这个平台和政府进行交流，能够比较好地发挥媒体传播信息广、及时的特点，这对调解社会问题和建立良好的舆论氛围具有积极作用。同时，信息的传播可以让公众及时、客观地了解问题的诱因，可以调动民众的主观能动性，激发他们参与国家政治生活、经济生活、文化生活的热情，实现民众参政议政的民主权利，推动民主政治的发展。

2. 上情下达和下情上传的纽带

美国传播学家哈罗德·拉斯韦尔（Harold Lasswell）在 1948 年发表的《传播在社会中的结构与功能》一文中，将传播的基本社会功能概括为三方面。一是环境监视功能。他认为自然与社会是不断变化的，只有及时了解、把握并适应内外环境的变化，人类社会才能保证自己的生存和发展。二是社会调整功能。传播是执行联络、沟通和协调社会关系功能的重要社会系统。三是社会传承功能。他认为只有将前人的经验、智慧、知识加以记录、积累、保存并传给后代，后人才能在前人的基础上进一步完善、发展和创造。② 可见，现代人对信息的需求是他们最基本的精神需要，新闻要尊重个体，尊重民众的个人利益，尊重人民群众的知情权。随着社会的发展和进步，受众的层次和个性呈现多样化的趋势，民生新闻媒体首先应尊重这些多元的需求，努力适应群众的收看心理，通过适当的引导方式，凝聚公众舆论，促进公众与政府之间进行意见交流、认知沟通，加强信任和理解，使公众对政府的各项决策有一种良好的心理期待，并使其转化为公众自觉参与改革和现代化事业的巨大精神动力。

民生新闻还应从客观的角度来审视、报道政府的方针政策。对媒介来说，

---

① 喻国明. 变革传媒：解析中国传媒转型问题 [M]. 北京：华夏出版社，2005：55.

② 郭庆光. 传播学教程 [M]. 北京：人民大学出版社，1999：113.

其履行这一职责的关键在于引导公众正确、全面地领会党的政策和策略。在构建和谐社会的进程中，会不断出现各种各样的新情况、新问题，党和政府会根据不同的情况制定不同的方针、政策，这些方针政策与百姓的实际利益相关，往往会引起广泛的关注和议论。民生新闻要从民众的角度出发对政策进行解释，让民众真正弄懂。在公众对政策的细节不清楚甚至出现误解的情况下，新闻的及时介入、跟踪、报道显得尤为重要，引导得及时、准确，舆论就会平稳、和谐。民生新闻从民众的角度对方针政策予以解释和报道，保证政令畅通，这也会增强人民群众对党执政的信心。

3. 建好和谐舆论平台

民生新闻的出现在某种意义上说，是对市场经济条件下政府、媒体、公众之间关系的一种新的探讨，是对传媒工具属性和喉舌属性认识的深化和扩展，是对新时期民众知情权和话语权的充分尊重，也使新闻媒体逐渐成为公众和政府之间的桥梁纽带。民众的意见能够通过媒体平台顺利地传达给政府，有利于健康舆论的形成，使舆论朝着党和政府希望的方向发展。

民生新闻需要向有利于和谐氛围的话语平台转变，这就不仅仅要求民生新闻停留在就事论事的层次上，不满足单纯地记录现实民生状态，还要致力于通过揭示问题引发大家的思考，更为重要的是要让群众真正参与这种新闻活动，让普通公众的意见和声音有所表达，使其成为和谐舆论的一个平台。德国著名学者哈贝马斯说过："公共领域是基于私人领域和公共权威之间的领域，是公众对公共权威及其政策或其他共同关心的问题作出自由、理性评判的公众聚会场合。"① 作为百姓和政府之间的公众领域，新闻媒体有责任通过报道社会中值得关注的事件，吸引公众注意力，营造公共领域。公共领域是可以培育的，受众的公民意识也是可以培养的，关键是媒体要提供适当的平台，引导大家加入这个平台。

（三）掌握舆论运动规律，提高引导艺术

舆论作为一种社会现象有着自身发生、发展的客观规律，如何因势利导，使它朝着有利于社会和谐稳定的目标发挥积极影响，就需要媒体更加讲求舆论引导的艺术。

1. 主动引发议论，设置议程，积极引导

议程设置（agenda-setting）理论是传播学中经典学派的重要理论成果之

---

① 哈贝马斯. 公共领域的结构转型 [M]. 曹卫东，王晓珏，刘北城，等译. 上海：学林出版社，1999：170.

一，它是直接探讨媒介如何引导公众形成舆论或转变已有舆论的。议程设置理论的中心思想为：公众通过媒介知晓事件或问题，依媒介提供的程序来进行思考，按照媒介对各种问题的重视程度来调整自己对这类问题重要性的看法。媒介对某一事物的强调程度同公众对同一事物的重视程度构成正比关系。[①]

　　从近年"民生新闻"的兴起，我们也可以看到传播者与受众关于议题设置的默契。民生新闻在报道的理念上坚持公众最基本的诉求；在报道的视角上贴近公众最关心的话题；在报道的方式上，注重公众的真实感、现场感；在信息的交流渠道上，强调媒介与公众的互动，鼓励公众参与。公众把自己关心的议题交给媒介，并希望通过媒介实现议程的设置，进而了解自身议题的解决、发展和变化。媒介作为传播舆论的强势力量，理所当然地代表着公众在公共生活中的舆论权利，成为公众了解和参与国家政治生活的一个重要交流平台。在很大程度上，反映公众意见的媒介议程又为政府决策提供了参考和意见，尤其是民生新闻中出现的话题新闻，更是以议程设置引导舆论的典范。它聚集受众关心的热点、难点、疑点话题，把某些事实从无数客观事实中凸显出来，把潜在的经济社会问题披露出来。议题设置进行突出宣传，揭示其苗头，预示其发展方向，从而影响公众对某些社会问题的重视。民生新闻利用其自身的传播优势担负着传达政府意见，并把受众意见反映给政府，为政府决策提供参考的重任，从而参与社会民主政治建设的过程。

　　2. 提高民生新闻主持人的素养，发挥舆论领袖作用

　　媒体是属于全社会的，它通过反映舆论、引导舆论进行全社会的沟通，并校正社会已经出现和可能出现的问题，这就需要一种整体化的、能够整合社会资源的新闻观念。主持人是这个传播过程中重要的一环，也是特殊的一环。主持人虽然以个性化面貌出现，但他在主持节目时，以公众人物出现在大家面前，代表的是公众媒体。我们允许主持人的个性化表达，但这种个性化表达不等于个人的意见。按照舆论学的解释，主持人更像是社会群体中的"舆论领袖"，是公众的代言人，尤其民生新闻的主持人在发表言论时，他应力求把群众不同的认识和分散的意见集中起来，从而唤醒人们的知觉，形成健康良好的舆论氛围。当然，这种"领袖地位"是得到大家公认的，而并非自诩的。所以，民生新闻就要求主持人具有较高的思想素质、文化素养和良好的品德修养，否则其就难以有效地承担舆论引导的责任。

---

① 徐可. 巧用议程设置 提高引导能力 [J]. 新闻战线，2007 (5)：61-62.

3. 要把握好舆论监督的"度"

舆论监督是媒体的重要职责之一，因为舆论监督具有形式公开化，其通过媒体对各种不良现象进行批评，并具有传播范围广、传播速度快的特点。舆论监督具有重大的警示功能和教育功能，显示出十分强大的舆论张力，是构建和谐社会不可或缺的手段，但要注意"度"。

度，即分寸、尺度，从哲学上讲就是对客观事物的量以及质的规定性的一种衡量。在度的界限内，量的增减不改变事物的性质，超过这个界限，就要引起质变。唯物辩证法告诉我们万事万物都有度的限制，对新闻舆论引导工作来说，同样不可摆脱的限制。新闻舆论引导的力度如果超过了这一数量界限，事物就会出现质变，造成"过犹不及"的效果。可以说，舆论监督轻则影响舆论引导的社会效果，重则关系到所控制社会的系统稳定。

引导、反映舆论和舆论监督之间存在着辩证统一的关系，首先，引导舆论是以反映舆论为前提的，新闻媒介要充分地、全面地、真实地反映公众的意见和呼声，不能回避矛盾，要触及公众关心的热点和难点问题，真正从社会和公众的现实需求和整体利益出发来反映舆论。其次，公众舆论只有顺畅表达，才能激发公众参与改革和现代化建设的自觉意识，才能使政府和公众的意见相互融合，并形成一个稳定和谐的舆论环境，才有利于形成正确的舆论导向。最后，舆论监督本身就是新闻媒介反映舆论的重要内容之一，是媒介引导和公众参与之间意识互动的综合体现。舆论监督不仅是新闻媒介引导舆论的有效方式，而且可以使引导舆论取得更好的效果。

4. 以情感人，以理服人

在反映社会矛盾时，新闻媒体有责任从构建和谐社会的高度出发，以和谐为导向，把社会效益放在第一位，责无旁贷地配合党和政府的中心工作开展宣传，帮助党和政府解决改革发展中影响稳定的难题，承担起疏导舆论、协调不同利益主体的意见和要求、化解社会阶层之间矛盾的神圣使命。首先，新闻报道应以理服人，提倡各类社会群体遇事不能冲动，而要运用政策、法律等正确途径反映利益诉求，理性解决各种矛盾纠纷和利益冲突。其次，面对某些社会难点问题，新闻媒体可用情感劝服的方式，教育化解所形成的舆论热点。比如，"下岗职工"问题是改革开放过程中必然出现，而且较长时间内无法根本解决的问题。媒体运用情感劝服的报道方式，如地方政府春节访问特困职工、政府给特困职工发救济款、组织下岗人员再培训等，树立了"权为民所用、情为民所系、利为民所谋"的党的形象，化解了社会问题造成的人民群众的心理隔阂，创造了解决问题的舆论环境。最后，面对某些敏感问题，媒体要学会适当冷处理，选择时机报道。当社会问题处于胶着状态时，媒体不能火上浇油，最有效的办法是转移受众注意力，分散注意力，待时机成熟时正面引导，借解决问题之势，收集受众的意见，把舆论热点的精神反作用于推动问题的解决。①

5. 建设一支高素质的新闻队伍

党的新闻事业，肩负着"以科学的理论武装人，以正确的舆论引导人，以高尚的精神塑造人，以优秀的作品鼓舞人"② 的历史重任。"灵魂工程师"的职业特点要求新闻工作者严格要求自己，不断完善自己，全面提高个人素质和思想水平，新闻工作者更需具备较高的政治、业务素质，才能完成党和人民交给的历史重任。

新闻工作者在新闻信息的传播活动中始终处于前沿，他们担当的是"把关人"的角色，面对各种复杂多样的信息，他们掌握着这些信息传播的大权。这首先要求新闻工作者要具有强烈的责任感和使命感，并具有正确的政治方向。在理论方面，新闻工作者要提高马列主义、毛泽东思想、邓小平理论和"三个代表"重要思想的理论水平和政治水平，自觉增强政治意识、大局意识，认真履行自己的新闻职责，使自己真正成为人民所期待的那样一个社会环境的守望者、舆论的代表者、社会的监督者。

在工作实践中，新闻工作者坚持正确的舆论导向，旗帜鲜明地宣传党的政治主张和政治观点，宣传党的路线方针政策，坚持鼓劲，激励广大人民群众投身于建设中国特色社会主义的伟大实践中，勇于同损害人民利益的错误思想和行为作斗争。新闻工作者在实践中要时刻注重自身综合素质的提高，在平时工作中，注意知识的积累，要发挥接触社会面广、结交朋友多的优势，善于向社会学习、向他人学习，取人之长补己之短，深入生活，努力成为某一方面的行家。

当前，针对记者队伍中存在的职业道德方面的问题，我国应不断加强道德规范建设，加强自律，使新闻工作者牢固树立为人民服务、为社会主义服务的思想，反对拜金主义、极端个人主义等不良风气。我国通过《中国新闻工作者职业道德准则》《中国广播电视编辑记者职业道德准则》等相关职业规范来约束新闻工作者，另外还要从行政监督、法律监督、社会监督等方面对新闻工作者进行监督，造就一支"纪律严、作风正"高素质的新闻工作队伍。

---

① 张建. 论构建和谐社会中的新闻媒体舆论引导 [J]. 重庆交通学院学报（社会科学版），2006（2）：7-9.

② 以科学的理论武装人 以正确的舆论引导人 以高尚的精神塑造人 以优秀的作品鼓舞人：江泽民同志在全国宣传思想工作舆论上的讲话摘要 [J]. 党建，1994（2）：3-5.

第七章

民生新闻中的舆论监督作用

舆论监督是我国民主监督体制的重要方面，它对社会的发展和进步发挥着独特而重要的作用。一方面，它是保障社会公正、加强社会管理、调节社会情绪、化解社会矛盾的有力手段；另一方面，它也是国家政治文明的显著体现，其广度和深度直接反映了公民主体意识、权利意识、自治意识的发展程度以及他们参与公共事务的能力和水平。

改革开放以来，随着经济的发展、社会的进步和民主法治的逐步健全，舆论监督的地位和作用日益凸现。各级新闻媒体相继涌现出一批发挥舆论监督作用的名牌栏目和刊物，这些名牌栏目和刊物深受广大群众的喜欢。尤其是近年，舆论监督的发展势头显得更为强劲。

第一节　民生新闻中的舆论监督

在推进我国民主政治建设的进程中，民生新闻异军突起，受到群众的普遍欢迎，并在新闻报道的同时，也发挥了舆论监督的作用。民生新闻有比较广泛的群众基础，具有较大的感召力，使它舆论监督的力度与实效都能得到正常的发挥。

民生新闻中的舆论监督以平民价值取向关注日常生活，极大地满足了监督主体的参与需求，为受众提供了理性质疑与感情宣泄的广阔空间。因其关注民生，敢于批判不公平现象，舆论监督在民生新闻节目中反响很大。但是，我们在分析民生新闻节目案例时，发现这些批评性报道在制作理念上仍存在许多值得研究的问题。一方面，受高收视率及高广告收益的催动，有些媒介机构在民生新闻节目中过多地编排批评性报道，导致舆论监督内容过多过滥，忽视正面引导；另一方面，"新闻娱乐化"使得舆论监督作用有所削弱，导致一些严肃的社会问题变得浅薄而庸俗。这些都让民生新闻中的舆论监督内容热闹有余而价值不足，往往误导受众对社会问题的正确理解。我们从以下三方面进行一些分析。

一、民生利益的诉求

随着社会的发展进步，政治文明已经提上了议事日程上了。人民群众的法治观念、民主意识明显提高。群众对民生利益的追求不断通过各类大众媒体反映出来。公众媒介的舆论监督作用越来越受党和政府及社会各界的重视。民生新闻在某种程度上，实现了一种话语权的转移，即从传统的以传者为中心转为以受众为中心。在物质生活丰富，人们得到满足之后，随之而来的就是精神生活的需要。它主要表现为更多地参与社会政治活动，或者说是增强了群众的民主参与意识。譬如，电视民生新闻中的一些新闻素材，就是由普通老百姓提供的。他们可以用自己的摄像机等，来记录身边发生的人或事，使舆论监督更具有针对性和说服力。这种"传者"与"受者"角色的转换，极大地满足了他们的参与热情。

民生新闻让普通人有了在媒体上说话的机会，使群众与媒体进行了密切的互动。对于那些被批评、被曝光的事件，媒体提供了让受众自己独立发表看法的条件。例如，江苏广播电视总台的《早安江苏》，该栏目利用互动平台与观众进行互动，在每天的节目中都会提出一个互动话题，由观众发送手机短信参与讨论，编播人员筛选部分观点鲜明的短信在节目中播发出去，由于自己的言论得到确认与传播，所以广大观众参与的积极性很高。可以说，电视民生新闻使观众不再是一个事件的间接目击者，而成为社会活动的参与者、社会事件的评说者，使观众能更好地以自己的体验和判断来评论是非。因此，民生新闻在一定程度上满足了群众诉求民生利益的愿望。

民生新闻中的舆论监督经过几年的发展，由最初的就事论事、浅尝辄止、搜奇猎异的层面逐渐开始向深度发展。民生新闻中有分量、有深度、有说服力的舆论监督内容不断地出现在新闻报道中。同时，民生新闻对舆论监督的"力度"和"分寸感"的准确把握，也逐渐引起从业人员的广泛重视。在"三贴近"方针的指引下，民生新闻更加关注群众的实际利益和诉求欲望，并不断拓宽民生新闻的视野，特别是对社会弱势群体的关注有所增加。

二、舆情民意的表达

舆论监督是新闻媒体的一项重要功能，它是新闻媒体代表社会公众对社会权力机构、公共政策等一切事关公共利益的问题进行披露、建议、批评的传播活动。

从内容上看，电视民生新闻中舆论监督的内容主要是日常状态下涉及平民百姓生活的一些社会问题，舆论监督内容趋于平民化与贴近性。它的报道题材大多是与群众利益息息相关的社会问题。对绝大多数公众而言，他们只关心那些与切身利益相关以及在现实中难以满足的利益诉求。当出现这些方面问题的时候，民众的关切度往往很高。民生新闻抓住了群众最关心的问题展开舆论监督，自然也就表达了他们的心声。例如，每一项社会政策的制定都关乎社会公众的利益。如何让制定的社会政策更加科学，更具有可操作性，同时防止少数特权阶层为维护已得利益，片面狭隘地制定政策，国家通过民生新闻交由社会来讨论，有公开才会有公平，越公开越公平。公开讨论透了，政策就昭然了。理性的质疑比感情的宣泄更有价值，这也是舆论监督和媒体责任的价值所在。

从当前新闻报道中不断出现的各种听证会来看，凡是涉及普通老百姓利益的一些公共事业建设，日常消费品价格的升降都通过媒体事先予以公布，征求各方意见，让这些事情公开在"阳光"之下。这既可以征集社会各方面的意见，集思广益，让每一项政策的实施得到最大限度的支持，也可以防止由此产生的一些腐败问题，拒绝"暗箱操作"。

但是从表达方式上看，民生新闻多采用一些通俗易懂、浅显贴近的话语风格，比较符合普通百姓接受心理与接受能力。当然，民生新闻中也不时地会出现一些空泛的议论。譬如，在一档电视民生新闻中，报道商家出售问题车辆却推卸责任的事件，主持人在节目中说："如果大家都这样推来推去的话，社会主义的市场经济就没有秩序了，这些奸商就要横行霸道了，消费者就要永远吃亏了。事实上不会这样的，朗朗乾坤有法律来保护，有政府来撑腰。"如何"保护"，如何"撑腰"？这样的舆论监督节目，这样的批评性报道让人感觉抓不到实质。这种发生在群众身边的事件，大家更愿意听到对解决问题有帮助的内容。作为普通老百姓，他们可能对行政机构的职能并不了解，也不知该如何运用法律来维护权益。电视民生新闻如果在反映他们遇到的同类问题时，能告诉他们这些问题有哪些机构在管，应该找什么部门，这一定比振奋人心的口号来得更有价值些。

三、社会监督的效力

评论的力度常常成为受众衡量媒体社会监督效力的指标，也是媒体影响力的来源之一。舆论监督不仅仅是针对政府管理而言的，媒体所发挥的舆论监督作用是针对全社会的，特别是维持社会的健康、文明、有序化发展，需要社会各界的共同努力。作为民生新闻的典型，《南京零距离》就肩负着这种监督社会的使命。譬如在《南京零距离》中，市政建设野蛮施工，挖断水管、电缆的报道每两三天就能见到一次；某公路收费站竟然在深夜强拦执行紧急救火任务的消防车，要收过路费；申报世界文化遗产的国家重点文物保护单位居然被出租给了个体户搞经营……观众在看到这些内容后，纷纷打电话表示愤慨和谴责，要求处置那些不负责任的领导。从这可以看出，媒体引发的舆论监督已在发挥作用。民生新闻批评市民生活中种种非文明行为。《南京零距离》每周都报道某些南京市民由喝醉酒引发的问题。如醉卧街头、醉卧下水道、酒后吵架等，这些不文明举止，经过电视曝光后，对广大市民都有警示作用，唤醒了观众内心的道德良知，他们自觉去维护城市的文明形象，一旦发现违背道德、法律的行为就主动与电视台联系，自觉地充当城市文明的监督员。这些有效监督，为纠正社会生活中某些不良风气、树立社会新风创造了条件。

毫无疑问，民生新闻为社会搭建了一个惩恶扬善的舆论平台，使公众有了发表议论的场所，同时也激发了他们的社会责任感。民生新闻可以有效地动员社会力量，在推动社会进步、弘扬社会文明、改善社会环境等方面，发挥积极的作用。

第二节　民生新闻中如何实施舆论监督

新闻媒体有环境监测的功能，要充分地为群众提供各类环境信息，来保障社会民生的和谐安定。民生新闻义不容辞地要承担起沟通民情、反映民生、化解矛盾、为百姓排忧解难的责任。它应该客观、准确地揭示矛盾，实事求是地指出问题，营造公平、公正的社会舆论氛围，为推动和谐社会建设尽心竭力。

一般来说，媒体舆论监督的内容可分为三方面：揭露性、问题性、启示性。揭露性的监督报道作用大，但舆论比较窄。启示性的监督报道是对重大的、经验性的问题和现象进行反思，题材有一定的限制。问题性的舆论监督，只要反映问题，不管是社会重大问题，还是与百姓生活相关的小问题，都可以作为题材。百姓生活方面的问题较多，内容宽广，与百姓生活息息相关，有很强的操作性。

民生新闻在坚持以正面宣传为主的前提下，充分发挥舆论监督这把利器的作用，从民生的角度对社会生活阴暗、消极、负面的事件进行揭露，对社会生活小事中的"发光点"，进行大力宣扬，最大限度地承担起惩恶扬善、激浊扬清的社会使命。民生新闻的舆论监督在揭露和批评错误现象的同时，还注意将正确的价值取向传递给受众，倡导一种文明的、高尚的精神风尚。

一、民生新闻中舆论监督的特点

近年来，中央和地方出台了一大批关于舆论监督方面的政策措施。舆论监督在推动社会民主政治建设方面发挥着越来越大的作用。

从目前新闻舆论监督的情况来看，新闻传媒在坚持正面宣传和正确导向的前提下，力度不断加大，效果比较明显，作用日益增强。在当前，舆论监督已成为反腐败斗争的有力武器，是民主与法治建设的一个重要步骤，也是依法治国和以德治国的一个不可缺少的重要内容。

（一）紧密贴近民众生活，力求构建评说社会民生的公共领域

地方媒体充分发挥地缘优势，提供跨区域媒介所不能提供的针对性强、有地域特色的服务。民生新闻正是地方媒体为凸显地域优势而量身定做的节（栏）目。它的播报内容涉及市民生活的方方面面，大到政策法规对人民生活的具体影响，小到邻居大妈修理水龙头折射出的各种问题。所以，民生新闻从内容出发，力求与民众生活紧密贴近。在某种程度上，民生新闻中所发挥的舆论监督影响，更符合老百姓的心理，更容易被群众接受。

民生新闻节目让民众在新闻报道中更多地发出自己的声音，表达自己对民生问题的看法和观点，再加上电话热线、短信平台等交流形式，使节目成为民众评说公共事务的公共领域，较好地发挥媒体的舆论监督作用。民生新闻的报道注重人情味，力求真实地呈现群众的生存状态，把最核心的问题揭露出来，使人感受到的是观点的犀利和见解的透彻，起到了"以小见大"引导舆论、"由表及里"强化监督的作用。

（二）及时呈现社会百态，主动建立舆论监督的时效性阵地

民生新闻的时效性特点决定了舆论监督具有较高的时间效率和现实意义。从以《南京零距离》为代表的民生新闻节目中，我们可以看到无论是白天，还是深夜，无论是城市还是农村，出现了有违社会公正、有损群众利益的事件，都可以看到民生新闻记者的身影。他们的及时采访与报道，他们所进行

的新闻舆论监督，不仅是新闻自身的本质特征，还是电视民生新闻自身发展的需要。你在《南京零距离》的办公区域可以看到，数位热线接待人员24小时不间断地接听市民打来的热线电话，并及时记录，上传到统一管理和使用的信息收集与处理系统中，这样使所有的编辑记者可以第一时间获取相关新闻线索，从而为新闻，为舆论监督内容的采制和播出提供及时性保证。

（三）广泛反映社会舆情，自觉肩负起新闻媒体的社会责任

在我国，新闻媒体不仅仅是党和政府的桥梁和纽带，还是人民群众的耳目喉舌。人民群众同样可以依据宪法所赋予的言论出版自由，在公众媒体中实施广泛的舆论监督。因此，民生新闻所承担的舆论监督，其影响最为广泛，它产生的社会效果也最为明显。据统计，中央及全国31个省、自治区、直辖市的电视台，除青海台、西藏台外，开办热点引导和舆论监督的节目就60个。这还不包括广播、报纸、期刊等新闻媒体民生新闻的统计数。如果再算上省、市、县等地方新闻媒体开办的含有舆论监督内容的民生新闻栏目，这个数量将是非常庞大的。这从另一方面也说明，我国的新闻媒体已经普遍承担起了舆论监督的社会责任。

二、民生新闻中舆论监督的过程

舆论监督是一种社会自我调节、自我约束的机制。从本质上来说，它所体现的是占主导地位的社会力量在法律和行政手段之外对社会的干预，是占主导地位的文化和道德力量对社会的规范和约束。

民生新闻中的舆论监督是人民群众通过媒体对社会实行的监督，尤其是对管理部门滥用权力导致的腐败进行监督，对违反公众利益和道德规范的行为和丑恶现象进行揭露和制止，也是党和政府通过媒介手段对社会生活进行的指导和调控。在这个过程中，新闻媒体似乎是监督的"主体"，其实更应该是"中介"。媒体之所以承担起这样的使命，完全是因为公众借助媒体的社会公信力和传播优势，发挥出强大的舆论影响力。

民生新闻受党和人民的信任与委托展开舆论监督工作，就应该把体现党的意志和反映人民的心声结合起来，按照党和人民的利益去判断是非，开展监督。在这里，民生新闻最重要的是解决好监督权来自哪里，代表谁去实施监督以及依照谁的意志去开展监督的问题。民生新闻从"民生"的视角出发进行舆论监督，以它独特的魅力承担着抑制负面社会舆论和引导积极社会舆论的双重职责。

（一）形成关注热点，引发广泛活跃的意见交流

民生新闻在提出批评、释放群众批评意见之前认真分析党的政策、社会的舆论影响，然后对所要评判的内容进行梳理和分析，最终形成明确的观点和立场，并组织有说服力的新闻事实，用事实来说话，以真理来引导。只有这样的新闻报道，才会发挥民生新闻的舆论监督效力，政府的威信才能得以确立。

舆论监督，涉及党和政府及广大人民群众密切关注的社会问题，处理得当，不仅可以起到激励斗志、凝聚人心、释疑解惑、稳定大局的良好效果，而且可以较好地提高媒体影响力和公信力，提升媒体的品质和品位。

（二）明晰角色定位，形成积极向上的舆论氛围

新闻媒体不是政府的管理部门，理性的媒体应在努力表达民意、实现民愿方面多做工作，绝不能越俎代庖，去做不属于自己职责范围的事情。

在新闻报道中，无论记者还是主持人，他们都应时刻站在客观的角度上审视事实，全面分析问题，尽可能排除主观因素的消极影响，要特别注意把握好对复杂角色、复杂事物的认识。目前，在民生新闻报道中特别是批评性报道中，主持人、记者往往带有较强的主观情绪，这是不可取的。他们不能片面地认为，为老百姓出了气、解了恨，问题就解决了。其实，这样所带来的消极影响往往超过了积极影响。民生新闻的舆论监督只有以"民生为依据，事实为准绳"，才能更好地发挥它的影响力，从而形成积极向上的舆论氛围。

（三）提高监督效果，搭建和谐社会的公众论坛

民生新闻虽然是媒介市场竞争的产物，但它始终应该是以社会效益为第一要义的。因此，在内容上，民生新闻要选择那些涉及民生利益的话题、体现百姓心声的意见、反映群众意愿的思考等。舆论监督的本意就是对影响人民意愿的社会行为进行的监督。我们只有报道那些社会环境的客观变化、文明进步的动向以及突发的重大事件，或者从民生的角度解读政策、措施，以民本取向去报道政治、经济、文化等新闻，用建设性的态度披露社会不良现象，才会使民生新闻更具可读性，传媒的社会监督作用才会凸显并具有实在意义。

有人说，新闻媒体是正义的捍卫者，是丑恶的揭露者，是无处不在的眼睛。民生新闻就是要用这双"无处不在的眼睛"审视民生之事。它尽管还有些稚嫩，还有亟待解决的问题，但是只要我们不遗余力地找准"症结"，"对症下药"，就会发挥它巨大的舆论监督职能，搭建起能够广泛反映民意的公众论坛。

三、民生新闻中舆论监督的方法

和谐社会离不开和谐的舆论环境，舆论环境的和谐反映和影响着社会环境的和谐，和谐社会的构建呼唤着有效的舆论监督。民生新闻如果是最贴近老百姓的新闻报道形式，那么它所承担的舆论监督也就应该是最具实效的监督。

（一）把握民众的利益所在，充分发挥舆论监督的正面影响

我国的新闻媒体代表着最广大人民群众的根本利益，我们要把自觉维护人民群众的利益作为最高准则。舆论监督实质上是人民的监督，是人民群众通过新闻媒介实施的监督。新闻工作者要真正地深入群众、贴近群众，想群众之所想，急群众之所急，办群众之所盼，把握群众脉搏，体现群众意愿，满足群众需求，说出群众的心里话，真心诚意地为人民群众谋利益。这体现了新闻工作的党性原则，这一原则又与舆论监督的人民利益原则相一致，体现出我们党代表着最广大人民群众的根本利益。

（二）增强民生新闻的吸引力，用客观的事实引导舆论监督的方向

真实、客观是新闻的生命，用事实阐述的真理才最具有说服力。舆论监督的公信力就源于公平与正义。舆论监督必须不偏、不倚、不私，秉持公理，主持公道，不把个人的情绪好恶和地区部门的利益观念带进报道中。舆论监督的公正性就体现在以客观事实为依据，以政策法律为准绳，用真相说话，用证据说话，不道听途说，不添油加醋，不言过其实等方面；舆论监督的客观性体现在全面辩证客观地看问题，不把话说满，不以点代面，不以偏概全，不偏听偏信，不报道一面之词，让监督者和被监督者都有说话的机会、申辩的权利等方面；舆论监督的全面性体现在不要把个别的现象当作普遍的现象，不要把局部的东西夸大为整体等方面。

如果说真实是新闻的生命，准确就是舆论监督的法宝。没有事实的准确，舆论监督就难以安身立命，从事舆论监督的媒介和个人也难以安宁。报道的事件失实或不完全准确，还会使受众产生对新闻媒介的不信任感。"上了被告席，再无监督意。"新闻工作者一定要确保报道中事实的准确性，将事件发生的地点、时间、人物、起因、发展过程包括细节，调查清楚，表述准确。在实施监督之前或之后，新闻工作者要认真听取被批评单位、个人和有关了解情况的部门、个人的意见，能否立于不败之地，归根结底，命运掌握在新闻工作者自己的手里。

（三）遵循与人为善原则，用中肯独到的分析提供解决问题的办法

民生新闻中舆论监督的主要对象是公共权力。它包括权力组织、掌权者和权力关系，而这些在我国很大程度上表现为政治、经济体制及其运行机制。舆论对权力的监督作用大致包括三方面，保证公共权力的正确行使、促成并维护依法治国的社会机制、遏制腐败的滋生和蔓延。从这个意义上说，舆论监督的对象主要是人民内部的缺点和错误。所以，我们对这样的对象开展舆论监督尤其是进行批评报道的时候，应该特别慎重，要遵循与人为善的原则。监督的初衷应该是善意的，监督的态度应该是公允的，监督的效果应该是积极的。舆论监督与人为善体现监督的目的是使被监督者改进工作，改正错误，而不是把别人逼到死路上去，体现在我们的报道方法上是摆事实，讲道理，不用过激言辞，不扣帽子，不打棍子；体现在惩前毖后、治病救人方面，是为了让更多的人不再犯同样的错误。同时，我们要让人民群众看到舆论监督的正面效果，看到解决问题的希望。

舆论监督的最终目的是解决问题，激发人们的活力与信心。舆论监督，应本着惩前毖后、治病救人的态度，向积极方面引导，不为使那些部门出丑，不为某些人出气，而是为了改进工作，因此与被监督部门互动，显得尤为重要。舆论监督解决民生问题，得依靠被监督部门的认可和配合，主动整改、被动整改或者表面应付，这些关系到问题解决的力度。这就要求媒体在曝光时应该把被曝光单位的困难、情绪、解决问题的途径等因素考虑进去，只有这样，才能调动被监督部门解决问题的积极性，才能使监督与被监督共赢共生，有良性循环的社会效果。

例如，在《第一时间》的民生新闻节目中，一位学生家长投诉，反映安徽省某县一中学暑期违规补课，对学生安全不负责任，造成其子宋某溺水身亡。记者冒着高温酷暑，及时赶到事故发生地调查。节目依据政策规定，对这起学生溺水事件进行舆论监督，呼吁社会关注农村的教育问题。节目播出后，观众反响强烈，县教育局和学校对舆论监督内容心服口服，除了积极做好对死者家长的安抚慰问以及善后工作，还及时做出了整改措施，取得良好的社会效果。

（四）完善依法监督机制，用民主法制的力量保障舆论监督效力

法律法规是舆论监督的依据，也是制衡舆论监督的重要因素，舆论监督必须在法律允许的范围内进行。舆论监督的合法，包括监督程序合法、监督行为合法、舆论监督的报道内容合法三方面。监督程序合法包括采访报道主体的合法、采访报道范围的合法、采访对象的合法、采访报道手续的合法、

传播主体的合法等方面。监督行为合法包括采访报道的手段、方式、方法的合法等。舆论监督报道内容合法包括报道内容必须真实、客观、公正，以事实为根据，以法律为准绳，主持人和记者用语准确得当，要尊重相关被监督对象的合法权益，不存在新闻诽谤、新闻侮辱和揭人隐私的情况。报道的有关评论必须公正恰当，要与社会公共利益有关，必须真诚、公正，没有恶意，没有侮辱性的言辞，恰如其分。新闻报道的消息来源要真实、权威、合法。舆论监督依法监督既是对被监督对象民主权利的维护和尊重，同时也是对新闻工作者开展舆论监督的保护。

第三节　民生新闻实施舆论监督的必要保障

舆论监督的有效性，取决于一个国家的政治民主化和法治化的发展程度。民生新闻尽管发挥舆论监督的作用，取得了不俗的成绩，但舆论监督中存在的诸多问题也是不容忽视的，除了自身的原因，还需要外部环境的理解和支持。

一、完善法律制度

多年来，我国已经制定了大量的法律法规，基本构建了整个社会的法律保障体系。但是，综观我国现行法律体系，其对舆论监督缺乏最基本的规定，更谈不上系统的保护。我国现有的法律（包括宪法和各项基本法律）尚没有对舆论监督权作出直接界定，只是以相关的法律依据间接地确认、逻辑地推导出这项权利。

同时，现行法律对舆论监督的简单化规定，导致了记者和新闻媒体进行舆论监督缺乏可操作性，没有舆论监督法律层面的定义，没有舆论监督的范围，没有明确监督者与被监督者之间的权利义务，没有滥用舆论监督权利的制裁措施，更没有妨碍舆论监督权利行使的制裁措施。[①] 这些使媒体的舆论监督权得不到法律的有力保障，而这也正是导致舆论监督总体弱势的重要原因。所以，我们应从法律上加强对舆论监督的现实保障。

（一）明确新闻媒体的权利

将舆论监督权分解开来，它应包括这样一些更为具体的权利。

---

① 林爱珺. 舆论监督保护的现状与法律思考 [J]. 新闻战线，2005（3）：43-46.

1. 合理怀疑权

据报载,《深圳市预防职务犯罪条例》(以下简称《条例》)的初稿对新闻媒体的监督权以专条作出规定:"新闻记者在预防职务犯罪采访工作过程中享有知情权、无过错合理怀疑权、批评建议权和人身安全保障权,任何单位和履行职务的人员应当配合、支持,自觉接受新闻媒体的监督。"大家普遍认为,《条例》将是新闻媒体行使监督权的一次较大突破。《条例》中规定记者享有"无过错合理怀疑权"的提法引起了业内人士的诸多关注。

马克思说过"怀疑一切"。这是一个思想者走向真理的必由之路,也肯定是真正民主监督的精髓之一。"怀疑一切"并不是"否定一切",它是一种辩证的思维方式。"怀疑一切",就是不要只看表面现象,要从零状态开始一点一滴、实事求是地去求证,在实证中求得事物的真实面目,这样的真实才是可靠的。新闻媒体从事舆论监督就要有这种质疑深究的精神和"打破砂锅问到底"的工作作风。很多事情不是直接显露在外面,总是有人要千方百计地把事情的真相掩盖起来,因此谁也不能只通过表象就可以判断出合理的内核,必须深入内部才能看清一些东西,而"怀疑"是深入事实本质内部,了解真相的最好方式。

记者的天职就是追求真理、探寻事实真相,因此"质疑"就是他们最具有职业特征的品质。应该说怀疑是探究的开始,它又是舆论监督最有力的思想工具,它将直接导致更加深入的调查研究。我们只能把已经核实的事实发布出来,以引起社会舆论的监督,而不能随意散布那些捕风捉影的臆测,不负责任地肆意中伤和攻击怀疑对象。如果以法律的形式规范记者的怀疑行为,这将有利于舆论监督发挥积极有效的作用。

2. 正常采访权

采访权即新闻记者在法律范围内自由接近新闻信息源、向新闻事件当事人和知情者访问、调查和搜集有关材料的权利,这是媒体其他一切相关权利的基础。对记者来说,采访是包括舆论监督在内的一切活动的前提,只有经过采访才能进行报道、评论、批评、传播等活动。

采访权不是新闻记者的私权而是被社会授予的公权,"这种独立的个体权利是与其从事的新闻工作的社会角色要求密切相关的,这种权利是一种特殊的权利而不是普通的权利"[①]。因为,记者被公众推到了舆论监督的前沿,其采访权实际上是下情上传、上情下达的手段,他们是公众的情报员与代言人。

---

① 顾理平. 新闻法学 [M]. 北京:中国广播电视出版社,2005:115.

从这一角度出发，记者的采访权应是一种"职权""职责"。因此，拒绝记者采访、阻碍记者采访，给记者提供虚假信息的行为就是妨害公众权力的违法行为。

国家应进一步明确记者采访的权利，从法律上给采访工作提供更多的保障。比如，在采访对象方面，当以国家机关及其工作人员作为采访对象时，记者应有权要求其就自身公务范围接受采访，后者应尽可能为前者提供必要的便利条件。在采访国家机关及其工作人员之外的其他法人和自然人时，在得不到直接配合的情况下，记者可有权要求国家权力部门协同进行采访。再如，在采访场合方面，记者应有权在公开自由场合进行自由访问并自由采集新闻报道的必要素材。在一些限制场合，包括灾难灾害现场、公众瞩目的文艺演出、体育竞赛、战争进行地、法庭等，记者应有经一定程序后进行采访活动的权利。因为上述场合往往是重大新闻的来源地，国家如果完全限制记者的采访行动，必会使公众的知情权无法完全实现。

3. 合理批评权

批评权，是指在法定范围内，新闻媒体或新闻记者结合新近发生的事实，就人们普遍关注和现实存在的问题发表批评的权利。在我国立法上，批评权与采访权，一般被认为是经由《中华人民共和国宪法》第35条和第41条分别确立的"言论自由权"和"批评建议权"推衍而来。《中华人民共和国宪法》第35条规定："中华人民共和国公民有言论、出版、集会、结社、游行、示威的自由。"第41条规定："中华人民共和国公民对于任何国家机关和国家工作人员，有提出批评和建议的权利。"

但在现实中，批评与怀疑有一些不同：怀疑是就某一不清楚的问题提出疑问，要求监督对象给予答复；批评则是针对相对明晰的问题直接进行褒奖或贬责的评论、建议。怀疑可以是没有特定指向的，提出问题待进一步查证，而对问题的负责人或部门进行批评往往是直接指向特定对象的。所以，批评权更容易与公民或法人的名誉权、隐私权等人格权发生冲突和碰撞。但是，同为宪法保护的公民权利，人格权有《中华人民共和国民法通则》（已废止）等实体法的具体保护，而言论自由权与批评建议权尚处在被置之不理的状态，缺乏直接的、可操作的法律规范。这样两种权利一旦发生冲突引发诉讼时，司法机关选择民法来调节，结果自然不言而喻。

（二）明确舆论监督对象的义务

民生新闻中舆论监督的对象非常广泛，既包括那些代表人民行使权力的各级国家机关及其工作人员，也包括那些与公众生活、公共利益紧密相关的社会组织，如学校、社区、医疗机构、厂矿企业、商业单位等。它们手中都

"掌握着一定的社会资源和信息，从而也就有可以支配他人的社会权力"①，所以它们理所应当要积极、主动、惯例性地接受公众的监督，其基本形式就是信息公开。

信息公开并不是监督对象愿意不愿意的问题，而是公权力接受社会监督的基本要求。根据法理上权利和义务的相互关系，"一方的权利是对方的义务，义务是对方权利实现的保障"②，如果把舆论监督看成媒体代表公众行使的一项权利，那么这项权利的实现就必然要求监督对象履行一定的义务。舆论监督是以获取真实、有效的信息为前提的，所以监督对象要履行的义务就是及时、全面、准确地公开自己所掌握的与公众利益相关的信息。行使舆论监督权的媒体在实行信息公开的领域，应当充分享有自由报道的权利，任何单位和个人不能随意剥夺媒体的采访权、报道权。

信息公开可以拓宽媒体的监督面，同时，在某种意义上，它还可以使舆论监督更符合自己的本意。舆论监督常常采用批评报道的形式，所以很多人就将两者等同起来，认为舆论监督就是批评报道，其实，这种看法不仅不全面，也是有害的。批评报道是一种事后的监督，往往是出现了问题之后媒体才介入其中，这样纠正问题就需要花费较大的社会成本。舆论监督的本意，不仅包括事后的批评，也包括事前、事中的监督制约和建议提醒。信息公开让公众及时、充分地了解监督对象在做些什么、做得怎样，从而形成从头至尾、持续不断的舆论监督。在此过程中，公众既是"旁观者"，也是"参与者"，他们通过知晓和了解那些对自己生活、工作利益紧密相关的信息，制约着公共事务的运行，减少越轨行为的发生，并参与公共问题的决策和公共规则的制定，从而形成公众与监督对象的良性互动。这要比单纯的批评报道更有实际价值，也更体现了舆论监督的建设性目标。

（三）新闻诉讼的法律裁定

法律即使给予了新闻媒体很多的权利和保障，也无法完全阻止监督对象对媒体的诉讼。这是法治社会经常会出现的问题，也是社会进步的一种体现。但在诉讼过程中，媒体势必要经受一定的风险，还要付出大量的精力和时间。出于对公共利益的考虑，我们还是应该给予媒体适当的宽容和保护。

1. 制裁恶意诉讼

新闻诉讼中的恶意诉讼，是指诉讼的当事人明知或应当知道其诉讼目的

---

① 刘恒．政府信息公开制度［M］．北京：中国社会科学出版社，2004：29.

② 公丕祥．法理学［M］．上海：复旦大学出版社，2002：197.

是不正当的，而仍然滥用诉讼权，恶意对新闻媒体提起诉讼，损害新闻媒体合法利益。同时，恶意诉讼也给国家的司法资源造成了极大的浪费。法律应对这种行为进行制裁。

《中华人民共和国宪法》《中华人民共和国民事诉讼法》及《中华人民共和国民法通则》中有关于不得滥用诉权的原则性规定，但实体法条款中没有相对应的具体规定。一般而言，实体法有规定，然后程序法才能应用规定。《中华人民共和国民事诉讼法》规定，当事人不得滥用诉权，若滥用诉权，将承担什么后果，必须在实体法中加以规定。实体法若无此规定，则"不得滥用诉权"的规定只能流于形式。根据现行法律规定，法院即使不支持恶意诉讼者的恶意请求，并判其败诉，恶意诉讼者顶多也只是承担为数不多的诉讼费用而已，法律对其并没有实质性的惩戒。

2."倾斜保护"和特许权

怎样在新闻侵权诉讼过程中给予媒体合理的保护，从而为媒体舆论监督创造一个良好的环境？为此，有学者提出了"倾斜保护理论"。"其基本主旨是：为了社会公共利益之考量，使人们更为方便地对公职人员和社会公众人物进行监督和批评，通过对加害人的过错程度要求之不同体现出来的。对公职人员的诽谤，要求加害人具有较严重的过错方构成侵害名誉权的行为，对于一般公民的诽谤，只要求加害人具有一般过失，即可构成对一般公民名誉权的侵害。"①

媒体实行倾斜保护，就是在司法过程中，应区别对待媒体一般性批评与媒体批评公职人员和公众人物，对后者要采取一种相对宽容的态度。因为媒体舆论监督的指向一般不是针对普通人，而是针对公职人员和公众人物，只有后者才能称为真正的舆论监督。当新闻报道是为了批评不法行为，是为了保护公众权益，只要不是无中生有，在基本事实存在的情况下，对由于轻微的言辞不当或技术不当造成的损害，实行一定程度上的免责。

这其实就是赋予媒体一种事后的免责权，国际诽谤法理论称其为媒介特许权。这种特许权分为绝对特许权和有限特许权。享有绝对特许权的言论可以受到法律的绝对豁免，如议员在议会的发言、诉讼当事人的法庭陈述、官方职务往来之文书等，通常不得提起诽谤诉讼。享有有限特许权的言论包括为完成公共或私人责任、为保护自身合法利益、为答辩所发表的言论，若要起诉，原告必须对行为人具有恶意负有举证责任。舆论监督的特许权一般为

---

① 曹瑞林. 舆论监督与倾斜保护理论［J］. 中国记者，2003（11）：50-51.

有限特许权。

对于此，最高人民法院的有关司法解释已有类似精神的体现，《最高人民法院关于审理名誉权案件若干问题的解释》（已废止）第 6 条规定："新闻单位根据国家机关依职权制作的公开的文书和实施的公开的职权行为所作的报道，其报道客观准确的，不应当认定为侵害他人名誉权。"但是，可以看出，我国法律规定的特许权内容还仅限政府公开的文书和行为，对其他有关公共利益的信息和行为则还未涉及。同时，对于那些因公共利益而引起的新闻侵权纠纷，法律在侵权的主观要件上应采取比一般民事侵权严格得多的标准，即以具备"恶意"为限。我们应将那些报道事实基本属实，主观上并非恶意诽谤、侮辱他人内容的报道，仍旧划归舆论监督的正常范围，同时，应该明确举证义务，根据"谁主张，谁举证"的诉讼原则，要求应由原告方承担媒体"恶意"的举证责任。

二、恪守职业道德

民生新闻中的舆论监督是要靠新闻媒体和记者去完成的。那么，舆论监督的初衷到底是否会偏离，社会公正到底能否实现，公众知情权到底能否满足，归根到底还要看新闻从业人员自身的素养和品质。要想使舆论监督健康发展，充分发挥其作用，我们必须加强新闻从业人员的职业道德约束力。

（一）民生新闻从业人员的道德自律

电视民生新闻从业人员的道德自律是媒体道德建设的重要环节。每一个个体的道德自律，都不光直接关系到自身所在媒体的道德风气，还影响新闻界整体的自律，因此加强新闻职业道德建设应成为广大新闻从业人员的自觉行动。

"现代新闻事业的飞速发展，使新闻自律显得尤为重要。世界许多国家虽然都已制定了新闻法或相关的法规，但这种法律或法规往往只是在新闻媒体或新闻记者出现较严重违规行为时，才起作用，更多的时候，只能靠新闻自律来起规范作用。有许多时候，违法与否是难于有比较明确的界限的，只有新闻自律，才能起到比较直观的价值判断作用，也才能比较好地对新闻事业及其从业人员起到理想的规范作用。"① 同时，加强新闻从业人员的道德自律是保持舆论监督的公信力的一个基本条件。我们的民生新闻节目在日常的舆论监督实践中，取得了一定的成绩，赢得了社会公众的广泛信赖。在市场经

---

① 顾理平. 新闻法学［M］. 北京：中国广播电视出版社，2005：61.

济条件下，媒体除了要恪守法律与法规的约定，还必须加强职业道德自律才能维持媒体的公信力，才能使舆论监督工作继续发挥积极的影响和作用。

（二）民生新闻的组织监督

"新闻自律，重在行动，而且要使行动生效。"① 一些自律条例对新闻道德建设来说，是远远不够的。《中国新闻工作者职业道德准则》（以下简称《准则》）已经比较完备了，但并没有相应权威机构对其进行切实监管和执行，《准则》往往只是高高地悬在空中，并没有充分发挥严格的制约作用，所以我国媒体在行业自律方面还不是很理想。

行业道德建设的基础是稳定、公正、有力、权威的行业组织，只有这样的组织所建设的道德规范才能有约束力，行业内外才能视之有物。在这方面，西方一些国家有十分宝贵的经验，比如，美国、英国、瑞典等。在这些国家，新闻业评议会之类的自律组织的成立和发展是其整个新闻自律机制的重要环节和标志。这些国家的新闻自律组织以及由它们制定实施的道德准则，一方面都被看作对法律的补充在发挥作用，另一方面也被作为防止政府干涉的一种防御性方式。根据国外新闻行业的经验，并结合我国的实际，我们可以加强新闻行业组织监督的作用，可以利用当前的新闻工作者协会，或者单独成立一些行业自律委员会。

首先，这个行业监督组织的构成要权威、要多元。我们可以聘请权威的专业人士，保证这种权威性能够得到大多数新闻同行的认可，同时，要保证人员选择上的广泛性和多样性，比如，聘请一些责任心强、关心和支持新闻事业的社会各界人士担任监督员。这样的行业组织说话才有分量，同时也能得到行业内外的广泛信任。

其次，行业组织要能督促每个新闻媒体以及从业人员认真学习、领会已成文的道德规范，并监督它们的执行状况，如实进行评定。同时，行业组织要对每个新闻工作者的学习情况具有考核的权力和不予录用的权力。

最后，按照行业的规定，行业组织能够对涉及新闻职业道德的问题进行仲裁，并监督裁定决议的执行，实行奖惩有度、赏罚分明的责任问责制度。对于情节更加严重的违法行为，行业组织则可以移交有关司法机关进行处理。

---

① 王天定，王俊杰，卢焱，等. 广播电视新闻法规与职业道德 [M]. 北京：中国广播电视出版社，2005：489.

三、规范监督机制

新闻媒体，特别是民生新闻节目的运作是靠一定机制加以保证的，而这个机制的规范与否直接决定了舆论监督是否有效。

（一）确立电视民生新闻中舆论监督的评价标准

电视民生新闻中舆论监督工作的效果到底如何，目前还无法用相对系统的指标进行评估。为了能够对舆论监督的质量进行考评和监督，建立一套科学、完整、合理的评价标准体系，对新闻媒体而言，是一项迫切的任务。这不仅为评价舆论监督质量树立了标杆，还是促进舆论监督有理、有利、有节开展的必要条件。

1. 选题标准

"并不是所有的问题都能成为舆论监督的对象，要抓住领导重视、群众关心、事涉大局又确实可能解决的热点、难点问题，将注意力、着重点放在那些具有普遍意义、重大意义、警示意义的典型事例和典型角色上，以产生震撼力。"① 现在我国市场经济快速发展，社会矛盾相对集中，电视民生新闻中的舆论监督尤其要把好选题关，做好"议程设置"工作。首先，选题不能与国家的政策方针相违背，并且要考虑选题的时机，考虑不同阶层、不同人群的心理承受力，使选取的题材不影响社会稳定、不激化社会矛盾。其次，电视民生新闻中舆论监督的题材应具有典型性和普遍性，避免将猎奇、盲目追求轰动效应、追求卖点等不健康因素作为舆论监督的选题标准。

2. 法律、道德标准

民生新闻中的舆论监督其实是一种社会性评价，是媒体代表公众对政府机关、公务人员、公共利益机构等进行的评价。这种评价不仅包括合法性判断，也包括合理性判断，也就是媒体对监督对象进行判断的标准，既包含了法律标准，也包含了道德标准。应该引起注意的是，在对别人进行判断的同时，国家法律和社会公众对媒体的判断也存在一个判断。因为媒体的判断不仅仅是一个思维上的判断思考，它还会对这个思考的结果进行传播，从而产生更大的社会影响。因此，媒体判断的正确与否关系重大，我们需要运用法律标准和道德标准进行衡量。符合法律规范、道德要求，这是对舆论监督的起码要求。否则，舆论监督不但不能起到应有的激浊扬清、惩恶奖善的作用，还会引起社会的负面效应，甚至给媒体、相关新闻从业人员带来社会舆论的

① 林爱珺. 加强新闻舆论监督方法初探 [J]. 新闻界，2004（2）：30-31.

谴责和诉讼的麻烦。

3. 事实报道标准

民生新闻中舆论监督的发起者一般是民生新闻中的一则新闻内容，新闻的质量往往决定了舆论监督的最终效果，所以我们有必要建立媒体事实报道的考察标准。

一是报道的时效性。舆论监督的首要意义不在于传递信息，而在于满足公众的知情权，首发的新闻是最具有这一价值的。它使事实的真相被揭露出来，使公众从不知情到知情，这是一个质的飞跃，而实现这个飞跃往往需要记者付出相当艰辛的努力。因为"真相就是正在抑制或被遮蔽的事实。有的真相被权力遮蔽，有的被利益遮蔽、有的被道德观念和偏见遮蔽、有的被集体意识遮蔽、有的被狭窄的生活圈子和知识技术遮蔽"[①]，揭露真相，记者不仅需要有足够的勇气，还需要有足够的智慧，能克服诸多的困难，能拨清迷雾，清醒地认识问题。首发性的舆论监督对树立媒体形象、确立媒体地位也有很大的作用。

二是报道的准确性。舆论监督最讲求事实报道的准确性，因为舆论监督是建立在"怀疑"基础上的，只有摆事实讲道理，把问题准确地反映出来，别人才会信服，被怀疑者也才能心悦诚服地接受怀疑和监督。因此，在报道过程中，记者要能敏锐地发现证据，而这些证据一定要能证明记者所调查的事实或证明记者的调查判断，并经得起法律的检验，使记者或媒体在诉讼中立于不败之地。

三是评论的客观公正性。一般来讲，新闻媒体只对事实负责，至于是与非，则主要交给公众去衡量或讨论。同时，有一些新闻事实需要媒体进行评论，这一类报道要充分认真听取并全面反映各方当事人的意见，尽量做到不偏不倚。摆明客观事实，让人们做出自己的判断，或者经过讨论或争论，最终形成统一认识，得出正确的结论。

四是报道的深度性。这里的深度，一是指事实的深度，二是指评论的深度。民生新闻中舆论监督报道不能蜻蜓点水，仅触及皮毛，只有不断提出疑问，探寻事实的真相，才能有力度，从而达到应有的效果。同时，评论也必须讲求深度。综观当前的舆论监督报道，许多报道还停留在事实的浅表层面，重感性调查、重冲突展现、重细节捕捉，"解气"功能强，而"解惑"作用

---

① 叶子，宋铮，井华，等. 激情与理性：《新闻调查》个案研究［EB/OL］. 中国传媒大学国家传播创新研究中心，2004-12-15.

不够。新闻报道只有突破事件的表象，深入事件的内在因素、深层原因以及事件背后的社会发展体系中，才能真正找到问题的症结，为解决问题找到出路。

4. 社会效果标准

民生新闻中舆论监督的社会效果是衡量其社会价值的根本尺度和最终标准。社会效果虽然不像媒体报道自身那样具有绝对的可控性，但通过对社会效果的测量和考察，可以反过来对媒体报道进行调整和改进。社会效果，就是舆论监督行为发生后所产生的社会反响和社会作用。

先讲舆论监督的社会反响，舆论监督是社会公众的监督形式，只有引起了广泛的社会反响才能真正发挥舆论监督的作用，从而还"舆论监督"本来的面目。从传播学角度讲，舆论监督的社会反响就是新闻的传播效果，它不但体现在受传者的认知层面，还体现在受传者的心理层面和行为层面，具体应当包括社会的知情程度，以及舆论的响应程度、赞同程度、支持程度等。公众的知情程度越高，舆论的反应越激烈，赞同度、支持度越高，说明报道的社会反响越大。

舆论监督的社会作用主要表现在解决问题的程度上，因为社会舆论有合理的成分，有时也会有不合理的成分。新闻监督能促进问题的解决，不会把问题复杂化，批评的对象要准，批评的事实要清，批评的方法要妥当，不可似是而非。新闻事件如果公开报道后产生使人效仿的负面效应，使问题更严重，更复杂，解决问题的难度更大，这就失去了舆论监督的意义。所以，舆论监督应该"与人为善"并且是有节制的，曾经的中央电视台台长赵化勇在全国广播电视学会评论分会成立大会上谈道："我们的批评报道是为了让地方政府改进工作……我们进入事实的角度、采访报道的初衷应该是善意的，在披露事实的过程中所采取的评价的态度应该是公允的。最后节目所产生的社会效益也应该是积极的。如果用一种破坏性的批判和揭露，用一种满足于'解气'式的情绪化宣泄，而将注意力和着力点较少集中在过程性的监控和制度性的重建上，就违背了舆论监督的本意。"

（二）电视民生新闻节目要建立规范的运作机制

机制是一个工作系统内部相互作用的过程和方式，包括制度、规范和程序等要素。媒体内部要建立起规范的运作机制才能保证电视民生新闻中的舆论监督正常、有序开展。

1. 制作经营分离机制

现在有许多新闻媒体大多实行的是事业单位，企业化运作的管理模式。

企业执行的是利润最大化原则，以销定产，什么卖得动生产什么。作为事业单位的媒体却不能被市场轻易左右，它们需要恪守的是"真实、全面、客观、公正"的职业理念和不为金钱所动、服务公众利益的职业道德。因此，新闻媒体在运作中如何更好地处理事业性质和企业运作的关系，就是保障民生新闻正常发展的突出问题。我们想要实现媒体社会效益和经济效益最佳的方法，就是在内部将电视制作业务和经营业务分离开来，两股道上分别运行，各不相扰。

例如，《南京零距离》节目的制作与经营就是分开的。采编、经营两个"轮子"分开转，制作系统只管节目与播出，完全不过问广告和发行方面的具体操作。这就建立了一道"防火墙"，采编人员没有广告客户方面的顾忌，从而有利于记者、编辑相对独立地执行客观制作新闻的原则，很好地履行相应的新闻舆论监督的职责，并且很好地杜绝了出卖新闻、有偿新闻以及为扩大影响力，违背新闻原则，追求轰动效应的行为。

2. 规范隐性采访的操作

隐性采访应该是一种"不得已而为之"的手段。随着媒介市场的竞争加剧，隐性采访越发有被滥用的危险。在这种情况下，我们有必要明确规定隐性采访的操守，建立管理规定、程序要求。记者必须遵守这些规定和程序才赋予采访的权利。在我国，有一些新闻栏目已经设置了隐性采访的程序规定。如《新闻调查》规定只有同时具备四个条件，才能进行隐性采访："（1）有明显的证据表明，我们正在调查的是严重侵犯公众利益的行为；（2）没有其他途径收集材料；（3）暴露我们的身份就难以了解到真实的情况；（4）经制片人同意。"

媒体还可以聘请法律专家作为顾问，这样，记者在进行隐性采访之前若是拿不准是否符合法律规范，可以向法律专家进行咨询，让新闻采访活动都有必要的法律依据和保障。

3. 建立新闻纠错机制

新闻纠错，是民生新闻节目很有必要建立的取信于民的机制，它是对新闻报道中出现偏误、失实做出的一种纠正和勘误。这不仅不会失信于民，还会提高新闻媒介的公信力。新闻媒体每天要收集、传递的信息十分庞杂，新闻报道出现差错也是在所难免的，审查把关往往会出现疏漏。尤其对于舆论监督，信息的获取和核实往往都比较困难。针对新闻差错产生的不良社会影响，新闻媒体消除影响就成为补救新闻侵权损害的主要措施，尤其是在媒体侵权之初。鉴于媒体传播的连续性和覆盖面的相对稳定性，新闻侵权损害可以通过自身对差错的纠正来进行有效的补救，其主要方式就是更正与答辩。新闻媒体只要在发现差错后能在较短时间内进行更正与答辩，就可以将损害影响减小，甚至消除。这样，更正与答辩也就可以成为新闻媒体和从业人员解决出现问题，减轻责任、防止诉讼的最重要手段。

当前，我国很多新闻媒体对纠错、更正、答辩还未引起足够的重视，相应的机制还没有完善。因此，电视民生新闻节目因舆论监督而遭遇诉讼之后常常处于很被动的状态，所以相关的具体细则亟待完善。

四、寻求社会支持

从严格的意义上说，舆论监督就是一种社会监督。民生新闻所发挥的舆论监督作用只是社会监督的组成部分，并非全部。新闻媒体只有动员社会力量，相互配合，彼此呼应，才能产生更加广泛的影响，表现出民主政治的强大效力，进而使民生新闻中舆论监督的能力和效力也得到增强。

（一）多种监督形式的配合机制

舆论监督只是社会监督的一部分，除此社会监督还包括多种形式，譬如，人大监督、政协监督、行政监督、社会团体监督等。它们有共同的目标，但彼此之间的职能分工、权力（权利）来源、监督方式、监督效力各不相同，当然也各有一定的局限性。它们如果各自为政、互不响应，便很难充分发挥监督工作的威力。

应该说，在任何情况下，任何监督形式的主体所能发现和掌握的信息与整个社会所需要的信息相比，都具有一定的局限性。因为社会信息是广泛分散的，任何监督主体无论怎样积极主动，都不可能穷尽所有的社会信息。新闻媒体虽然敏感度高、涉及面广，但同样无法突破自己视野的局限性。况且，媒体只是代表公众行使监督权，没有任何"特殊权利（权力）"，它要监督某些特殊对象，调查某些特殊信息，必然会遇到各种各样的阻力。另外，它的监督只是社会软性的约束力，其监督效力是有限的。其他各具特色的监督形式或多或少可以弥补舆论监督的一些不足。反过来，由于新闻媒体的影响力，其他监督形式也愿意与舆论监督相配合，这样可以动员更多的社会力量参与，取得更强大的监督声势和能量。

例如，人大监督是宪法赋予人大代表的职责和权力，它的传统方式是听取报告和执法检查。这样的监督方式适用于一些重大问题，但对于代表们反映的日常性问题则缺乏灵活性，与普通群众之间也缺乏交流与沟通。近年来，一些电视民生新闻节目将人大监督和舆论监督相结合，使舆论监督间接地获得了一种制度资源，从而变得更有勇气和力量。

政协监督是各民主党派参与的民主监督。由于政协委员在知识水平、管理经验、社会影响等方面层次高，他们位置超脱，不容易受世俗和部门利益的影响，提出的意见相对客观科学，所以政协的配合有助于提高电视民生新闻中舆论监督的权威性和科学性。

行政监督是国家行政机关专设监督机构对自身进行的监督，其主要方式是行政监察、审计监督和行政复议。它"既具有专业性、技术性强的特征，又具有速度快、易实施、效率高的功效"。

行政监督对电视民生新闻中舆论监督的配合主要表现在两方面，一方面，行政监督机构行使职权应遵循"政府信息公开"的原则，及时向媒体提供情况，使媒体能够集中力量加强报道；另一方面，行政监督对媒体揭露的相关问题要能及时跟进。从电视民生新闻节目的实践看，第一方面显得有所不足。行政监督，当特别涉及一些敏感问题时，只注重在政府内部进行，而不太注重对外公开。但是随着民主政治建设的深化，这方面正在发生好的变化。近年的"审计风暴"能刮起来，一个重要原因就是审计监督结果的公开。对此，李金华还进一步表态"今后审计结果公开是原则，不公开是例外"。

此外，社会团体监督、党内监督、法律监督、信访监督等监督形式，对民生新闻中的舆论监督来说，都是重要的信息来源和支援力量，人们应该科学、合理地加以利用。对这些监督形式来说，它们适时、适度地配合媒体进行舆论监督，并通过媒体把自己的工作情况告诉公众，也是有益自身发展的。

（二）媒体之间的配合机制

民生新闻中舆论监督的威力不是来自新闻本身，而是来自新闻报道所引发的社会讨论。有时，仅仅依靠一家新闻媒体的报道很难形成强大的社会舆论，很难收到应有的效果，多家媒体通力合作、相互配合，效果就不同了。

社会舆论的强度是以其分布的水平和流量来衡量的。作为舆论源的每一家媒体，它们各有各的受众群，各有各的覆盖空间，多家媒体参与舆论监督就可以加大舆论的强度。同时，不同媒体多方位、多角度、多层次对某一事件或现象进行报道、解析，可以增加舆论的流量，从而使人们更容易对某种意见产生确定感。

所以，有多家媒体共同对某一问题进行关注，可以迅速增大舆论的强度。这不但有利于扩大影响，形成强大的舆论压力，而且舆论压力也有助于缓解和减少媒体报道的阻力，使报道能进一步往前推进。近年来，媒体联动进行舆论监督，特别是网络参与的成功案例很多。

媒体之间的配合除了有利于增大舆论的强度，还有利于提高舆论的质量。媒体只有形成一种健康、理性的舆论氛围，使公众能对监督对象做出公正、明智的评判和要求，才能保证监督对象在公共利益和其自身利益之间做出平衡的选择。要达到这样的效果，媒体就必须能够提供全面、精确的事实信息和客观、公正的评价信息。事实上，那些失实报道、片面报道、侵权报道一般也是个别媒体之所为。这是因为每家媒体的视野、信息来源和理性水平都是有限的，多家媒体彼此配合，正可以相互补充、相互启发、相互深化、相互平衡，这样可以有效地防止集体失实、集体侵权，以及"言论一边倒""话语霸权""舆论审判"等现象的发生。同时，这也有利于公众更客观、全面、深入地了解事实真相，从而发出更公正的评判和更合理的诉求。

此外，媒体之间的相互配合也是一种相互监督。当多家媒体共同参与对某个事件的监督时，每家媒体的行为和言论便会暴露在同行的眼前，那些徇私作假、有偿新闻就很难在暗处进行了，这也大大降低了舆论监督被异化的可能性。

（三）权力部门的配合机制

民生新闻中舆论监督往往需要通过第三方的强制力量才能产生实质效应，这个第三方力量主要指上级主管部门或宣传管理部门。被监督者实质上所畏惧的就是这些权力部门可能对他们的不法行为做出的制裁，因此，一方面他们自身是舆论监督的对象，另一方面他们也是舆论监督的配合力量，促进或决定着舆论监督效果的最终实现。

首先，电视民生新闻中舆论监督要努力寻求上级主管部门和宣传管理部门的支持和配合，这在当前还是十分现实的选择。当前总体的舆论环境比较宽松，但媒体，特别是民生新闻，在实际的舆论监督中还是困难重重。记者的监督权利缺少法律的充分保障，"说情风"以及压制、打击舆论监督的风气在某些地方依旧盛行，再加上一些监督对象自恃力量强大或有"后台"，对媒体批评和公众舆论置之不理或敷衍塞责。在这种情况下，权力部门的一个批示、一席讲话往往能使舆论监督达到事半功倍的效果。同时，由于权力部门代表党和政府的权威形象，它的表态往往能给公众以信心，对疏通、引导舆论也具有重要作用。

其次，被监督者的上级主管部门和有关职能部门的配合也很重要。它们可以针对某一问题与媒体沟通，并与其采取联合行动，也可以直接从媒体手中接过棒来，将其意见转化为现实的行政或司法行动。它们的介入不但有利于保障新闻工作者的采访权利和人身安全，而且由于其针对性强、威力大，往往能直接促进问题的解决，因而也能避免媒体精力投入过多，起到降低监督成本的作用。

综上所述，民生新闻中舆论监督是一个社会系统工程，要使它健康、有效地运行与发展，离不开社会各方力量的支持与配合。随着我国的政治体制改革不断推进与深化，民主法治建设不断健全与完善，民生新闻也可以拥有更广阔的发展空间，从而提高节目的质量与水平，特别是将舆论监督作用发挥得更好，打开新局面，跃上新台阶。

第八章

民生新闻中的主持人引导作用

民生新闻以其特有的公信力、亲和力、大众化、民俗化特点，给电视新闻增添了新的色彩，也为主持人提供了展示个性魅力的舞台。2002 年新年伊始，伴随着《南京零距离》节目的创新改版，"民生新闻"与"孟非现象"同时展现在电视荧屏上，一时间风靡全国，成为业界和学术界都十分关注的媒介事件。所谓媒介事件，西方传播家丹尼尔·戴扬和伊莱休·卡茨曾把它界定为"一种特殊的电视事件"，指的是对电视的节日性收看，即那些令国人乃至世人屏息驻足的电视直播的历史事件。所以当我们在研究"民生新闻"舆论导向的时候，我们不能忽略主持人的重要作用和影响。

第一节 广播电视民生新闻中的主持人

江苏电视台《南京零距离》首开民生新闻的先例。《南京零距离》从一开始就起用了体育记者孟非作为主持人。"近两年时间栏目美誉度和收视率包括广告额直线上升，一定程度上又是孟非这个英雄造了时势。……其实孟非成为品牌绝不仅仅因为光头，而是他的新闻从业理念'另类'，另类到对新闻传统从业观念 1/3 遵循，1/3 修正，1/3 颠覆。每天出现在城市频道上的这个另类主持人……但智慧不少，嘴有点儿歪但良心很正，年龄不大但阅历不浅，一言以蔽之，孟非是不可复制的，谁都不能说他就是电视新闻主持人中最好的，但某种意义上他是唯一的。他不从属于某一'类'，而永远只是这一'个'。"① 这是北京师范大学于丹教授最早对民生新闻主持人孟非的评价。如今，他成了民生新闻主持人的楷模。我们如果再从主持人如何发挥节目的舆

---

① 于丹. 一种新闻态度的表达：《南京零距离》样本解析 [J]. 中国广播电视学刊，2003 (11)：43–45.

论引导作用角度来研究，可能就会对他进行另一番评价。

一、民生新闻宗旨对主持人提出的特殊要求

广播电视民生新闻总是以主持人节目的形式出现，节目与"人"就形成须臾不能分开、相辅相成的关系。因此，我们讨论民生新闻节目，就必须研究民生新闻主持人。节目的宗旨确定了主持人的行为方式，节目的特色也就是主持人的特色。景志刚先生曾这样概括民生新闻："在我们的节目中，既有社会新闻，也有舆论监督，还有生活资讯，甚至时政新闻，反映的都是平民百姓日常状态下的衣食住行，以至于用任何一种传统新闻分类概念来概括都是片面和不合适的。"① 既然民生新闻是一种独特的新闻体裁，那么对主持人的要求自然也就非同一般了。民生新闻主持人主要具备以下几方面的特点。

（一）亲民化的公众形象

民生新闻主持人亲民的公众形象，是民生新闻节目十分鲜明有效的视觉性非语言符号。像《南京零距离》的主持人孟非和《第七日》的主持人元元都把自己"定位于同城百姓的朋友"，他们关注社会生活，心系百姓喜怒哀乐，主张正义、公德，褒奖善良、情义，针砭陋习、时弊。

孟非被南京人亲切地称作"市民的儿子"，这个称呼正是观众对他的"平民视角""亲民形象"的认同和赞赏。孟非的"光头"，使人联想到的是孟非冷静、犀利的表达方式，和他所传达的客观、到位的内容实质。在《南京零距离》节目里，孟非每天都会在现场接听观众的电话，听他们说对新闻朴实的理解和真切的感受。倾听之后，孟非还会以"朋友"的身份给观众以必要的引导，来帮助他们改善际遇，过健康、积极的生活。其实，民生新闻主持人能在节目中随时与观众交流心声，听取观众对新闻事件的看法，把话语权适当地交给观众，这本身就是民生新闻主持上的一大特色。

北京电视台《第七日》节目主持人元元像邻家女孩般亲切、自然，她"从小在北京四合院里长大，她特别喜欢北京"，"她没有去更大的电视台让更多观众知道她的想法。她享受跟老百姓的交流，愿意做个跟他们说说每周发生了些什么事的女孩子"②。元元的"京腔"所链接的是元元干脆、幽默的表达习惯和她极具思辨性的精神文化内涵。

---

① 景志刚. 存在与确认：如何概括我们的新闻［J］. 中国广播电视学刊，2003（11）：35-45.

② 元元. 元元说话［M］. 北京：光明日报出版社，1999：10.

由此可见，民生新闻主持人亲民的公众形象在民生新闻节目的传播过程中，发挥着极其重要的积极作用。

（二）民俗化的主持风格

民生新闻具有明显的地域亲缘性特征，地方上的民情风俗渗透其中，使之产生强烈的亲和力。对民生新闻节目主持人来说，他们必然要吸纳这类元素，贯穿在自己的主持行为中，民生新闻主持人毫无例外，都会一改字正腔圆的传统新闻播报方式，代之民俗化的方言俚语。孟非所讲的话绝非上岗要求的"普通话一级甲等"的标准，北京台的元元则是满口的京腔京调，也算不得规范的普通话。有的地方干脆就说起了只有老乡才听得懂的方言新闻，譬如，广东电视台的《630新闻》、杭州电视台的《阿六头说新闻》、南京电视台的《听我韶韶》等。这类节目都被纳入了民生新闻的范畴。这种语言方式也成了民生新闻主持人的个性特征。在他们的"平民化诠释"和"本色化点评"中，地域特色、文化意蕴、民情风俗、乡土情结都得到了凸显和传承，正是这种朴实、本色的民俗风格，让主持人深受观众的喜爱、信任和尊敬。

主持人的民俗化是民生新闻节目生命力的一个重要源泉。纵观种种个性化的主持人风格，我们必须认识到这种个性既是"人"的多样性，也是指节目的个别性。比如，《第七日》和《七日七频道》的节目风格，比起一开始的一味"揭黑打假"，现在已经日趋缓和了，主持人的语言风格为了适应节目的需要，自然也会随之发生相应的变化。正如主持人李向显在人民网的嘉宾访谈中，向记者坦言说，节目的语言风格"不管刚也好柔也好，都是说老百姓想说的话，刚柔并济才最有力度"。因此，民生新闻主持人的这些民俗化特征，也并不是孤立的。我们不应该把主持人的民俗化和个性化割裂开来认识，也不应该把主持人的个性进行简单的类比。

（三）朴实化的评论语言

有研究者这样归纳民生新闻节目的特点：内容上关注日常状态下平民百姓的衣食住行及所想所惑，表达上新闻体裁和文学体裁的特点发生融合，常常并不严格按照新闻的结构来表达，语言带有一定的文学色彩，并且更加口语化。也有学者认为，"民生新闻与其说是一个关于新闻体裁样式的专业性概念，不如说它是一种针对新闻媒介和媒体工作者实践活动的价值取向"①。

民生新闻节目的特殊性，决定了民生新闻主持人语言的特殊性。不同于传统新闻节目的庄重严肃，也不同于综艺娱乐节目的轻松休闲，民生新闻节

---

① 王辰瑶. 2004年广播电视研究的十个关键词［J］. 声屏世界，2005（2）：14-18.

目要求民生新闻主持人采用朴实的评论语言。

"在北京电视台 1998 年 3 月 5 日开播的《元元说话》节目及后来的《第七日》节目中，我们可以看出主持人的平民化视角，讲实话，说直话，说一针见血的话，说老百姓的心里话。"① 《第七日》植根于普通百姓的生活，在北京人中间极具亲和力，体现着对老百姓生活的关注，表达着对普通人生活的关心，经常把话说到了人们的心坎里，让人看了特别欣慰，是深受北京观众喜爱的一个北京电视台新闻评述性节目。其主持人元元也亲切随和，带着京味娓娓道来的主持风格是其标志，她充满智慧又不失幽默的点评，成为不少北京人评判身边大事小情的依据，在很大程度上影响着北京人的生活。

比如，《阿六头说新闻》中有一条题为"怪！泡酒人参竟然结出果子"的新闻，讲述了倪先生的一瓶参酒里的人参竟然长出了"绿芽"的稀奇事。这株生长了 6 到 8 年、泡在 38 度的纯粮白酒中的园子参，已经不在土里生长，酒的营养成分也不足以供它生长，面对这样的奇观，主持人发表了这样的观点："果然奇怪，酒里这株人参的顶部发出了绿豆芽一样的东西，再把人参捞出来仔细看看，这株人参真像一对抱在一起的夫妻，这长出来的'豆芽'，就像是老婆的新潮发型。"这个比喻被阿六头用方言说出来，显得格外生动形象，让人印象深刻。

（四）人性化的叙述方式

民生新闻多采用"讲故事"这种生动的新闻叙事方式。讲故事比说道理更重要，情节、矛盾冲突、悬念、细节等文艺作品的要素，对新闻同样也是适用的。主持人通过这种方式，加强民生新闻叙述技巧的运用，以生动的叙述方式形成具有个性的叙述风格，能营造差异点，增强可视性。

《成都全接触》的主持人经常对突发新闻进行及时插播，画面暂时空缺，就采取电话连线，记者现场口述，报道的直播化使其在竞争者中更具优势；《阿六头说新闻》的主持人在"说"中注入方言、表演、说唱、FLASH 等多种元素，让节目具有贴近性和可观赏性；《天天 630》的主持人经常在叙述中加入背景音乐，以音乐烘托新闻气氛、升华主题；《小璐说天气》中的主持人摇头摆脑的说天气方式……这些主持人所采用的生动的新闻表达方式，都带来不同凡响的效果，体现出与传统新闻不同的人性化色彩。

《听我韶韶》的女主持人在某日的读报中对"反扒体恤"事件引起的争议，发表了这样的观点："实际上生活在社会当中的每一个人，都不是独立存

---

① 白谦诚，原默. 中国节目主持人 20 年［J］. 中国广播电视学刊，2000（12）：53.

在的一分子，每一个人都有一份守望相助的义务，在我们中国，这种邻里之间的守望相助，人与人之间的守望相助，不能被提在一个法律的层面、规定的层面这么一个高度去谈。假如说都能做到这一点，所有人都有提醒别人的义务，都有帮助别人的义务的话，有很多事情其实也就可以避免掉了。"人与人之间的温情，"一份守望相助的义务"，她平平淡淡地娓娓道来，让人觉得温暖亲切。

二、民生新闻主持人对节目效果的影响

主持人对节目效果的影响是显而易见的。民生新闻主持人对节目效果的直接影响，主要就表现"三贴近"的要求。新闻一旦脱离了"民生"，疏离了受众，节目的生命力也就荡然无存了。任何问题的产生都会有正负面的影响，所以要用辩证的观点来全面审视。

（一）充满人文关怀的积极效应

民生新闻之所以能成为广受欢迎的广播电视节目，最直接的原因就是媒体定位的"平民化"趋势——将"以人为本"的理念贯穿新闻活动的始终。民生新闻以"平民视角""亲民形象""朋友身份"来关注百姓生活，充满了人文关怀。

民生新闻的主持人"处在大众传媒最贴近受众的位置上"，因此主持人就成了民生新闻节目最直接的名片、具象化的标志。主持人对民生新闻节目所发挥的作用，直接体现在其特殊的传播优势上。与其他新闻主持人形式相比，民生新闻主持人最根本的优势在于，节目的传播者即主持人是直接面向受众的，并站在"自己人"的立场上传播给受众所关心的各类信息，与受众有着更为直接和密切的联系。

民生新闻节目所展开的交流形式是多种多样的，既有直接的交流，也有间接的、模拟的交流和参与。它将人际传播的优势与大众传播的优势融合在一起，非常注重与受众的互动参与。按照传播学的循环互动理论，民生新闻节目克服了传统节目所采用的"我讲你听"的灌输模式，在传者到受者的线性结构中加入了受者的互动与反馈，更加注重传播中的人文色彩，因此才形成了目前这种比较完善、有效的传播模式。

在民生新闻节目中，主持人对百姓生活的客观报道加上恰如其分的评论，彼此补充，相得益彰，显得十分自然和谐。主持人以"朋友"式的个人身份和受众"一起"关注新闻，把自己对新闻事件的感悟有分寸地融入评论中，

与受众交流，以期引发共鸣。在传播的终端，受众在获知新闻事实的同时必然会对主持人"朋友"式的表达有所反应。这样，不仅"能增强受众的注意和兴趣，还能在颇有'人情味'的平等氛围中，'不露声色'地强化新闻的导向性和深化信息的新闻价值"①。

主持人是民生新闻节目的人格化身，"由于主持人与节目之间互补互动的良性循环，时间一长，主持人言论中表现出来的认识水平、社会责任感及个性魅力会成为吸引受众最主要的因素，受众就像喜欢聆听自己所信赖的、所佩服的朋友发表见解一样，期望听到并十分关注主持人的言论"②。

所以，作为节目品牌的民生新闻主持人，其一方面要以"拟人际传播"的亲近性，使观众愉悦，树立节目在观众中的美誉度；另一方面还要以"见多识广""颇有见地""个性鲜明"的"朋友"形象，取得观众的信任，树立观众对节目的忠诚度。

（二）囿于市井话题的消极影响

民生新闻在社会上所产生的影响，主要还是积极的、正面的，但也不能忽视它已经存在的一些问题。譬如，现在不少电视民生新闻栏目，不仅报道题材重复，而且打着平民化的旗帜，一味迎合市井趣味，节目流于肤浅，不外乎天灾人祸、邻里纠纷、乱收费等。长此以往，收视率必然会下降。电视民生新闻不应只做表面文章，"民生"并不等于"市井"，民生新闻的内涵也可以到达更深的层面。

美国学者在 20 世纪 90 年代初提出了公共新闻（public journalism）理论。该理论认为："新闻媒介应该担当起更积极的角色，致力于提高社会公众在获得新闻信息的基础上的行动能力，组织和推动公共讨论和复兴公共生活，告诉社会公众如何去应对社会问题，帮助人们积极地寻求解决问题的途径。"③该理论提供了一些关于新闻报道实践的新思维，指出媒体应该构建一种公共领域，交流和引导公共意见，协助政府顺利实施各项方针政策。前面已经提到，老百姓实际上是很关心政府颁布的各项政策的，只是知晓的渠道以及反映问题和意见的渠道不太畅通，电视民生新闻就应提供这样一个互动交流的平台，使上情下达、下情上传。

民生新闻含有强烈的人文关怀意识。一个很重大，甚至是很沉重的话题，

① 吴郁. 当代广播电视播音主持［M］. 上海：复旦大学出版社，2005：132.
② 吴郁. 当代广播电视播音主持［M］. 上海：复旦大学出版社，2005：165.
③ 朱菁，江黎黎. 从"民生新闻"到"公共新闻"：电视民生新闻的可持续发展探讨［J］. 新闻实践，2005（2）：52-53.

需要媒体透过生活的表层，从政治、经济、社会的各个层面立体地、综合地考察挖掘，揭示那些深层的东西。现在的电视民生新闻过多地把注意力集中在那些鸡毛蒜皮的事上，停留在就事写事的简单描摹的浅层次状态中，显然是不"到位"的，也难以满足受众对民生新闻的内在要求。民生新闻的主持人在拓宽受众视野、启发群众思考方面，是具有直接影响的。民生新闻的主持人不能只是满足做"邻家的大嫂、大叔"，还应该是他们的良师益友，帮助他们跳出"市井"，更多关注"井"外的广阔天地。

第二节　民生新闻主持人现存的问题及其原因

民生新闻得到了社会的普遍认可和赞誉，但是并非完美无缺。我们如果把观众的注意力和由此带来的经济利益作为民生新闻唯一的价值追求，那么民生新闻则会流于世俗、庸俗和媚俗，就会走上和"民生"的精神品质相悖的道路。

一、养尊处优，"不谙民生"

民生新闻的一个运作理念就是反映民声、民意，打造意见交流的公共平台。这个理念的提出是颇有见地的。现在不少民生新闻似乎还远远达不到这个理想要求，一方面是因为民生问题的报道大多都浮在表面，新闻过窄过浅，另一方面，民意的表达往往通过"利益诱惑"的方式来刺激（如"有奖收视问答"等），究竟有多少真实性，令人质疑。我们认为，民生新闻的记者、主持人应该深入民间，真正地"沉"到社会底层中去，切身感受民生、民情、民意，同时围绕当前人民群众真正普遍关心的重大民生问题，通过"设置议题"的方式，吸引相关各方广泛参与，展开对话、交流和沟通，最终达到全社会人与人之间的相互了解、理解、谅解，公平公正、诚信友爱、安定有序、和谐相处的目的。

民生新闻主持人现在给我们的印象，除了"光头""方言"尚有淳朴民风外，大多着装考究，雍容华贵，气度非凡，举手投足都具有贵族的派头。有的民生新闻主持人热衷于把自己列入名人、美女的行列。他们在商业广告上、网络传播中四处展示自己的英姿、魅力。无论是在公益广告中还是商业广告中，民生新闻的主持人不是出现在民间、乡村、基层、灾区等地方，而是不断出没在高尔夫球场、五星级饭店、名贵轿车、达官贵人的周围。这种养尊处优的名人、贵族，怎么能有"平民视角"？怎样去了解"民生内容"？又如何去保障"民本取向"？民生新闻既然贯彻党中央提出的"三贴近""三深入"原则，那么主持人就应该首先是这方面的模范和楷模。这种"民生关怀"只停留在口头上，就会给人以"作秀"之嫌。久而久之，"亲民形象"就会大打折扣。

许多民生新闻主持人还普遍存在着生活阅历不足的困扰。中国人民大学教授喻国明则首先认为，主持人必须有丰富的生活阅历，用他的话说就是"他必须是一个有阅历的人"，"就是说要有比较丰富的阅历，这样他的人生厚度是比较深厚的"。道理其实很简单，电视节目主持人如果生活阅历不足或缺少应有的生活阅历，不仅对自己所面对的情况或自己的主持领域难以把握，也会因为经验或文化积淀的欠缺在主持节目中暴露许多缺陷。试想，一个从来没有下过乡或当过农民的主持人如何去了解和懂得农民的处境；一个从来没有进过工厂、当过工人的主持人又如何去了解工人的疾苦；一个二十出头，甚至还没有谈过恋爱的女孩子又怎么去理解婚姻、家庭的真谛，如何去体验一个母亲的情怀。当这些主持人坐在电视机前就诸如此类的问题侃侃而谈时，我们先不要说他们的话语是否精彩，他们的结论是否合理，单是他们那不谙世事的眼光就足以让人产生疑惑，让人怀疑他们言不由衷，更谈不上观众对他们有任何的信任。[1]

主持人的阅历不仅仅涉及年龄问题，还是通过他的生活经验和工作经历所表现出来的基本素质。"在研究中，我们发现，虽然目前我国电视节目主持人中的大部分在此岗位上工作已有五年以上，甚至有更长的主持工作经历，但在这个岗位上做够20年以上的人几乎没有（当然，这与我国电视节目主持人的发展有关）。非常出人意料的是，很大一部分主持人从事主持工作的时间要长于其参加工作的时间，其中的可能缘由就是：有些主持人在没有正式参加工作之前，甚至是在上学期间就已经走上了主持人的工作岗位。对这些还没有走出校门就已经走上主持的工作岗位，而且一旦走上主持工作岗位就似乎稳坐不动的主持人来说，丰富的生活阅历成了一种奢侈品。"[2] 这种状况在民生新闻主持人中是普遍现象，而这状况对以"关注民生"为要义的主持人来说，则就是致命的缺陷了。

---

① 吴郁，李金荣，尹力，等.电视节目主持人的综合素质研究［M］.北京：中国广播电视出版社，2007：48.

② 吴郁，李金荣，尹力，等.电视节目主持人的综合素质研究［M］.北京：中国广播电视出版社，2007：48.

二、越俎代庖，"为民做主"

民生新闻主持人自愿充当普通百姓生活的真正代言人，在报道中充满了人文精神的气息。《南京零距离》《第七日》等民生新闻节目受到观众的欢迎，并在一段时间内成为除政府职能部门外解决问题最有效的机构。然而，从我国部分民生新闻报道来看，民生新闻主持人的越位现象、侵权现象时有发生。有些主持人，在电视节目中充当了法官的角色，成了媒体审判的代言人；有些主持人，在报道中不注意公平、公正地处理，往往引起法律纠纷；有些主持人，不能保持平衡报道的心态，随意将个人情绪带入节目，造成新闻职能的错位。

在一些民生新闻中可以看到，农民工工资被厂家拖欠，几十人甚至几百人情绪激动地聚集在一起追讨工资，但厂家迟迟无人出面理会，于是现场有人给民生新闻主持人打热线电话求助。记者代表主持人连忙赶往现场采访，在工人的带领下去找厂家，经过记者与厂家的协商，最终厂家给工人兑付了工资。在这样的新闻现场，主持人充当了"仲裁者"的角色，已经偏离了"新闻人"的客观立场。有的消费者到商场买衣服，回家后发现衣服有瑕疵，去商场理论后却得不到任何结果，于是就拨通了民生新闻热线电话，记者匆忙前往现场采访，对双方进行了调解，最终商场同意跟消费者谈赔偿的问题。这类社会职能本不该是民生新闻记者、主持人的业务范围，如此这般忙乎，能解决所有的社会矛盾吗？这样的作为使政府主管部门比较被动，不是帮忙，往往是在添乱。

这些现象的出现可能与民生新闻中所谓的"民本思想"有关。"虽然民本思想和民主思想都是把'民'作为立论的根据，但其中有质的差别。以民本来理解民主，会把民主理解为'为民做主'，从而曲解民主的本意。由于传统'民本思想'的影响根深蒂固，在政府和媒体的作为上总会自觉不自觉地以'包青天'自居，以'无冕之王'自诩。从主观上来说，这可能是一种善良的愿望，但从客观效果来说，无形中它忽视了法制的建设，也剥夺了本应由人民自己来当家作主的权利。"① 南京一家杂志载文《正直小记者，一方"包青天"》说的就是南京一家媒体中的主持人热心为民请命、为民做主的报道。据说，有一次"南京某县某镇供销社100多名退休老职工拿不到退休工资，

---

① 毕一鸣．"让民做主"还是"为民做主"：论舆论监督中的媒介定位 [J]．当代传播，2007（3）：14-16．

上访信一直写到国务院，信转到了省，省又转到了市，书记、市长都作了批示，但问题还是没解决。无可奈何的百姓们只得拨通了××的热线电话。于是××拿着书记和市长的批示，一路追查下去。……不出 20 天，那些退休职工的工资全部补发了。"①这样的报道说明了什么呢？政府不作为，需要主持人来解决问题吗？这实际上是民生新闻越俎代庖了。主持人的责任只是披露真相，公开信息，由人民群众来进行评判，是非曲直由大家来评说，这就是通俗意义上的舆论监督，也是群众正当的民主权利。在这种公众意见的压力下，这一问题引起政府管理部门的重视，来促使问题的解决。主持人去追查、去责问，甚至当面指责，都是不恰当的。

三、哗众取宠，"浮夸成风"

民生新闻主持人的个性化、生活化、平民化都是值得肯定的，但是绝不能把它们都理解成"异类化、矫情化"。譬如，在民生新闻主持人中，你是"光头孟非"，我就可以是"长发张非"；你冷峻犀利，我就嬉笑怒骂；你穿夹克，我就穿马褂；你说得好听，我就演得开心……一时间，"表演型"的表达方式在民生新闻的播报中屡见不鲜。有说方言的，有讲评书的，有说单口的，有逗哏捧哏的，真是"说学逗唱，样样能上"。如《阿六头说新闻》在栏目设计当初就假定了一个"阿六头"的角色，他是一个消息灵通、伶牙俐齿、富有正义感但又有些"背时"的普通市民形象，两位主持人就是要扮演这个"阿六头"，用他应有的语气语调讲他应有的观点见解。"阿六头"在演播室里经常会唱一段、演一段，有时还会用道具。再如绍兴电视台某频道的《师爷说新闻》，两个身着马褂的中年主持人，总是热心地给观众支招，俨然一副称职的"师爷"模样。然而乍一看去，我们与其说他们是在说新闻，倒不如说他们是在综艺节目里现场献艺。这些报道形式，已经背离了新闻客观、真实的本质特点，成了戏曲表演。那些"另类主持"的民生新闻主持人，自认为老百姓就是喜欢"凑热闹""看热闹"，所以在他们看来，要想吸引观众，就一定要有足够的"噱头"。这些哗众取宠式的闹剧已经到了该收场的时候了，因为这就像一道人们刚刚尝到的异味菜肴，图一阵儿新鲜，再吃就要倒胃口了。

我们当前特别需要警惕民生新闻主持人的这种泛娱乐化倾向，体现在主持人的议论上，就是三言两语的点评，信马由缰、随意调侃，自身境界不高，稍一放松即滑入低俗。主持人的"话语权"是不能够如此滥用的，"主持人的

---

① 石钊．正直小记者，一方"包青天"[J]．家庭，2001（12）：24-27.

言论空间不是私人空间，不可哗众取宠，只有在符合社会公共价值判断的前提下发挥，才有存在的意义"①。其实，过分庸俗、琐碎、娱乐化的新闻和负面报道已经大大偏离了新闻报道的原则和社会的主旋律。一方面主持人表述的新闻内容流于表面、琐碎，陷入肤浅、低俗，削弱了电视媒体的公信力；另一方面也使受众降低甚至丧失了对问题思考、判断的能力。

客观是新闻的基本原则，即尽量用事实说话，避免主观倾向。简洁明快是新闻的本色，就是尽量用言简意赅的文字表达较多的信息内容。但是，民生新闻的许多表现都是另类的。譬如，说新闻，要"语不惊人死不休"，不用尽那些"噱头"，不制造一些"悬念"，似乎不过瘾。我们生活中的真实场景如果都变成了"戏说"，那么我们不是人人都生活在虚幻的场景中了吗？新闻还能有什么社会价值呢？

第三节　民生新闻的"舆论场"和主持人的引导作用

舆论场是在社会交往中，形成公众意见的一种场合。主持人在节目中的交流则是营造这种氛围的必要条件。在这种场合中，激烈的观点碰撞、和煦的满座春风，都会形成典型的舆论环境。在这种众意交错的情况下，主持人应该如何应对？他们扮演什么样的角色？我们虽然也做过一些探讨，但是还需要做更加深入的研究。事实上，我们对主持人的所有要求都会归结到这样的基点上，就是如何营造一个充满民主、平等、和谐氛围的舆论环境，主持人如何主导这种交流活动，发挥出引领意见、匡扶正气、说服众议的作用。节目的最终效果也一般是由意见分散渐趋集中，形成正确的舆论导向。我们在这里提出"舆论场"和"舆论领袖"的概念，对研究广播电视节目和节目主持人的作用有积极的借鉴意义。

一、要营造民生新闻的"舆论场"

美国心理学家库尔特·勒温（Kurt Lewin）是社会场论的创始人，库尔特·考夫卡（Kurt Koffka）进一步发展了他的心理场的理论，提出"环境场""行为场"的概念。我们用"场"的范式研究社会舆论，能认识舆论产生的环境机制。"场"不仅是舆论形成的条件、空间，而且是推动舆论发展的契

---

① 吴郁. 当代广播电视播音主持［M］. 上海：复旦大学出版社，2005：165.

机，甚至制约着它的正负方向。"场"成为意见产生的共振圈（也有称为"论宇"的，事实上，"宇"指的是"空间"，"宙"则是指"时间"）。清华大学刘建明教授曾论证了构成舆论场的三要素——"同一空间的人群密度与交往频率""舆论场的开放度"和"舆论场的渲染物或渲染气氛"。他指出，同一空间人们的相邻密度与交往频率较高，空间的开放度较大，空间的感染力或诱惑程度较强，便可能在这一空间形成舆论场。无数人的意见在"场"的作用下，经过多方面的交流、协调、组合、扬弃，会以比一般环境下快得多的速度形成舆论，并有加速蔓延的趋势。① 刘建明教授的这一研究对民生新闻主持人把握舆论导向，无疑是有启发意义的。

我们不妨从舆论场的这三个要素入手来分析民生新闻节目的构成。

（一）同一空间的人群密度与交往频率

广播电视中"一对一"的人际交流方式，似乎不存在"人群密度"的问题，但是这种"一对一"的方式和生活的人际交流有所不同，它是面向大众的。也就是说，有成千上万的人在倾听、关注，甚至参与这种交流活动。他们并没有同处一室，但是他们依赖媒介的延伸作用，共处同一社会空间。现代电子媒介的连通作用，为他们提供了相互交往的便利，使这种交往频率越来越高。当然，"一对众""一对群""群对群"的交往方式在主持人节目中也都是屡见不鲜的。所以广播电视已经不是大众传播的工具，主持人节目也融汇了人类多种交往方式，节目中产生的"场效应"也是十分明显的。

据统计，在南京和成都地区几档具有代表性的民生新闻节目中，市民的出镜率都超过了50%，有的甚至还高达80%以上。在这些节目当中，记者和解说词退居到次要位置，同期声被大量运用，生动的画面、鲜活的市井语言使媒体与市民实现了零距离的贴近。不仅如此，为了强化受众本位的传播效果，民生新闻的传播者积极拓展更为开放的传播空间，并且变单向传播为双向参与，使受众从信息的被动接受者变为主动参与者。现场热线、手机短信、网站以及市民的DV记录等多种参与方式，不仅为民生新闻节目赢得了忠实的受众，还实现了媒体与受众之间的沟通和信息交流。民生新闻十分重视节目的互动和参与，使民生新闻比较容易建立节目中的"舆论场"。

（二）舆论场的开放度

舆论场的开放实际上是指空间的开放和信息内容的开放两方面。

广播电视的空间开放是毋庸置疑的，它的传播范围无远弗届，特别是借

---

① 刘建明，纪忠慧，王莉丽. 舆论学概论 [M]. 北京：中国传媒大学出版社，2009：36.

助卫星转播，可以完全覆盖全球。随着我国民主政治建设的不断健全与发展，人民享有充分的言论自由权。特别是改革开放以后，我国的社会政治生活中出现了从未有过的那种生动活泼的局面。民生新闻节目涉及所有大家普遍关心的社会问题和生活问题。《南京零距离》已经成为民生节目的典范，在这里大家可以知无不言、言无不尽，充分交流思想、申诉自己的意见、发表各自的见解。过去那种"舆论一律"的情况，已经大大改善。群众分析问题、明辨是非、独立思考的能力，随着他们民主意识的增强而不断得到提高。民生新闻所开辟的公众论坛，对推动社会进步所发挥的积极作用是十分明显的。

2003 年 12 月的《南风窗》杂志把"为了公共利益"新闻奖授予了《南京零距离》，"评奖辞"是这样写的，《南京零距离》"在政府和民众之间搭建了一座民主化的桥梁，进而给民意一个畅达的渠道。'长江大桥的收费站该不该拆？''南京地铁列车应该是什么颜色？''地铁票价多少才算合理？'……他们以一个我们意想不到的方式，赋予全体市民参与公共决策的权利，让媒体真正为公民所享有"。《南京零距离》的总制片人张建赓认为，民生新闻"最重要的是公共平台的内涵。电视新闻节目不仅是公共信息的发布平台，也是公众意见的交流平台。这样，来自政府的声音和社情民意就都有了表达的空间。相对传统的单向传播来说，公共平台是电视新闻发展的新形态"。从这个意义上说，话语权的适当转移、"受众参与"的加深、"双向交流"的加强，将成为民生新闻主持人吸引观众、贴近观众的一种手段。给予观众一定的话语权，也将成为民生新闻主持人"平民化"之路上的"加油站"，为民生新闻节目、民生新闻主持人提供源源不断的灵感与动力。

（三）舆论场的渲染物或渲染气氛

民生新闻节目不仅仅注重主持人语言的交流，还比较注重环境的影响。这些都对改善环境气氛、促进情感交流、协调人际关系等，起到了良好的作用。

电视民生新闻常常把镜头对准社区、街道、家庭、邻里，聚焦民众的日常生活，报道老百姓关心的"凡人小事"，以百姓"身边事、麻烦事、稀奇事、关心事"为主要报道题材，锁定他们的生存状况，反映他们的生存空间。现场报道能使观众身临其境，使观众直接感受到现场的气氛，事件的发展变化、人物的一举一动无不牵动着观众的心。同时，在叙事空间上，电视民生新闻有浓郁的风土人情、地方色彩，看起来"囿于一隅"，然而，这看似不利的地域限制却增强了民生新闻的贴近性。

许多民生新闻节目也很注重通过配乐、特效、场景模拟等方式，增强作

225

品的可观赏性。如2007年8月27日《南京零距离》的一条新闻，报道了南京1912酒吧街出现了"真人暴力宣泄"的游戏。节目开头，主持人就切换了电影《瘦身男女》中刘德华为了郑秀文在街头当"肉靶子"，让别人暴打，以满足他人"暴力宣泄"的镜头。这组镜头的插播，非常生动形象地再现了"暴力宣泄"的残暴，增加了有效信息，让受众在受到强烈感官刺激的同时，提高了新闻价值，深化了教育意义。再如，《第七日》曾报道过一位独自驾车游遍大半个中国的姑娘。节目中，对于舒畅、遇险等不同场景，主持人选用了不同的音乐铺垫，并保留了一些有效的同期声，如姑娘驾车浏览沿途风景的惬意感受，波涛拍打海岸的声音，两车相撞后的场景，这些都是围绕报道主题增加的情境渲染因素。它们能够有效地激发受众的情绪，产生身临其境、感同身受的效果。

我们从以上三方面可以看出，广播电视主持人节目一般都具备形成"舆论场"的基本条件。

二、主持人要成为"舆论领袖"

在一般人的眼中，领袖是一个神圣的词，大众圈使用这两个字十分慎重。实际上，"舆论领袖"只是社会舆论学中的一个基本概念。不管你承认不承认，它在社会生活中客观存在，是无法回避的。

按照舆论学原理，公众议论是社会舆论依靠舆论领袖的引导。这也就是所谓舆论引导的作用，它可以是一个具体的人物，也可以是一个传媒机构。舆论领袖也被称为"意见领袖"，在英文中它们使用同一个语词概念"opinion leaders"。这个概念指的是群体中热衷于传播消息和表达意见的人，他们或比同伴接触更多的媒介或消息源，并热衷于传播消息和表达意见，或者是某一方面的专家，他们的意见往往左右周围的人。舆论领袖对舆论的形成有至关重要的作用。但是，他们的"领袖"地位仅仅是相对而言的，许多人在此时、这种关系中可能成为关于某个舆论客体的"舆论领袖"，在彼时、另一种关系中，可能又不是。正如威尔伯·施拉姆（Wibur Schramm）所说，"这类领袖在社会的各个阶层，各种年龄的人当中都有，要看人们期望从他们那里得到什么样的知识"①。舆论领袖往往会在多种看法争持不下的关键时刻，发表真知灼见，揭示问题的实质和内涵，可以迅速把大家的意见聚合为一种共识，

---

① 施拉姆，波特. 传播学概论［M］. 陈亮，周立方，李启，译. 北京：新华出版社，1984：268.

鼓动并引导社会公众正确认识并解决问题。比如，美国一位著名的广播节目主持人布鲁斯·杜芒经常通过节目影响公众的意见，并在某种程度上影响了一些政治决策。他说："我认为广播谈话就是一个会发声的公告牌。但是以我做这种节目25年来的经验，我强烈地感到美国的选民把它作为一种指桑骂槐、责骂当选官员的游戏。我认为美国人民期望解决问题，也期望能从民选官员那里听到解决问题的方法。我认为他们已经完全厌烦了只是反复地摆出问题，他们在寻找答案。他们在寻找新的主张。他们在寻找那些努力解决问题的人……这也正是我在自己节目中想做的事情之一——为人们提供一个平台，使大家可以讨论解决问题的方法，并且得到回答，告诉我们什么可行，什么不可行。"[1] 由此可见，作为舆论领袖的主持人，他必须善于表达自己的意见，用自己的判断力、满腔热情说服群众，取得群众的充分信任。

我们与时俱进地看待这样的舆论领袖，首要的就应该是"三个代表"重要思想的忠实履行者。舆论领袖的高论被公众接受，不在于他们能说会道、富于鼓（煽）动，而在于表达的意见完美，深刻地反映公众的要求。他们善于运用辩证的、科学的思维方法分析各类问题，把群众不同的认识和分散的意见集中起来，循循善诱，引人思考，给人启迪。群众在讨论中一旦接触他们的意见，就被睿智的见解、真诚的信念和浓郁的热情所感染，成为这些意见的追随者。

当然，舆论领袖也绝不是先知先觉者，而是群众意见的集大成者，能够充分反映群众的根本利益。舆论领袖十分注重深入社会、深入群众、深入生活，了解百姓的喜乐甘苦，熟悉他们的语言，把握他们的思想脉络，这是舆论领袖具有影响力的根本原因。拉扎斯费尔德在阐述舆论领袖的特质时指出："我们要重申的是，第一，舆论领袖比非舆论领袖有更高的主观兴趣；第二（也是最重要的），在与有较高兴趣的其他人进行交往之际，较高的主观兴趣才能使一个人成为舆论领袖。"他进一步说明："能否成为舆论领袖并不单纯地取决于是否比别人更有主观兴趣，只有在交往接触的其他人也有兴趣之际，自己的主观兴趣才具有意义。……简言之，共同的兴趣才是传播沟通的渠道。"[2]

一旦脱离群众，不去认真观察人民的生活，了解公众的疾苦，主持人就

---

① 吉妮·格拉汉姆·斯克特. 脱口秀：广播电视谈话节目的威力与影响［M］. 苗棣，译. 北京：新华出版社，1999：152.

② 拉扎斯费尔德. 人际影响［M］//张国良. 20世纪传播学经典文本. 上海：复旦大学出版社，2003：228.

不能真正表达公众的情感和呼唤。虽然一段时期他曾有过一些影响，但只要脱离了群众，他就会自动失去"舆论领袖"的地位。

以上这些舆论领袖的品质也正是我们希望广播电视主持人去追求的最高目标。

三、引领公众意见导向既定的社会目标①

我们如果说主持人节目就是个舆论场，那么主持人就应该关注如何营造这个"舆论场"，并努力在这种"场效应"中发挥"舆论领袖"的作用，把握引导舆论的各种方法。只有这样，主持人才能在民生新闻中有效地引导舆论，产生更加广泛的社会影响。

南京电台播出的《马青时间》在节目定位上，以新闻评论为主，用"观察""交锋""各方言论""短信互动"等形成节目的构架。"交锋"的栏目定位是，"一条新闻引发不同的观点。这种观点可能是完全对立的，也可能是从不同角度对新闻的解读。把不同观点特别是对立观点，作为向受众传播、使受众获得更多的有效信息，多一些选择，多一些思考。所谓真理越辩越明"。用舆论学的观点来看，由于听众的参与和互动，节目已经形成了一个"社会舆论场"，或者说是"民主论坛"。节目一旦形成了"舆论场"，那么主持人就应该关注如何营造出这样的"场效应"，并努力把握引导舆论的各种方法。一般来说，主持人节目中的嘉宾、来宾、听众总会存在一些不同的观点和认识，从而形成矛盾冲突。展开矛盾并疏导众人意见，最后形成意向性结论，似乎是这类节目的突出特点和一般性的程序。但是，展开哪一类矛盾？怎样展开？展开后如何解决？这应该是谈话节目事前策划的重要内容。我们不要求所有的主持人节目都一定要形成明确的结论性意见，但是起码应该有启发性的建议，做到引而不发。在节目中，主持人可以不说自己的观点，但是主持人是必须有观点的。主持人如果没有自己的观点，就不能发挥"引领意见"的"领袖"作用，也无法形成正确的舆论导向。那种任由别人反客为主，无所作为的主持人，只能是一位不称职的主持人。我们需要正确的舆论导向，这在国际上也已经是惯例。我们考察美国的情况可以看到："谈话节目主持人是节目的灵魂和核心，他起着控制整个节目节奏的作用。在电视谈话节目传播群体中，主持人是唯一固定的，嘉宾和现场观众是流动的。虽然会有很多人参与节目的前期策划或后期编辑制作，但谈话节目的即兴谈话方式

---

① 毕一鸣．"舆论领袖"是主持人的至高境界［EB/OL］．龙虎网，2006-10-27.

使主持人对节目的进程、节奏、内容、格调甚至节目的整体质量起着至关重要的作用。主持人在节目开始是引言人，中间是串联人，结尾是总结人，全程节奏是控制人。"①

2001 年 10 月 27 日，北京电视台播出的《国际双行线》节目，曾引发过一场激烈的争论。原因是节目邀请的嘉宾之一谭盾中途退场，导致节目中断。但是，我们认为这个节目应该得到积极的肯定，因为这个节目邀请的两位嘉宾和众多来宾，代表了两种截然不同的音乐艺术观点。两种观点的冲突，形成了强烈的"场效应"，这样的情境在国内谈话节目中的确不多见。嘉宾退场的原因可能就是主持人"场控制"能力不足，或者说思想准备不充分。节目中出现的嘉宾，一方无休止地"批判"，造成另一方产生了"沉默的螺旋"现象。如果不加控制和调节，交流谈话就演变成了"批判会"，形成不愉快的局面，另一方拂袖而去就是必然的结果。当时邀请的来宾"救了场"，把这个节目的"场效应"延续了下去，主持人最终还是把这种尴尬的局面扭转了过来。节目中一位来宾说得非常好："……我先不谈今天争论的这个问题。我先给主持人、节目组的同志打点气。你今天这个节目可能出现了意料之外的情况……实际上我觉得这个节目要做出来很有价值的东西会有意想不到的精彩……当着作者面又请到专家来评论这个问题，我觉得这个节目非常精彩。要是做好了，以后这个节目会非常有社会效应，这是第一点。第二点，我说也不能简单地这样提问，这个谁同意卞老师的看法……有多少音乐现在是多元化的。我觉得卞老师他是我们音乐界的老专家了，确实是，我觉得很多观点、很多提出的问题都非常好，那么作为音乐发展的问题，它应该是多元的。"② 所以，全面地评价这个节目，它有许多值得我们深思的地方。

综上所述，主持人为了取得并保持谈话节目的"场效应"，就必须学会并掌握"场控制"的艺术。主持人主要学会以下几方面的内容。

（一）激发活力，各抒己见

"场效应"的前提，必然要存在若干个相互吸引而又相互作用的"力"。就是说，谈话的各方应该存在不同的见解，聚在一起来寻求共识。如果只有一种观点、一种倾向，这显然不会激发思想的火花，也不可能引起大家谈话的兴趣。所以主持人必须慎重选择嘉宾和来宾，他们都是产生"场效应"必不可少的重要因素。各方势力要相当，话题分寸要适度，欠则不当，过犹不

---

① 汪文斌，胡正荣. 世界电视前沿［M］. 北京：华艺出版社，2001：154.
② 参见北京电视台《国际双行线》播出实况，2001 年 10 月 27 日。

及，以保持"场效应"的均衡状态。在这个舆论场中，主持人应该允许大家畅所欲言，各抒己见。M. 巴赫金（M. Baxtnh）喜欢用"差异"这个更贴近对话的词语，来描述他的张力观点。他说，在对话中"差异能造成一种张力"。可以说，这种"对话的张力"既是最大程度的讨论或者论争，也是不断发生的冲突和斗争。① 合理冲撞是"场效应"的必然现象，只要不激化到难以收场的地步，就是可以接受的，至于激化到什么程度，取决于主持人的控制能力，也取决于话题的重要程度。

（二）协调沟通，寻求共识

当各种意见产生，主持人的主要责任不是扩大分歧，而是寻求共识。所以谈话不仅能展开差异，还用于沟通差异，探索真理。古希腊哲人苏格拉底（Socrates）曾被誉为"人类追求真理的化身"。据说，他在雅典集市上，经常会把具有不同意见的人集结到一起，让他们自由争论，发表各自的意见，让参与者在对答交流的过程中和激烈争论中显现出真理来。为此，他曾很骄傲地称自己是一个思想的"接生婆"。可见，"求同存异"是谈话节目的重要特征和普遍规律，不了解对方的"差异"，就无以寻找"求同"的途径。"求同"的前提就是沟通和理解，因此"求同"不是掩盖差异，回避矛盾，而是承认差异，展开差异，创造理解，达成共识。对话并不一定能够消除分歧，但是它为取得共识创造了机会。人们通过不同意见的交流，了解了别人也完善了自己。谈话类节目的主持人的协调控制作用就是整合众意、促进理解、寻求共识。

（三）把握导向，聚合舆论

社会主义市场经济形成的利益分化原则也导致了舆论的分散。在这种情况下，社会需要更多沟通的渠道。"舆论的分散是由于利益分配、地域经济发展、城乡生活环境、信息接受知觉等差异造成的，因而大众媒介有意展示各方为美好生活而奋斗的真实历程，他们的憧憬与忧虑，他们关于外部世界的舆论的深层结构，可以在很大程度上形成一种相互的理解，使分散的舆论找到更多的共同点。"② 主持人调控的最终方向是促进大家的相互理解，凝聚民心、众望，形成正确的舆论导向。谈话节目所形成的舆论场，是众意交汇的场所，也是促成民意倾向的重要阶段，是舆论引导的最佳场所。上海人民广

① 巴赫金. 陀思妥耶夫斯基诗学问题［M］. 白春仁，顾亚铃，译. 北京：生活·读书·新知三联书店，1988：137.

② 陈力丹. 舆论学：舆论导向研究［M］. 北京：中国广播电视出版社，1999：145.

播电台《市民与社会》曾经的总策划陈接章先生深有体会地说"许多从各种不同角度出发的片面看法合起来往往使对一个问题的看法更为丰满、全面、深入、透彻。1993 年 5 月，有报道说某地青少年选出心目中的十大偶像中有八名港台歌星，《市民与社会》节目因此开展讨论，有的离休干部听众表示担忧，有的中学生听众则埋怨'社会给我们的就是这些东西'，种种议论结合起来，这一社会现象产生的原因及社会各方面应该为纠正这一现象做些什么就十分清楚地突现出来。这场讨论的嘉宾、社会学家邓伟志走出直播室后反复表示：听众中蕴藏的信息量和智慧完全是无穷无尽的"①。

　　任何节目都会有自己的宗旨，总会有一种价值取向、一种精神追求。作为公众人物的主持人，他首先必须自觉维护党和国家的利益，以及群众的根本利益，按照节目的宗旨来实现某些社会目标。主持人如果片面地追求"炒作"或"轰动效应"，来实现其商业价值或者个人名利，那么，无论在什么社会制度下的大众媒体，从长远利益考虑，都是不会姑息、容忍这些做法的。这不仅危及国家利益，不利于社会稳定，实际还贬损了媒体自身的价值，轻则公信力下降，重则受到制裁，甚至关门大吉。

---

① 陈文炳，陈接章. 民主之声——直播室里的官民对话录［M］. 上海：上海人民出版社，1994：16.

第九章

民生新闻对社会弱势群体的报道

"弱势群体"（vulnerable group）作为一个国际通行的概念，主要是用来分析现代社会的经济利益分配和社会权利分配的不平等状况以及社会结构不协调、不合理的状况的。他们由于自然、经济、社会和文化方面低下的状态，而难以像正常人那样去化解社会问题造成的压力，陷入困境，处于不利的社会地位。在社会变迁的进程中，这个群体是社会援助的对象，是社会福利的接受对象。① 通俗地说，弱势群体就是在社会各个群体中处于劣势的一群人。这个社会群体的民生状况，理应是民生新闻需要关注和报道的重点。当民生新闻能够关注平凡百姓生活中的酸甜苦辣的时候，其也能够做好弱势群体的新闻报道，这对改善弱势群体的生存环境，促成他们社会地位的提升产生积极作用。这充分发挥其社会利益平衡器和社会安全阀的功能，从而促进社会公正，化解社会矛盾，维护和促进社会的和谐发展。

政府对社会弱势群体问题日益关注，新闻媒体对弱势群体的报道力度也在不断增大，其中出现了不少影响深远的新闻报道。它们往往涉及弱势群体的权益保护和社会支持，构成了媒体报道中突出的亮点。但是，从总体上来说，民生新闻对社会弱势群体的报道还存在许多问题，究其原因，主要是这类问题还没有引起公众媒体的高度重视，特别是以民生报道为己任的民生新闻，对这类问题的反映不够充分。

第一节　民生新闻与弱势群体

民生新闻固然以群众的生存状态为主要报道内容，但是民生新闻最早的节目定位就存在一定的报道"盲区"。许多重要的社会群体的生存状态被忽略

---

① 张敏杰. 中国弱势群体的研究［M］. 长春：长春出版社，2003：21.

了，并没有完全纳入民生新闻的报道范围中。譬如，社会最大的群体——农民的生存状态，社会最底层的群体——弱势群体的生存状态等。如此看来，新闻的报道范围从"民生"的角度来看，是有局限的，应该引起足够的重视，得到相应的改善。

一、民生新闻关注弱势群体的必要性

"构建和谐社会"是当前中国社会运行中的一个重要议题。近年来，弱势群体问题日趋凸显，弱势群体的不幸遭遇和困难处境严重考验着社会的公平和公正，潜在地影响着整个社会的和谐发展。

根据社会学中的"社会支持"理论，社会支持的主体结构是一个由国家支持子系统、群体支持子系统和个体支持子系统组成的结构系统，媒体在此系统中占有举足轻重的地位，因而媒体在保护和援助弱势群体方面起着特殊的作用。因为现代社会，人们对外界事物的认识逐渐倾向于依赖无处不在的大众传媒。大众传媒在通过议程设置，将一个源于客观世界而又不等同于客观世界的"拟态环境"呈现在人们面前。人们作为受众只是从这个"拟态环境"中来感受客观世界。在这个过程中，大众传媒对人们关注什么和怎么关注产生着重要影响。媒体通过议程设置，可以使弱势群体问题凸显在人们面前，引起社会对弱势群体的关注，使与弱势群体相关的重大问题得到有效解决。另外，在媒体展现弱势群体的生存状态、维护弱势群体权益的同时，媒体也获得了社会大众的信任和支持，从而提升自身的权威性和扩大了其影响力。

首先，关注弱势群体是新闻媒体的社会责任。在我国，大众传媒是党、政府的耳目喉舌，同时它又是联系群众的桥梁和纽带。大众传媒的广泛影响，把党和政府方针政策，相关的法律、法规告知社会大众，就会争取到社会的理解、同情和支持，直接或间接地改善弱势群体处境。与此同时，新闻媒体又是人民的耳目喉舌，遵循全心全意为人民服务的宗旨，努力"贴近实际、贴近生活、贴近群众"，时时体察民情，客观反映民意，了解人们的生活状况。就弱势群体而言，大众传媒真实地反映他们的生活现状，使弱势群体引起政府的重视，得到社会的关爱。

其次，弱势群体的状况是新闻媒体重要的信息来源。我国是一个发展中国家，据测算统计，2002 年以前全国共有包括残疾人、农村贫困户、灾民、城市低保对象、城市流浪乞讨人员和城乡失业者等社会弱势群体人口 2.8 亿

左右，其中大多数人口在农村。① 可见，新闻报道积极反映这种社会现实状况，可以唤起大家对国情特点的深入了解。民生新闻在诞生之初，就确立了以民生内容、民众视角、民本为取向的新闻报道原则，但如此庞大的社会弱势群体民生状况是绝不能忽视的，否则"民生新闻"也就名不副实了。民生新闻关注弱势群体符合社会的需要，也表现了民生新闻自身的价值，既弘扬了社会公平正义，又继承了扶倾济弱的传统美德。与此同时，在媒体激烈竞争的态势下，民生新闻对弱势群体的报道可以大大改善媒体的公众形象，获得更高的社会认同。

最后，关注弱势群体，体现了媒体的人文关怀精神。媒体不仅是信息的传播者，还是人文精神的体现者和倡导者，应该提倡人文精神的价值取向和法治意识，真切地关注老百姓的生存权和发展权。关注弱势群体是维护社会稳定的需要，也是公众媒体所应承担的社会责任。民生新闻在报道过程中，真正体现了新闻媒体上情下达和下情上传的功能，传受双方也通过心态上的趋同而产生情感的共鸣，显示了对时代、对生活、对弱势群体的一种理解，凸现了民生新闻的人文关怀，久而久之，也形成了媒体特有的公信力、亲和力和影响力。

二、民生新闻关注弱势群体的可能性

新闻传播是人们获取外界信息的有效途径，也是传递政策信息、引导社会走向、实现国家和社会目标的重要手段。大众传媒作为社会的守望者，在提供信息、沟通情况、进行监督等方面发挥着巨大的作用，它承担着环境监视、关系协调、文化传承等社会职责，可以改善弱势群体的生存环境，促进社会和谐。

（一）真实呈现弱势群体的生存状况

人的意识和行为是在特定的环境中形成与进行的。现代社会的复杂多变，使人们对环境的认知必须依靠媒体构建的"拟态环境"才能完成，"拟态环境"不仅制约人的认知和行为，而且对客观的现实环境产生影响。弱势群体作为社会中的一个特殊群体，是"拟态环境"中的一个重要构成因素，媒体对弱势群体的关注就成为受众认知这一群体状况的重要参照。民生新闻通过全面、客观的报道，能够使受众真实地了解弱势群体的生存状况，使弱势群体问题成为全社会关注的焦点，从而引起社会的普遍关注，促进问题的解决。

① 钱再见. 当前中国社会弱势群体若干问题研究综述［J］. 文史哲，2003（1）：156-158.

（二）为弱势群体提供必要的信息服务与扶助

传递信息是大众传媒的重要功能之一。弱势群体由于身处社会底层，占有和享用资源的机会很少，能力也十分有限。大众传媒的普及为弱势群体获取信息提供了便利的条件。民生新闻通过深入浅出、通俗易懂的讲解和报道，可以帮助弱势群体认识并适应现代社会的变化，及时了解各种方针政策，及时获得各种与自身利益切实相关的信息，获得教育救助，提升自身的能力等。

民生新闻缺乏满足弱势群体自身信息需求的内容。作为非目标受众，弱势群体在阅读报纸或者收看电视的时候，即便能够平等地拥有传播媒介，也未必能平等地拥有媒体所提供的服务，难以获得满足自身信息需求的内容，如招工信息、维权方法、职能培训信息等。以农村受众为例，现今媒体上的信息绝大部分是按照城市人的趣味制作的，媒体上充斥着汽车房产、美容美食、旅游导购、休闲娱乐、经济投资等信息，而农民急需的农业信息、政策信息、知识信息却没有，媒体的供给与农村受众的需求存在着明显的错位。

（三）帮助弱势群体表达意见和宣泄情绪

弱势群体相对比较缺乏经济、政治、文化资源，在社会博弈中必然处于劣势地位，其自身利益的表达渠道和情绪宣泄渠道也极为有限，因此他们的权益极易受到损害。如果这种意见得不到表达或是表达得不到及时关注，他们就容易成为社会稳定的隐患。民生新闻通过大众传媒，在维护弱势群体话语权的问题上责无旁贷。社会弱势群体可以通过新闻媒体发出自己的声音，引起社会的关注。这不但可以为弱势群体提供改善困境的可能，而且还能够化解社会矛盾，起到"社会安全阀"的作用。

（四）促进社会群体间的理解和沟通

社会的和谐需要人与人之间、阶层与阶层之间互相理解和沟通。弱势群体处在社会的最底层，十分容易形成抵触情绪和心理失衡。当他们的权利诉求得不到合理的回应和满足时，他们很可能会用非理性的方式将积聚的不满情绪宣泄出来，这样会对社会造成破坏性的后果。因此，媒体应该成为不同群体之间联系的桥梁和纽带。民生新闻积极地关注弱势群体，可以使民意通过媒体第一时间释放出来，缓和弱势群体与社会的对抗，促进社会各个阶层之间的沟通和了解，协调各阶层之间关系，进而促进整个社会稳定健康地发展。

综上所述，扶危济困、助人为乐，既是传统的美德，也是社会主义的基本原则。媒体帮助弱势群体就是减少社会在发展过程中不必要的成本付出，进而促进社会的文明和谐。国家只有将弱势群体的问题解决好了，整个社会才能和谐稳定、健康发展。

第二节 民生新闻对社会弱势群体报道的现状

民生新闻在激烈的市场竞争环境中诞生，它常常在社会效益和经济效益之间挣扎，寻找出路。社会弱势群体并非广告商所倚重的消费群体，难以为媒介带来直接的广告经济收益。这对那些单纯追求经济效益的媒体来说，必然会因为民生新闻"无利可图"而改变方向，自然会忽略这方面的报道。民生新闻即便是报道了相关的内容，也大量地去报道弱势群体中存在的那些凶杀、强奸、抢劫等刺激感官的犯罪行为，严重缺乏对这个群体的整体关照和真实描写。不少民生新闻都把吸引受众的注意力和由此带来的经济利益作为唯一的价值追求，在新闻选题上片面化，把关注的视角停留在琐碎、表面，或者感官刺激上。特别是在针对弱势群体的报道中，媒体常以一种庸俗、夸张、渲染的角度来取悦受众，将广大弱势群体的不幸或失意当作赢取受众关注的筹码，完全舍弃了媒体的社会责任，忘却了媒体应有的人文关怀和精神内涵。

随着政府和社会对弱势群体的重视，新闻媒体也在努力践行着"贴近实际、贴近生活、贴近群众"的"三贴近"要求，弱势群体的报道得到了一定程度的重视。弱势群体的问题大多发生在日常生活中，而这恰恰与民生新闻的报道内容有很大程度的重合，因此，弱势群体新闻在民生新闻中占相当大的比重。民生新闻里常常出现的弱势群体主要有以下几类。

一、农民工

农民工大潮让农民工问题凸显出来，而学术界在探讨弱势群体问题时，农民工几乎成了弱势群体的代名词。因而，在近年来的弱势群体报道中，关于农民工的报道是最多的。我们仔细分析这些报道，可以发现有三种农民工形象最为常见。

一是负面行为者。这一形象尤其多出现在社会新闻的版块中。按照目前大多数媒体选择新闻的标准，民生新闻关注农民工，常常是因为发生了某种极端事件或是对社会和他人造成了危害，比如，跳楼、犯罪、冲动等，而农民工的常态生活则很少出现在民生新闻的视野中。

二是被边缘化。这类报道最常出现在各种政策性新闻中，它往往将着眼点放在政府部门身上，所报道的只是政府的一项工作计划而已，而农民工的形象是十分模糊的，有时只不过是一些抽象的数据。这些报道秉承以正面报道为主的原则，宣传了党和政府的工作，但同时也遮蔽了农民工的真实生存状态。比如，80%以上的农民工收到了维权手册；南京5万岗位专候民工。

三是受伤害者或受爱护者。在这一类报道中，农民工要不被塑造成受到歧视或受侵害、背负着种种辛酸血泪的弱势群体，如《漂亮女服务员两次遭蹂躏》①《四百块钱，救老伴还是救孙女》②，要不就成为政府和其他强势群体的关爱对象，如《打工妹异乡命垂危，白衣天使献"救命血"》③。

二、下岗失业工人

20世纪90年代以来，社会转型和国企改革不断深入，导致大量的工人下岗失业，"下岗再就业"成为我国社会生活中的热门词汇，下岗和失业工人也因此成为媒体广为关注的一大弱势群体。

下岗失业工人在民生新闻中的形象是自强不息的再就业典型。下岗失业工人再就业的背后常常会有曲折的经历，这正是媒体眼中最佳的报道素材，但媒体的目光大多停留在成功者身上，而把失败者放在了视野之外。事实上，这些成功者已不再是弱势群体，他们是模范，是媒体为其他下岗工人树立的榜样。

下岗失业工人在民生新闻中的另一种形象是被怜悯和关爱的受助者。这一类的报道在节目里特别常见。每当春节、国庆等各种节日临近时，总有新闻报道某团体、某好心人等带着钱物看望困难职工。在此类报道中，高高在上、气宇轩昂的强势群体和卑微无力、感激涕零的受助者形成了鲜明的对比。

三、贫困学生

一直以来，民生新闻对贫困学生的报道就比较多。媒体在报道贫困学生时往往热衷于大肆地煽情，贫困学生大都品学兼优、人穷志坚，因此社会各界纷纷向他们伸出援助之手，比如，《5000册爱心图书捐给民工子弟》④《民工子弟感受科技奥妙》⑤。对媒体来说，这样的故事更容易赚取眼泪和同情

---

① 漂亮女服务员两次遭蹂躏［N］. 现代快报，2007-03-02（B4）.
② 四百块钱，救老伴还是救孙女［N］. 现代快报，2007-05-14（B4）.
③ 打工妹异乡命垂危，白衣天使献"救命血"［N］. 扬子晚报，2007-05-26（A7）.
④ 5000册爱心图书捐给民工子弟［N］. 扬子晚报，2007-05-14（A36）.
⑤ 民工子弟感受科技奥妙［N］. 扬子晚报，2007-04-20（A12）.

心，也更符合贫困学生在人们观念中的形象。然而，单一化、平面化的背面，却是媒体对生活和人性多样性的掩盖。

四、其他弱势群体

其他弱势群体主要包括农村贫困人群、残障人士、老人、儿童、社会边缘人群等。相对上述三类弱势群体而言，媒体对这些人群的关注更少，报道也更少。媒体对他们的报道不是过于模式化、简单化，就是利用他们的缺陷进行负面炒作。比如，对歌手高峰死亡的炒作，对待同性恋者的负面报道等。

在媒体环境中，人们越来越多地依赖"拟态环境"来认识世界和了解社会。社会上各类群体的民生状况都会在媒体中有所表现，人们接触新闻，既是对各类人物形象的认知，也是对自我观念的确认，这便是大众传播理论中的"培养"（cultivation）理论。因此，民生新闻所塑造的弱势群体形象，会在不知不觉中影响受众对弱势群体形象的解读。

第三节　改进对社会弱势群体的新闻报道

保护弱者更是符合当前社会发展的要求，与和谐社会的目标一致。毫无疑问，我国要构建社会主义和谐社会，必须使社会各个阶层的人民群众在物质文化生活方面都能得到健康发展。为此，当前全社会都要进一步加强对弱势群体的关怀和帮助，这是构建社会主义和谐社会的必然要求和制度选择。

一、有关弱势群体成功报道带来的启示

随着经济体制改革的深入，弱势群体问题日益凸显。媒体越来越多地关注弱势群体，使相关报道呈现出层层深入、覆盖广泛的特点。媒体对弱势群体生存状态的关注，在某种程度上对社会发展进程具有推动作用。媒体在呈现弱势群体的真实生存状况方面，有相当多的成功案例，其中最为典型的莫过于2003年"孙志刚事件"的报道和"总理为民工追工钱"的报道，这两则报道从报道过程到社会影响，都生动地展示了这类报道所能达到的高度与深度。

2003年4月25日，《南方都市报》发表了一则名为"被收容者孙志刚之死"的报道，这则报道用简单而平实的语言，客观冷静地分析事件，最大程

度保留了新闻事件本身的原汁原味，充分地展示了事件本身的不同寻常和震撼力，并由此成为舆论监督的坚实基础。同时，这则报道还配有社评《谁为一个公民的非正常死亡负责》，表达了媒体本身对这一事件的观点和态度。2003 年 4 月 26 日，全国各大媒体纷纷转载此文，开始追踪报道。孙志刚案一时间成了全社会关注的焦点，整则报道形成了声势浩大的新闻舆论，引起了全国上下方方面面的强烈关注。2003 年 6 月 9 日，孙志刚案一审判决，各主要罪犯及失职人员受到了应有的惩罚。2003 年 6 月 22 日，新华社发出报道：国务院总理温家宝于 6 月 20 日签署国务院第 381 号令，公布施行《城市生活无着的流浪乞讨人员救助管理办法》，自 1982 年 5 月以来实施的《城市流浪乞讨人员收容遣送办法》终于废止。

2003 年 10 月 24 日，重庆农妇熊德明在回家的路上，遇见当时正在当地考察的温家宝同志，她鼓起勇气向总理说了"大实话"：现在的农民收入主要靠打工……丈夫 2240 元打工的工钱已经被拖欠了一年。温家宝当即答应为她要回被拖欠的工钱。当天晚上，熊德明一家就拿到了拖欠的工钱。随行的记者将此事写成《总理为农民追工钱》的新闻，经新华社播发后，海内外近 300 家媒体在显著版面或重要时段刊发，全国家喻户晓，各地随之纷纷出台措施，解决农民工工资拖欠问题。

相比较以往的有关弱势群体的报道，这两组有关弱势群体的报道之所以成功主要有以下几个特点。

首先，报道规模大，媒体之间形成了良性互动。这两组报道参与报道的媒体之多，报道持续的时间之长，影响范围之广，十分显著。纸质媒体、电子媒体、网络媒体的合作与互动，将弱势群体、社会大众和专家学者的真实呼声融合在一起，化无数个微弱、含糊的声音为清晰有力、掷地有声的合法要求，争取和维护自身的合法权益，使舆论得到了广泛且深入的传播。

其次，报道具有深度，提供了舆论平台。由于这两组报道涉及的问题都比较复杂和敏感，媒体在报道事实、追踪事件进展的同时，也为社会公众提供意见交流的平台，供其发表言论，把关注弱势群体与新闻舆论监督有机地结合了起来。新闻媒体不仅报道新闻事件，而且还报道了事件背后所隐藏的社会制度、文化、经济等深层次的原因。公众则一边从各种媒体了解案件进展，一边通过各种渠道表达自己的见解。新浪网上的跟帖据说几小时内就达到上万条，人民网也连续编发网友各种观点的评论文章。媒体和公众之间形成了良好的互动。公众的舆论通过媒体报道出来，形成一股强大的力量，迫使有关部门做出更积极的反应。

最后，报道的效果十分显著。弱势群体问题并不仅仅与弱势群体这一个阶层相关，还与其背后一个特别关注他们的社会群体有关，这是一个比弱势群体要大出许多倍的新闻受众群体，这一群体对舆论发挥着非常重大的作用。如"孙志刚案"，关注事件进展和参与公共讨论的并不仅仅是与孙志刚境遇相同的人们，还包括"开明"的知识分子和专家等，这些人是公共领域的活跃分子。公共领域的活跃分子，无论是作为新闻的消息源还是受众的形态出现，由于其所处的社会地位和所掌握的话语权利都处于相对的优势，都能在一定程度上影响媒体的实践，进而促使社会集体意识为之改变。因此，媒体利用舆论优势形成了强大的舆论场，并通过合理的引导，为事件的解决提供了舆论支持和决策建议。孙志刚案报道后，国务院废止了《城市流浪乞讨人员收容遣送办法》，《城市生活无着的流浪乞讨人员救助管理办法》得以实施；为民工讨工钱报道之后，有关遏制建筑工程款拖欠问题也写进了建筑工程管理办法中。

二、民生新闻应注重社会弱势群体的报道

媒体既是弱势群体与社会进行信息沟通的重要渠道，也是他们融入现代社会、完成社会角色转变的必要途径。这主要表现在，媒体通过舆论引导来维护弱势群体的正当权益，伸张公平正义。另外，人们利用公众媒体呼吁社会各界为弱势群体提供必要的社会援助，扶危济困，奉献爱心。

（一）拓宽民生新闻的视野

民生新闻的报道角度应从"小民生"向"大民生"转变，关注更多更广的社会民生状况，特别是对社会弱势群体的报道应从以下几方面着眼。

视角一：关注物质生活——弱势群体面临的首要问题是经济问题。

首先，媒体应该尽可能提供帮助弱势群体摆脱贫困的各类实用信息，特别是农事信息。比如，天气预报信息，可以让农民依据天气变化做出合理的农事选择；农作物市场行情，可以为农民生产、销售农产品提供合理依据；技术投资信息，可以让农民获得发家致富的门路；等等。其次，媒体要做好提供就业信息的工作。有了工作，弱势群体才有可能真正实现从弱到强的转变。媒体发布的岗位需求信息、劳务市场信息及专场招聘信息，为城镇下岗失业人员及农村进城务工人员提供了有力的参考；媒体提供的就业指导建议，能转变求职人员错误的观念，帮助他们合理地进行自我定位；媒体对与弱势群体相关的宏观就业形势及就业政策的报道也有很高的参考价值，也能促进

弱势群体的就业。最后，媒体要积极报道弱势群体中先进的人物和事迹，通过样板宣传，使弱势群体树立自力更生的信心。同时，弱势群体的先进人物和先进事迹，经过大众传媒的报道，会在社会上产生广泛影响，打动更多受众，引发更多的组织和个人关注和扶持弱势群体。

视角二：关注政治生活——弱势群体的民主权利应得到充分保障。

建设社会主义政治文明是我国实现小康社会的基本任务之一，传达弱势群体的政治呼声，关注他们的政治生活，推动他们的政治进步，大众传媒责无旁贷。首先，传授法律知识。媒体不是通过刊登法律条款来宣讲法律，而是通过讲述老百姓身边的涉法案件，以潜移默化的方式让受众了解法律常识，引导弱势群体自觉拿起法律武器维护自身的权益。其次，报道政策法规。媒体对与弱势群体相关的政策法规的报道，可以促进政策法规的进一步完善，让受众了解政府对弱势群体的政策导向。同时，媒体又为即将出台、需要修正或需要废止的相关政策法规提供讨论的平台，为这些政策法规的尽快出台、修正及废止提供参考性意见，从而促进相关政策法规的及早完善。最后，进行舆论监督。媒体是公众进行舆论监督的重要工具，因为有了广大社会公众的支持，媒体具备了强有力的监督能力，侵害弱势群体利益的行为经由媒体曝光后，会被置于强大的社会舆论之下，在舆论压力的作用下，侵害行为能够迅速得到制止，问题也会迎刃而解。

视角三：关注文化生活——知识决定命运。

香港成功企业家李嘉诚说过一句话，"知识决定命运"。通过大众媒体使社会弱势群体能够获得大量的文化科学知识，是媒体义不容辞的社会责任。

作为现代社会的劳动者，弱势群体同其他人一样，也有多种多样的文化需求。对弱势群体来说，最缺乏的社会资源其实就是文化资源。文化素质和生存能力是相互制约、互为因果的。因此，媒体作为文化资源的集散地，对弱势群体实施智力支持和文化扶贫是责无旁贷的。媒体不仅要传播现代科学知识，让弱势群体了解、适应现代社会的飞速发展，还要传播基础性的技术知识，让更多的弱势群体成员获取新知、掌握技术，顺利找到工作。此外，媒体还要为弱势群体提供健康的娱乐节目，缓解弱势群体的生存压力，调节他们紧张的生活节奏，丰富他们的业余文化生活。

（二）充满人文关怀

人文精神是一种普遍的人类自我关怀，表现为对人的尊严，对价值、命运的维护、追求和关切。从人文角度出发，新闻传播中的人文关怀，显然应该强调"以人为本"的理念，关注"人"本身，关注人的生存状态，弘扬人的主体精神，倡导社会公正与平等，维护和尊重每一个人的权利和尊严，尤其是弱势群体的权益。我国的大众传媒事业是人民的事业，新闻媒体作为推动社会主义精神文明建设的重要力量，应该时时刻刻把人文关怀贯穿在新闻活动的过程中，传播和弘扬"以人为本"，也是实现其社会价值的重要途径。

首先，媒体应转变观念，要明确意识到弱势群体是一个有着多方面利益诉求的社会阶层，他们的合理需求理应得到充分的表达。更重要的是，这种表达要从被代言表达转化为自主表达，媒体要尽力拓展弱势群体自主表达的渠道，维护他们合理、合法的正当权益，使他们有合理表达个人意愿的空间。

其次，媒体在对新闻题材的选择和对新闻价值的判断上，必须站在弱势群体的立场上，去关心大多数人民群众所需要了解或感兴趣的问题。新闻记者应该多联系群众的身边事例，多报道有实在内容、有新闻价值的事情，不断增强新闻报道的准确性、生动性，让报道具有说服力、感染力，使人感到真实可信、亲切有味。弱势群体常常会陷入各式各样的困境之中，新闻记者在报道时要注意唤起社会扶危救困的同情心，为他们排忧解难。新闻记者不能仅仅为了媒体的收视（听）率、发行量，而制造耸人听闻的悲惨事件，夸大弱者的痛苦经历，用积极的态度来看待他们贫弱的处境，给出解困的措施和途径。

最后，与弱势群体相关的报道的内容应该得到全面的拓展。媒体不仅要真切地关心弱势群体的物质生活需求，还应关注他们的精神文化状况，对他们的心理感受、精神文化需求给予关注和报道。媒体既要让社会各界关注弱势群体的生活、工作，加深对这一群体的了解和理解，也要让弱势群体直接感受到政府、社会对他们的关心和帮助，感受到社会大家庭的温暖，增强他们的公民意识，调动社会各方面的力量，营造和谐的社会环境。

（三）营造良好的舆论环境

在传媒业高度发达的今天，传媒有力地影响着人类生活的方方面面，传媒的观点往往也就成了公众的观点。作为公共信息平台，大众传媒既传播新闻，也传播舆论。舆论的形成不是一蹴而就的，而是有一个过程，在社会事件或社会现象的刺激下，不同阶层、不同文化背景的人形成自己的意见、感受，通过传播，形成舆论环境。

在舆论形成的过程中，也就是意见的积蓄期，公众的意见尚未确定，假如新闻媒体能够及时给大众真实的信息和正确的说明，那么就可以适度改善社会的舆论环境，形成更加有利于改善弱势群体生存状态的舆论氛围。舆论的质量主要取决于舆论主体的素质，弱势群体是一个文化层次相对较低的群体，因而这一群体中的舆论往往也会比较零散、片面和粗糙，所以更需要大众媒体加以引导和帮助。

弱势群体由于社会地位低、维权能力差，他们的诉求不太容易引起社会的关注。他们在面对纷至沓来的信息袭扰时，不仅不能合理利用，往往还会受到侵害，导致他们对不良信息的免疫力和抵抗力较差，较容易受大众传媒负面效应的影响。因此，媒体必须为弱势群体留有一定的社会空间，建立起与弱势群体沟通的有效渠道，及时了解弱势群体的情况，也让弱势群体能及时地将自己对媒体的看法做出反馈。新闻媒体不仅要积极地反映弱势群体遭遇的痛苦、困境，还需要以一种平等的心态，向社会公众全面地反映弱势群体的生活现状，消除社会漠视、歧视甚至敌对的情绪，在全社会营造一种扶倾济弱的舆论环境。

后 记

　　"民生新闻现象"作为新闻改革的产物，一直是理论学术界和新闻媒体热议的话题。怎样看待这类现象？如何把握它的发展方向？特别是民生新闻的报道方法和报道内容会引发何种社会舆论？产生怎样的社会影响？……这一系列的问题，曾引起我们深切的思考。当2006年江苏省哲学社会科学研究把"民生新闻与舆论导向研究"列入重点项目研究课题时，这项课题就激起了我们极大的兴趣。至今"民生新闻"在各地新闻媒体中仍得到广泛应用，它是改革开放的产物，其新闻价值和史料价值还在不断体现出来，并有待继续深入研究。

　　我们认为这项课题既是一个理论问题，也是一个实践问题。理论问题需要我们正确认识马克思主义新闻观与民生新闻价值观之间的关系；新闻报道与舆论引导之间存在什么样的规律；怎样的舆论导向才是对社会发展有益、有效的。在实践中，我们又需要从宏观和微观两个层面来回答：怎样运用马克思主义新闻观来指导民生新闻的实践，民生新闻应该把握什么样的舆论导向，怎样引导舆论等。要回答这些问题，我们首先需要考虑怎样有效地组织这项课题的研究。我们根据课题的需要，主要从三方面来整合研究力量：一是让院校具有较强研究能力的教授和研究生来参与；二是聘请宣传管理部门的专家来指导；三是请媒体具有实践经验的记者和编辑参与。这样的人员配备，能够保障研究的科学性、合理性和可行性。从课题完成的情况来看，组织这样的队伍对开展这项研究是十分有效的，也是比较合理的。

　　我们分为三个阶段开展这项研究。首先，采取了实证调查和材料分析的方法，深入开办有民生新闻的各家媒体，对课题所涉及的若干现象，搜集了大量的实证材料，并进行了梳理和分析，并逐一对实证材料进行了仔细的核实。其次，召开多次专题研讨会。就当前民生新闻中所反映的舆论现象，进行了分析研究。基本上梳理出了九个研究方向，形成了九份调研报告的撰写提纲。最后，在已经完成的九份调研报告的基础上，进一步整合。经过反复修改论证，最终形成了约 30 万字的《民生新闻与舆论导向研究》完整的报告文本，作为最终成果提交结项，省委领导给予了高度评价。

南京师范大学新闻与传播学院　毕一鸣

2023 年 10 月 25 日